ISBN 978-0-331-02254-4
PIBN 11003924

For support please visit www.forgottenbooks.com

Leitfaden

zum gründlichen Unterricht

in der

deutschen Sprache

für höhere und niedere Schulen,

nach den

größeren Lehrbüchern der deutschen Sprache

von

Dr. J. C. A. Heyse.

Vierundzwanzigste verbesserte Auflage.

Hannover, 1878.

Hahn'sche Buchhandlung.

Vorbericht zur sechsten Auflage.

Dieser vor acht Jahren von dem Herrn Dr. Tetzner, Schul-Director zu Langensalza, nach meinem kurzgefaßten Lehrbuche der deutschen Sprache bearbeitete und seitdem bei jeder neuen Auflage nach dem weitergerückten Standpunkte der Sprachkunde von mir verbesserte Leitfaden hat den Zweck, einem von Mehreren ausgesprochenen Bedürfnisse solcher Schulen abzuhelfen, denen meine Schulgrammatik für die dem deutschen Sprachunterrichte nur sparsam zugemessene Zeit noch zu reichhaltig, oder auch zu theuer war. — Obgleich das Büchlein im Plane, wie in den Grundsätzen und Regeln, mit jenem größeren Lehrbuche übereinstimmt und ebenso wie dieses nach allen gründlich belehrenden Beurtheilungen sehr berichtigt erscheint: so konnte doch natürlich Vieles nur als Wink angeführt werden, oft ohne tiefere Begründung und Erklärung durch Beispiele, welche das größere Werk dem Lehrer, der es zum Commentar dieses Leitfadens gebraucht, zur Genüge geben wird. — Aus demselben Grunde durften auch größten Theils die Übungsaufgaben wegfallen, bei denen der Verstand mehr durch das Ohr, als durch das Auge in Thätigkeit gesetzt wird. Die weggelassenen sind daher bloß durch Überschriften angedeutet, und der Lehrer wird sie ebenso wie die zur weiteren Erläuterung der Regeln etwa noch anzuführenden Beispiele aus dem größeren Lehrbuche leicht ersetzen können.

Fehlt es übrigens dem Lehrer, besonders in Gelehrtenschulen, an Zeit, jeden Abschnitt dieses Leitfadens in der Schule selbst lesend und erklärend durchzugehen: so wird er schon seinen Zweck erreichen, wenn er seinen Schülern zur Pflicht macht, sich zu Hause auf denselben gehörig vorzubereiten, so daß der Abschnitt in der darauf folgenden Lehrstunde nur frageweise durchgegangen werden darf. — Mir wenigstens ist ein solches Verfahren, auch hinsichtlich der größeren Schulgrammatik, stets gelungen. Der vorhergehende häusliche, in der Lehrstunde genau geprüfte und controlirte Fleiß hatte zur Folge, daß meine Schüler und Schülerinnen in der gründlichen Kenntniß und Anwendung ihrer Muttersprache sich immer mehr befestigten und davon die erfreulichsten Proben gaben.

Was die schon längst als fehlerhaft gerügte Gewohnheit betrifft, anstatt des ff oder ß am Ende einer Silbe ein ß zu gebrauchen oder vielmehr zu mißbrauchen, so habe ich dieselbe zum offenbaren Vortheil des richtigeren Schreibens und Lesens verlassen, und mich darüber S. 20*), und in der vierten Ausgabe meines größeren Lehrbuches S. 217 und 218**), hoffentlich zur Überzeugung meiner geehrten

---

*) S. 17 in dieser 24sten Auflage.
**) in der neuesten, fünften Ausgabe: Band I. S. 255 ff.

Leser umständlicher erklärt. — Möge denn dadurch, so wie durch jede innere und äußere Verbesserung, dieser Leitfaden aufs neue gewonnen haben und sich des Beifalls praktischer Schulmänner ferner würdig zeigen! —

Magdeburg, im August 1828.

Heyse.

Vorwort zur siebenten Auflage.

Der verdienstvolle Verfasser dieses Werkchens, so wie der größeren Lehrbücher der deutschen Sprache, wurde im verflossenen Sommer durch einen unerwartet schnellen Tod von seinem irdischen Tagewerk abgerufen. Dem Willen des Verewigten gemäß habe ich, als sein ältester Sohn, die fernere Sorge für sein litterarisches Vermächtniß auf mich genommen. Ganz im Sinne des verewigten Urhebers werde ich, mit der Zeit fortschreitend, die bewährten Resultate aller gründlichen Sprachforschung durch diese Lehrbücher in die Schule und vermittelst derselben ins Leben einzuführen suchen, und dem Streben nach wissenschaftlicher Gründlichkeit nie den praktischen Gesichtspunkt und die nöthige Popularität aufopfern. Wie Er, werde auch ich jede belehrende Beurtheilung und jeden Beitrag zur Berichtigung und Vervollkommnung dieser Werke dankbar annehmen, sobald sich darin gründliche Kenntniß des Gegenstandes mit praktischer Erfahrung über die Bedürfnisse des Schulunterrichts auf seinen verschiedenen Stufen vereinigt.

Überzeugt, daß wesentliche und durchgreifende Abänderungen, wo sie etwa nöthig befunden werden sollten, zuerst in den größeren Lehrbüchern vorgenommen und von da auf den Leitfaden übertragen werden müssen, habe ich bei der gegenwärtigen, zuerst nöthig gewordenen neuen Auflage mich aller bedeutenden Änderungen möglichst enthalten, so daß dieselbe recht gut neben der vorigen, kaum vor einem Jahre erschienenen gebraucht werden kann. Gleichwohl wird man sich bei der Vergleichung beider Auflagen leicht überzeugen, daß auch diese neueste nicht mit Unrecht eine „verbesserte" heißt. Meine Bemühung ging besonders dahin, die hie und da vermißte Übereinstimmung zwischen diesem Leitfaden und der demselben zum Commentare dienenden, zuletzt 1829 in der 8ten Auflage erschienenen Schulgrammatik durchgängig herzustellen, so wie einzelne dunkler oder unbestimmter ausgedrückte Lehrsätze ohne größere Weitläufigkeit klarer und bestimmter zu fassen; denn Klarheit und Schärfe des Ausdrucks halte ich für Haupterfordernisse eines Lehrbuches dieser Art.

Berlin, im October 1829.

Dr. K. W. L. Heyse.

Vorwort zur elften Auflage.

Nachdem die vorigen Auflagen dieses Leitfadens nur einzelne
Verbesserungen und ergänzende Zusätze erhalten hatten, schien mir
jetzt, da das größere Lehrbuch durchaus umgestaltet worden*), auch
dieses Büchlein einer entsprechenden zeitgemäßen Umarbeitung bedürftig. Es erscheint daher gegenwärtig in allen den Theilen, welche
in dem bis jetzt vollendeten ersten Bande des größeren Werkes behandelt sind, namentlich in der Wortbildungs- und Wort-
biegungslehre, nicht bloß wesentlich verbessert, sondern größtentheils völlig neu bearbeitet. Nur die Satzlehre und die Verslehre,
welche ihre Umarbeitung in dem größeren Lehrbuche noch erwarten,
sind hier vorläufig unverändert geblieben, und die Rectionslehre ist,
wie bisher, den einzelnen Abschnitten, welche die verschiedenen Wortarten nach ihrer Bildung und Biegung abhandeln, angehängt. Auch
im Übrigen ist die Anordnung des Lehrstoffes nicht wesentlich verändert worden, außer daß die Abschnitte von der Orthographie
und von den Wortarten ꝛc. ihre Stellen getauscht haben, da der
erstere sich zweckmäßiger zunächst der Lehre von der Aussprache anschließt, der letztere hingegen der Betrachtung der einzelnen Wortarten am besten unmittelbar vorangeht.

Es ist übrigens keineswegs meine Meinung, daß der kundige
und gewandte Lehrer sich beim Unterricht in der Muttersprache genau
an die Ordnung binden wird, in welcher die einzelnen Abschnitte hier
auf einander folgen. Das vorliegende Buch kann schon seinem Umfange nach nicht für ein ausgeführtes Methodenbuch zum Sprach-
unterricht gelten; es soll vielmehr ein gemeinfaßlicher Grundriß
der Sprachlehre sein, welcher nur in so fern zweckmäßig als Leitfaden beim Unterricht dient, als der praktische Lehrgang dadurch
unterstützt und geregelt wird. Während ein solches Buch, um gründliche wissenschaftliche Belehrung in gedrängter Kürze zu gewähren,
sich in der Anordnung des Lehrstoffes der systematischen Form
möglichst annähern muß, wird hingegen nach meiner Überzeugung
der Unterricht in der Muttersprache für die niederen Lehrstufen durchaus mehr eine praktische Methode zu befolgen haben, so daß
die Theorie nur leitend, berichtigend, ergänzend der lebendigen
Übung und Anwendung der Sprache zur Seite geht. Nichts ist ver-
kehrter und verderblicher, als dem Schüler den ihm als sein natür-
liches Eigenthum angehörenden Sprachstoff dadurch fremd zu machen,
daß man denselben wie ein Fremdes, erst zu Erlernendes behandelt,
indem man die natürliche Lebendigkeit der angestammten Sprache in
todte Abstractionen erstarren läßt und durch die beständige Reflexion
auf die Regel die freie, selbstschöpferische Bewegung in der Muttersprache hemmt und stört. Die wissenschaftliche Theorie der Sprache

---

*) Dr. J. C. A. Heyse's ausführliches Lehrbuch der deutschen Sprache.
Neu bearbeitet von Dr. K. W. L. Heyse. Erster Band. Hannover 1838.

ist nicht die Wurzel, sondern die reifste Frucht der lebendigen Sprach=
kenntniß und kann nicht die Grundlage des Sprachunterrichtes, son=
bern nur das letzte, der höchsten Stufe desselben vorzubehaltende Er=
gebniß sein, da dem naturgemäßen Entwicklungsgange nach überall
die Praxis der Theorie vorangeht. — Die praktische Lehr=Methode
bleibt aber billig dem sachkundigen Lehrer — und nur einem solchen
sollte der wichtige und schwierige Unterricht in der Muttersprache
anvertraut werden — selbst überlassen und wird von diesem je nach
der Bildungsstufe und Fassungskraft seiner Schüler verschieden ein=
gerichtet werden. Jede äußere Vorschrift, welche den zu befolgenden
Lehrgang im Einzelnen Schritt für Schritt bestimmt, wird für den
gewandteren Lehrer nur eine hemmende Fessel sein, in den Händen
des schwächeren unfehlbar in todten Mechanismus ausarten. Wohl
aber bedarf der praktische Unterricht einer sicheren theoretischen
Grundlage, auf welche der Irrende oder Schwankende verwiesen,
durch welche er im Rechten befestigt, vor dem Falschen bewahrt, über
die wesentlichen Gründe des Sprach= und Schreibgebrauchs belehrt
und so allmählich zum deutlicheren Bewusstsein über die Sprachgesetze
in ihrem Zusammenhange erweckt werde. Eine solche Grundlage zu
bilden, ist die Aufgabe dieses Leitfadens, und ich hoffe derselbe wird
in seiner gegenwärtigen Gestalt dieser Bestimmung noch entsprechen=
der, als bisher befunden werden.

Berlin, im December 1838.

Dr. K. Heyse.

Zur sechzehnten Auflage.

In dieser neuen Ausgabe ist die mit der elften begonnene Um=
arbeitung dieses Büchleins zum Ziele geführt, indem nun auch die
Satzlehre auf den Grund des im Jahre 1849 vollständig erschie=
nenen syntaktischen Theiles des größeren Lehrbuchs*) und nach Maß=
gabe der danach umgestalteten Schulgrammatik**) völlig neu be=
arbeitet und verhältnißmäßig erweitert ist, so daß dieser Leitfaden
nunmehr nach Inhalt und Form mit jenen größeren Werken, die ihm
als Commentar dienen, vollkommen übereinstimmt. Es war keine
leichte Aufgabe, den überreichen Stoff der Satzlehre, wie er in dem
größeren Lehrbuche ausführlich dargelegt ist, auf ein paar Bogen
zusammenzudrängen. Ich hoffe jedoch, es wird mir gelungen sein,
in diesem Abrisse überall den wesentlichen Kern der Sache in mög=
lichst präciser Form zu geben und dabei weder den inneren Zu=
sammenhang und die wissenschaftliche Gründlichkeit der Lehrsätze,

---

*) Dr. J. C. A. Heyse's ausführliches Lehrbuch der deutschen Sprache.
Neu bearbeitet von Dr. K. W. L. Heyse. Zweiter Band. Hannover 1849.
**) Dr. J. C. A. Heyse's deutsche Schulgrammatik rc. Neu bearbeitet
von Dr. K. W. L. Heyse. Siebzehnte, gänzlich umgestaltete und sehr erweiterte
Ausgabe. Hannover 1851.

noch andrerseits die gehörige Klarheit und Faßlichkeit des Ausdrucks und die praktische Brauchbarkeit vermissen zu lassen.

In Folge der schärferen Trennung der Wortlehre von der Satzlehre, welche letztere jetzt die früher den Abschnitten von den einzelnen Wortarten angehängten Regeln über die Rections- und Congruenz-Verhältnisse in sich aufgenommen hat, konnte nun auch in diesem Leitfaden, wie in den größeren Lehrbüchern, an die Stelle der willkürlichen Zerfällung des gesammten Lehrstoffes in einzelne Abschnitte die systematische Gliederung desselben in seine drei Haupttheile Laut-, Wort- und Satzlehre gesetzt werden, denen die Verslehre als vierter Theil angehängt ist. Die Eintheilung und Anordnung des Lehrgegenstandes nach den in ihm selbst wesentlich gegründeten Momenten kann aber nur dem gleichgültig oder unwichtig erscheinen, der es verkennt, wie sehr durch die der inneren Natur des Stoffes entsprechende systematische Gliederung desselben die Einsicht in das Wesen der Sprache selbst befördert und erhöht wird.

Da nun auch die übrigen Theile der Grammatik, außer dem syntaktischen, in dieser Auflage mit zahlreichen Verbesserungen und kleinen Zusätzen versehen sind: so glaube ich für jetzt zu der möglichsten Vervollkommnung dieses Werkchens Alles gethan zu haben, was in meinen Kräften stand, und es bleibt mir nur der Wunsch übrig, daß diese Arbeit eine eben so beifällige Aufnahme finden möge, wie sie der neuen Bearbeitung der Schulgrammatik bereits von verschiedenen Seiten her zu Theil geworden ist.

Berlin, im Februar 1852.

K. Heyse.

Vorwort zur zwanzigsten Auflage.

Auch in der diesmaligen Wiederauflage, deren Besorgung nach dem vor sechs Jahren erfolgten Dahinscheiden meines theuren Bruders Karl auf mich überging, hat dies Büchlein keine wesentlichere Veränderung erfahren, als in den drei vorangegangenen. Es verdankt dem fortschreitenden Fleiße des bisherigen Herausgebers, welcher fünfundzwanzig Jahre hindurch dem väterlichen Vermächtniß der deutschen Sprachwerke vorzugsweise zugewendet war, in seiner letzten Gestalt eine Reife wissenschaftlicher Durchbildung, die ihm in weiten Kreisen die Anerkennung der Schulmänner und ein durch wiederholte Auflagen bewährtes Recht erwarb, beim praktischen Unterricht in unserer Muttersprache als theoretischer Anhalt zu dienen. Meine Durchsicht hat sich daher fast allein auf Berichtigung zufälliger Wortfehler beschränkt und nur an sehr wenigen Stellen den Lehrbestimmungen selbst eine etwas veränderte Fassung gegeben.

Vielleicht wären von mancher Seite her bedeutendere Abän=

derungen im Abschnitt von der Rechtschreibung gewünscht worden, da
sich in neuerer Zeit das Bewusstsein der Mißstände, Schwankungen,
Ungleichheiten, Überflüssigkeiten, an denen unser Schreibgebrauch leidet, vielfacher hervorgethan und nicht nur Sprachgelehrte zu Reform-
vorschlägen und zum Theil gewaltsamen Neuerungen bewegt, sondern
auch Schul- und Landesbehörden veranlasst hat, die Sache in die
Hand zu nehmen und Normen der Vereinbarung über fragliche
Punkte aufzustellen.

Es wäre nicht dieses Orts, meine Ansicht hierüber vollständig
zu entwickeln, ich erlaube mir indeß eine kurze Andeutung ihrer lei-
tenden Grundsätze.

1) Jene vielartigen Besserungsversuche haben auf den herrschenden Schreibgebrauch, wie er in der Mehrzahl unserer Zeitschriften
und unbefangenen Schriftwerke sich darstellt, noch in keiner Weise
einen bestimmenden Einfluß gewonnen; mithin kann ein Lehrbuch,
dessen Aufgabe war und ist, ohne theoretisirendes Vorgreifen nur
das Allgemeingültige, gewohnheitlich Bestehende zur Kenntniß und
Einsicht der Lernenden zu bringen, sich auch zu keiner Modification
der früheren Jahre berechtigt sehen.

2) In Bezug auf künftighin etwa vorzunehmende Änderungen
aber theile ich durchaus die Überzeugung R. v. Raumer's: daß
nämlich dieselben dem Principe, welches naturgemäß unserer Schrift-
bezeichnung überhaupt zum Grunde liegt, dem phonetischen, getreu
immer nur auf die vollkommenere, folgerichtigere und gleichmäßige
Durchführung eben dieses Princips oder darauf ausgehen sollen, die
Übereinstimmung unsrer Schreibweise mit der gültigen Aussprache
vollständiger, klarer, einfacher und in der Anwendungsart ihrer
Mittel harmonischer zu machen; daß hingegen „die Einführung
historischer Unterscheidungen, die in gebildeter Rede nicht mehr gesprochen werden, zurückzuweisen sei ꝛc."

3) Was uns vor allem Noth thut, Festigkeit und Einheit im
Schreibgebrauch, wird durch die Umgestaltungswagnisse einzelner
Schriftsteller, denen um so mehr ein Schein von Willkür anhaften
muß, als sie unter einander selbst, wenn nicht in der Richtung, doch
dem Grade nach, verschieden ausfallen, schwerlich gefördert, es wäre
denn insofern, als die mit ihnen steigende Verwirrung auch das Be-
dürfniß einer auf wirksamerem Wege zu suchenden Einigung steigert.
Wohl aber wäre zu wünschen, daß die besonneneren Regelungsversuche
einzelner Staaten als Vorbereitungen und Anbahnungen allgemeiner
Einigung und Sicherstellung unserer Orthographie im Gesammt-
vaterlande angesehen werden dürften. Und warum sollten wir am
Ende nicht hoffen, daß es dem immer mächtiger werdenden National-
bewusstsein und Nationalwillen einmal gelinge, auch auf diesem Ge-
biet sich ein Centralorgan von unbestrittener Autorität zu schaffen,
dessen Entscheidungen allein den Streit auf lange hinaus schlichten
würden, weil nur in ihnen die Gesammtheit ihre eigene Willens-
meinung als Gesetz zu ehren hätte. Bis dahin bescheidet die praktische Sprachlehre sich mit den Worten R. v. Raumer's: „Von Ein-

führung orthographischer Neuerungen in die Schulen kann jedenfalls erst dann die Rede sein, wenn die Sachverständigen ganz Deutschlands sich über Ziel und Mittel derselben verständigt haben."

Carlsruhe, im Mai 1862.

Th. Heyse.

Vorwort zur dreiundzwanzigsten Auflage.

Wie bei den zwei vorangegangenen Auflagen, deren Besorgung mir ebenfalls oblag, hab' ich mich auch bei der vorliegenden auf ein paar unerhebliche Nachbesserungen im Ausdruck, einige die neueste Zeit betreffende Änderungen in der Bildungsgeschichte der deutschen Sprache und auf eine sorgfältige Revision des Druckes beschränkt, die Form und Anordnung der Lehrsätze aber, wie sie von meinem verewigten Bruder Karl in der siebzehnten Auflage der Schulgrammatik und der sechzehnten dieses Leitfadens aufgestellt wurden, unverändert gelassen. Daß Letztere in immer weiteren Kreisen Billigung und Eingang gefunden, beweist die rasche Folge der neuen Auflagen.

Unter den mannigfachen Wünschen und Vorschlägen zur Feststellung einer einheitlichen Rechtschreibung, die in letzter Zeit besonders lebhaft hervorgetreten sind, verdienen manche, wie namentlich die von D. Sanders, gewiß Beachtung. Ich theile jedoch die schon oben von meinem Bruder Theodor ausgesprochene Ansicht, daß es nicht Aufgabe unseres Leitfadens sein kann, Reformvorschläge zur Ausführung zu bringen, so lange die noch immer schwankenden und zum Theil widerstreitenden Ansichten sich nicht geeinigt und befestigt haben.

Aschersleben, im Septbr. 1874.

Gust. Heyse.

Inhalt.

Einleitung.

1. Von der Sprache überhaupt.

Der Mensch kann seine Gedanken und Empfindungen durch hörbare, gegliederte (articulirte) Laute äußern, d. i. er kann sprechen. Die Darstellung dieser Lautsprache durch bleibende sichtbare Zeichen ist die Buchstabenschrift. Die Mittheilung der Gedanken durch andere sichtbare Zeichen (Geberden, Mienen, Bilder ꝛc.) kann nur uneigentlich eine Sprache (Geberdensprache ꝛc.) genannt werden.

Alle Lautsprachen der Erde theilt man ein in gebildete und ungebildete, todte und lebende Sprachen. Muttersprache nennt Jeder diejenige Sprache, die in seiner Heimath im täglichen Leben gesprochen wird.

2. Deutsche Sprache. Grundzüge ihrer Bildungsgeschichte.

Die deutsche Sprache ist unter den lebenden Sprachen eine der ältesten, reinsten und gebildetsten und übertrifft die meisten neueren Sprachen an Reichthum und Kraft, an Bildsamkeit und Geschmeidigkeit. Ihre Bildungsgeschichte umfaßt ungefähr 2000 Jahre, welche Zeit man in sieben Zeiträume theilen kann. Die ersten vier begreifen die altdeutsche, die letzten drei die neubeutsche Sprache und Litteratur.

I. Das germanisch-gothische Zeitalter. Von dem ersten Erscheinen deutscher Völkerschaften bis auf Karl den Großen; (etwas über 100 Jahre vor Christus — 768 nach Chr.)

Die deutsche Sprache ist die ursprüngliche Sprache eines alten, in verschiedene Stämme getheilten, großen Volkes, welches schon sehr früh aus seinen ältesten Wohnsitzen in Hochasien nach Europa wanderte und besonders dessen nördlichen und mittleren Theil bevölkerte. Der Namen deutsch stammt nicht von dem angeblichen Gotte und Stammvater dieses Volkes, Tuisko, ab, sondern von dem gothischen Worte thiuda, deutsch diot, diet, d. i. Volk, und bedeutet eigentlich: zum Volke gehörend, dem Volke eigen. Unter dem Namen Germanen wurden Deutschen zuerst den Römern bekannt. — Großen Einfluß auf Deutschen und ihre Sprache hatte 1) die Völkerwanderung (375—500), 2) die Ausbreitung der christlichen Religion. —

Ulfilas (360—380), Erfinder oder doch Vervollkommner einer deutschen Buchstabenschrift und Übersetzer der Bibel ins Gothische. — Boni=facius (719—754). Die oberdeutsche Schriftsprache vom 7. bis zum 11. Jahrh. nennt man das Althochdeutsche. Älteste althochdeutsche Schriftdenkmäler: Glossen=Sammlungen; Übersetzung der lateinischen Schrift des Isidor von der Geburt Jesu; Übersetzung der Regel des heil. Benedict durch den Mönch Kero. — Entstehung unserer deutschen Schrift aus der lateinischen Mönchsschrift.

II. Das fränkische Zeitalter. Von Karl dem Großen bis zu den schwäbischen Kaisern (768—1138).

Karl d. Gr. (768—814) war ein thätiger Beförderer der deutschen Sprachbildung; auch Ludwig der Fromme (814—840) und Ludwig der Deutsche (841—876) zeigten Liebe für die deutsche Sprache. — Langsamere Fortschritte derselben unter den folgenden Kaisern. — Merkwürdige Gelehrte dieses Zeitalters sind: Alcuin, Paul Warnefried, Rhabanus Maurus, Eginhard, Gerbert ꝛc. — Poetische Schriftdenkmäler in althochdeutscher Sprache: Bruchstück des Hildebrands=liedes; Weißenbrunner Gebet (8. Jahrh.); Ludwigslied; Otfried's gereimte Bearbeitung der vier Evangelisten (9. Jahrh.). — Heliand, Evangelien=Harmonie in altniederdeutscher oder altsächsischer Sprache (9. Jahrh.). — Althochdeutsche prosaische Bearbeitung der Psalmen von Notker, und des hohen Liedes Salomonis von Willeram (11. Jahrh.).

III. Das Zeitalter der schwäbischen Dichter (Minnesänger). Von den schwäbischen Kaisern bis zur Errichtung der ersten deut=schen Universität (1138—1348).

Unter den Hohenstaufen erhob sich die alemannische oder schwäbische Mundart (mittelhochdeutsche Sprache vom 12. bis zum 14. Jahrh.), deren sich die Minnesänger bedienten. Das aufblühende Ritterthum, Troubadours und Kreuzzüge trugen zum Aufschwunge der deutschen Sprache viel bei. — Ausgezeichnete Minnesänger sind: Heinrich von Veldeck, Hartmann von der Aue, Wolfram von Eschenbach, Walther von der Vogelweide, Gottfried von Straßburg, Konrad von Würzburg. Am glänzendsten erhob sich ihr Gesang unter Kaiser Friedrich II. (1215—1250). — Nibe=lungenlied; Heldenbuch; Heldengedichte aus dem Sagenkreise von Karl d. Gr. und seinen Helden, so wie von König Artus und der runden Tafel; poetische Legenden; geschichtliche Dichtungen; Lehr=gedichte: Freidank, der Renner von Hugo von Trimberg; Boner, schweizerischer Fabeldichter. — Anfänge prosaischer Litteratur: Sachsen=spiegel (1220); Schwabenspiegel (1282).

IV. Das Zeitalter der Meistersänger, bis zu Luther's vollstän=diger Bibelübersetzung (1348—1534).

Friedrich II. († 1250), letzter schwäbischer Kaiser. Ende der Kreuzzüge und des freien Minnegesangs. — Die Dichter wurden zünftige Meistersänger. Die prosaische Sprache gewann an Ausdehnung, Reichthum und Regelmäßigkeit durch den vergrößerten Wohlstand der Städte und die erhöhete allgemeine Bildung.

Schriftliche Abfassung der Land= und Stadtrechte; Volksbücher; Chroniken (Jakob von Königshofen, Johannes Rote u. a. m.); geistliche Reden und religiöse Lehrschriften (Johann Tauler st. 1361; Geiler von Kaisersberg). Blüthe des Volksliedes neben dem Meistergesang; Reineke Fuchs, allegorisch-satirisches Fabel=Epos in niederd. Sprache. Merkwürdige Dichter: Sebastian Brant (st. 1521): das Narrenschiff; Thomas Murner (Narrenbeschwörung rc.); Veit Weber (Kriegslieder); Konrad von Queinfurt (ältestes Kirchen= lied). Erste Anfänge der Schauspielkunst. Theuerdank; Weißkunig (veranstaltet durch Kaiser Maximilian I.). Heinr. Steinheil, Joh. Reuchlin, Nicolaus von Wyle, Dietrich von Pleningen u. a. Übersetzer lateinischer Classiker.

V. Das Zeitalter aufblühender Wissenschaften; von Luther bis Opitz (1534—1625).

Die schon seit der Mitte des 15ten Jahrh. als Büchersprache vor= herrschend gewordene Mundart des mittleren Deutschlands wird besonders durch Luther's (geb. 1483, gest. 1546) Bibelübersetzung, Predigten, Lieder rc. fester begründet und unter dem Namen des Hochdeutschen (genauer Neuhochdeutsch) zur allgemeinen deutschen Schriftsprache. Hans Sachs (geb. 1494, gest. 1576), ein Meistersänger zu Nürnberg. Aufblühen des deutschen Kirchenliedes. — Joh. Fischart, geistvoller Humorist; Burkard Waldis und Erasmus Alberus dichteten Fabeln; Georg Rollenhagen (geb. 1543, gest. 1609) schrieb den Froschmäusler; Joh. Thurnmayer (Aventin, gest. 1534), ein vortreff= licher Geschichtschreiber; Joh. Agricola (geb. 1492), Ausleger deutscher Sprichwörter. — Als Grammatiker machten sich verdient: Valentin Ickelsamer und vor allen Andern Joh. Clajus (geb. 1530).

VI. Das Zeitalter widerstrebender Meinungen. Von Opitz bis auf Klopstock (1625—1751).

Martin Opitz von Boberfeld (geb. 1597), der Vater der neueren deutschen Dichtkunst, regelte die Verskunst. Ihm folgten: Paul Fleming (geb. 1609), Andr. Gryphius (geb. 1616), Simon Dach (geb. 1605) u. a. m.; Friedr. von Logau (geb. 1604) dichtete treffliche Sinngedichte; Paul Gerhard (geb. 1606), Joh. Rist (geb. 1607) und Georg Neumark (geb. 1621) dichteten geistliche Lieder. — Christian von Hoffmannswaldau und Casp. von Lohenstein entfernten sich durch Schwulst und Dunkelheit von Opitz's einfacher und kräftiger Sprache. — J. W. Zinkgref (gest. 1635), bekannt durch seine Apophthegmata, J. W. Laurenberg (gest. 1659) und J. Rachel (gest. 1669) durch satirische Gedichte, Moscherosch (Philander von Sittewald, geb. 1600) durch prosaische Satiren. — Am meisten hatte das geistliche Lied, das Sinn= und Spottgedicht gewonnen.

Als Grammatiker machten sich verdient: v. Zesen (geb. 1619, gest. 1689), Chr. Gueinz, J. G. Schottel und Joh. Bödiker; so wie durch Wörterbücher: Stieler, Schilter (geb. 1632, gest. 1705), Scherz, Wachter, Haltaus, und ganz vorzüglich Frisch (geb. 1666, gest. 1743). — Gesellschaften zur höheren Ausbildung der deutschen Sprache und Poesie: die fruchtbringende Gesellschaft (in Weimar gestiftet 1617), die deutschgesinnte Genossenschaft (in Hamburg 1643), die Gesellschaft der Pegnitzschäfer (in Nürnberg 1644) ꝛc.

Trotz dieser Bemühungen legte die heillose Sucht, die deutsche Sprache mit französischen Wörtern und Redensarten zu vermengen, dem besseren Streben große Hindernisse in den Weg. Am wackersten kämpften dagegen: Chr. Thomasius, von Leibniz und Chr. v. Wolf, und zwar mit Erfolg, wie Mosheim in seinen Reden und Haller, Hagedorn, Dusch, J. E. Schlegel und Cronegk ꝛc. in ihren Gedichten beweisen. — Gottsched trug wenigstens dazu bei, die schönere Zeit zu begründen.

VII. **Das Zeitalter der höheren Vollkommenheit und Muster-haftigkeit in der deutschen Sprachkunde und Wissenschaft überhaupt. Von Klopstock bis auf unsere Zeit (1751—1878).**

Klopstock nebst seinen Zeitgenossen Gleim, Gellert, Rabener, Uz, Geßner, von Kleist und Wieland wurden Lieblingsdichter unserer Nation. — Der geistvolle Lessing, dessen Schriften für immer Muster eines reinen echtdeutschen Stils bleiben, wirkte neben Engel, Weiße, Iffland und Schröder ꝛc. auf die Verbesserung der deutschen Schaubühne. — Berühmte Dichter und Prosaisten der neueren Zeit sind: Herder, Schiller, Goethe, Voß, v. Stolberg, Ramler, Jacobi, Bürger, Hölty, Matthisson, v. Salis, Tiedge, A. W. und Fr. v. Schlegel, Tieck, Jean Paul, Pfeffel, Lichtenberg, Zschokke, Grillparzer, Uhland, Rückert, Schwab, v. Chamisso, Immermann, von Platen, Heine, Börne, Anast. Grün, Lenau, Freytag, Gutzkow, Geibel u. m. A. Mundartliche Dichter: Hebel, Klaus Groth, Fr. Reuter. Auch geschätzte Dichterinnen: Luise Karsch, Luise Brachmann, Annette v. Droste=Hülshoff u. m. A. — In der Philosophie und Redekunst glänzen: Sulzer, Kant, Mendelssohn, Garve, Fichte, Schelling, Hegel, Herbart, Schopenhauer; Jerusalem, Spalding, Reinhard, Teller, Zollikofer, Niemeyer, Schleiermacher, Tschirner, Löffler, Dräseke u. m. A. — In der Geschichte, Alterthums= und Sprachkunde, Erd= und Naturbeschreibung: Winckelmann, Schlözer, Spittler, Planck, Eichhorn, Joh. v. Müller, Heeren, Luden, v. Raumer, Ranke, Görres, Leo; Heyne, Wolf, Jacobs, Hermann, Böckh, Wilh. und Alex. v. Humboldt, Forster, K. Ritter, L. v. Buch, v. Liebig, v. Baer, Martius ꝛc. — Für Jugend und Volk schrieben: Claudius, Becker, Salzmann, Campe, Pestalozzi, u. m. A. — Um die Sprachlehre machten sich verdient: Adelung, Fulda, Heynatz, Stosch, Moritz, Vater, Bernhardi, Eberhard, Gedike, Campe, Seidenstücker, Grotefend, Heinsius, Herling, Becker, Schmitthenner, Götzinger u. m. A.; in neuester Zeit aber ganz besonders die geschichtlichen Sprach=forscher: Jacob und Wilhelm Grimm, Benecke, Lachmann, Graff, Schmeller, Wackernagel, Haupt ꝛc.

Die verbesserten Schulanstalten, gelehrte Gesellschaften und Zeit=schriften trugen zu der höheren Bildung der deutschen Sprache und der *deutschen Nation* überhaupt wesentlich bei.

3. Mundarten der deutschen Sprache. —
Deutsche Grammatik und deren Theile.

Die deutsche Volkssprache unterscheidet sich in zwei Hauptmund=
arten (Dialekte): die oberdeutsche und die niederdeutsche oder
plattdeutsche. Aus beiden, vorzugsweise jedoch aus dem Oberdeutschen,
bildete sich das Hochdeutsche als allgemeine Schrift= und höhere Um=
gangssprache. Die Reinheit und Echtheit des Hochdeutschen wird ver=
letzt durch:

1) landschaftliche Wörter (Provincialismen); z. B. uff, heisch, Fohlen, st. auf
heiser, Füllen 2c.
2) veraltete Wörter (Archaïsmen); z. B. absonderlich, alldieweil, gelahrt 2c.
3) sprachwidrig gebildete neue Wörter (Neologismen); z. B. Thathand=
lung, bewahrheiten 2c.
4) ausländische Wörter und Redensarten (Barbarismen, als: Gräcismen,
Latinismen 2c.), wenn sie noch nicht (wie Fenster, Christ 2c.) das Bürgerrecht
erhalten haben; z. B. abbreviiren, Discours, st. abkürzen, Gespräch.

Die Anweisung, das Hochdeutsche rein und richtig zu
sprechen und zu lesen, zu schreiben und zu verstehen, enthält
die (praktische) Grammatik oder Sprachlehre. Diese gründet ihre
Regeln auf den Sprachgebrauch, und hat denselben, wo er schwankend
ist, aus der Geschichte der Sprache, der herrschenden Analogie
(Sprachähnlichkeit) und den allgemeinen Gesetzen der menschlichen
Sprache (der philosophischen Sprachwissenschaft) festzustellen. — Die
Sprachlehre zerfällt in drei Haupttheile: 1) die Lehre von den Sprach=
lauten und Buchstaben, der richtigen Aussprache (Orthoëpie) und
der Rechtschreibung (Orthographie); 2) die Lehre vom Worte:
Wortarten (Redetheile), Wortbildung (Etymologie) und Wortbiegung
(Flexions= oder Formenlehre); 3) die Lehre vom Satze (Syntax), welche
die Fügung und Anordnung der Worte im Satze (Rection und Con=
struction) und der einfachen Sätze zu größeren Redeganzen in sich be=
greift. Dazu kommt noch als Anhang: 4) die Verslehre oder Metrik.

Erster Theil.
Laut= und Schriftlehre.

Erster Abschnitt.
Von den Sprachlauten und der richtigen Aussprache.
I. Von den Buchstaben und deren Arten.

Jede Lautsprache besteht aus Wörtern. Ein Wort ist der Aus=
druck einer Vorstellung und besteht aus einer oder mehren Silben.
Eine Silbe ist ein Wortglied oder ein Wort, welches ohne Stimm=
absatz ausgesprochen wird, und entweder nur aus einem einfachen oder
zusammengesetzten Selbstlaute (Vocal oder Diphthong), oder aus einer
Verbindung eines oder mehrer Mitlaute (Consonanten) mit einem Selbst=

laute besteht. Die Schriftzeichen für die einzelnen Sprachlaute nennen wir Buchstaben.

Die durch Buchstaben bezeichneten Laute sind:

1) Vocale, Selbst= oder Stimmlaute, und zwar

a. einfache, als: a, e, i (y), o, u; ä, ö, ü (letztere drei auch Umlaute genannt);

b. zusammengesetzte Vocale oder Doppellaute (Diphthongen), als: ai (ay), au, äu, ei (ey), eu (oi, ui).

Alle diese können ohne Beihülfe anderer Laute mit einer Öffnung des Mundes ausgesprochen werden und folglich für sich allein eine Silbe ausmachen.

2) Consonanten, Mitlaute, und zwar

a. einfache sind: b, ch, d, f (v, ph), g, h, j, k (c, q), l, m, n, p, r, s (ß), ß, sch, t (th), w.

b. Die zusammengesetzten Consonanten sind theils verdoppelte oder Doppelmitlaute, wie ff, ck (für kk), ss oder ß, tz (für zz), welche nur eine Verstärkung oder Schärfung des Lautes nach einem geschärften Vocale andeuten; theils aus verschiedenartigen Lauten zusammen= gesetzte, als: pf, st; x (= ks oder chs), z oder c (= ts). Letztere sind dem Zeichen nach einfach, dem Laute nach zusammengesetzt. Dagegen drücken die zusammengesetzten Zeichen ch, ph, ß, sch, th einfache Laute aus.

Beim Aussprechen der Consonanten sind entweder die Lippen, oder die Zunge und die Zähne, oder der Gaumen und die Hinterzunge vorzugs= weise thätig. Demnach sind: Lippenlaute: f, w, m, b, p; Zungen= oder Zahnlaute: s (ß), l, n, d, t; Gaumenlaute: ch, j, g, k.

Die hörbaren Sprachlaute in sichtbare Zeichen oder Buchstaben übertragen, heißt schreiben. Die Regeln, nach welchen dies geschieht, lehrt die Rechtschreibung oder Orthographie (s. Abschnitt 2).

Die sichtbaren Zeichen der Sprachlaute wiederum in hörbare Laute übertragen, heißt lesen.

Anmerk. Wird ein geschriebener Buchstabe in der Aussprache nicht gehört, so heißt er stumm, wie z. B. das h in Frühling, das e in Liebe 2c.

II. Von der richtigen Aussprache der Buchstaben:

1) der einfachen und zusammengesetzten Vocale. Man spreche:

Das a — nicht wie ä, o oder oa; also nicht wärm, Voater.

Das ä — nicht wie ey; ich wehre verschieden von wäre.

Das e — nicht wie a, z. B. nicht Harr statt Herr, larnen statt lernen 2c.; auch nicht wie ö.

Das ö — nicht wie e; also nicht flöhe wie flehe.

Das u — nicht wie o oder ue; also nicht korz, Bluet.

Das ü — nicht wie i oder ie; also nicht Thier anstatt Thür 2c.

Die verdoppelten Vocale aa, ee, oo bezeichnen eine Dehnung des Lautes, z. B. Haar, Meer, Moos; ausgenommen wenn ee zu zwei verschiedenen Silben gehört, wie in be=erdigen 2c. Auch die einsilbigen Doppellaute ai, äu, ei, eu, oi sind in der Aussprache genau von einander zu unterscheiden, z. B. Waisen, weisen, läuten, leiten, Leute, Broihan 2c.

2) der Consonanten.

Man unterscheide vorzüglich die im Laute verwandten Buchstaben, als: das b und p; also nicht Lopp, Stapp, sondern Lob, Stab. — Welcher Unter= schied ist zwischen Bein und Pein, Baß und Paß, Rabe und Rappe?

Das d und t (dt, th, welche ganz wie t lauten). — Welcher Unterschied ist zwischen Thon, Ton und Don (Fluss), trat und Drath, Dorf und Torf, Widder und Gewitter, der und Theer? — Das t lautet wie ein z vor einem i mit folgendem Vocale in den aus dem Lateinischen entlehnten Wörtern. Z. B. Ambition, Motion, Quotient, Patient 2c.

Das f ist in der Aussprache von v und ph nicht verschieden, wohl aber von w, ff und pf; also nicht Briewe statt Briefe. — Welcher Unterschied in der Aussprache findet Statt zwischen Pfand und fand, Pferd und fährt, Pfeiler, Feile und Beilchen? — Ebenso unterscheide man hoffen und Hopfen, empfehlen und befehlen 2c.

Das g wird bald mit j und ch, bald mit k durch eine schlechte Aussprache verwechselt. Das j ist der weichste dieser Laute; härter ist das g und ch, am härtesten das k. — Unterscheide die Aussprache in: Jahr, gar und Karte, kriechen und kriegen, jetzt und ergötzt, gähren und verjähren, Jude und gut, Jenner, Gönner und Kenner, Gunst und Kunst, Gram und Kram, Tag und Dach!

Das s (am Ende einer Silbe s) unterscheidet sich in der Aussprache von ß und ss. Das ss folgt nur nach geschärften Vocalen, wie in essen; nach gedehnten oder Doppelvocalen wird der sanfte S-Laut durch s ausgedrückt, wie in reisen, — der schärfere durch ß, wie in reißen. Das s in Glas, aussagen 2c. Eine gute Aussprache unterscheidet: Last, ihr laßt, laßt mich los! Fuß und Fluß, Schoß und Schoß 2c. — Das s vor p und t nicht völlig wie sch; also nicht Schpiel, schtehen, sondern Spiel, stehen 2c. Aber auch nicht sch wie s-ch (z. B. statt Schinken: S-chinken, wie Häus-chen); schl, schm, schn, schw nicht wie sl, sm, sn, sw; also nicht: sließen, Snecke, swarze Sweine 2c.

Übungsaufgaben

zur Berichtigung der Aussprache der Vocale und Consonanten.

Vor Bilsenkraut und manchen Pilzen hat man sich wohl zu hüten. — Prüfe wohl, was du in einem Briefe schreibst! — Die Krabbe ist ein Seekrebs und der Trappe ein Vogel. — Ein Pudding ist eine Art Klump, der gewöhnlich aus Mehl, Butter und Eiern bereitet wird. — Betagte Leute thun gewöhnlich Alles mit Bedacht. — Während der Bruder Verse macht, strickt die Schwester eine Ferse in ihren Strumpf. — Wer seine Pflichten nicht gern erfüllt, nimmt seine Zuflucht gewöhnlich zu allerlei Ausflüchten. — In jeder Menschenbrust regt sich ein Gefühl für Recht und Unrecht. — Die Gemsen halten sich gern auf jähen Felsen auf. — Je besser ein Mensch ist, desto böser ist der, welcher ihm wehe zu thun sucht. — Wer viel reist, zerreißt mehr Kleider, als der, welcher viel sitzt. — In einem Forste sucht man weder Pfirsichen-, noch Pflaumen- und andere Obstbäume, sondern Eichen, Buchen, Fichten und Tannen, welche dem Menschen nicht weniger Nutzen bringen, als jene. — Es wird manchem Menschen das richtige Schreiben bloß darum so schwer, weil er nicht richtig sprechen gelernt hat und es wohl gar für schimpflich hält, seine fehlerhafte Aussprache in spätern Jahren zu berichtigen und zu verbessern.

Die Wohnung des Glücks.

Das Glück zu suchen, war
Der weise Sadi fünfzig Jahr
Gewandert — in dem Glanz der Throne,
Wie in der armen Hütten Dunst.
Wo fand er wohl des Glücks vollkommne Gunst?
Wo, unter welcher Himmelszone?
Ach, nirgends, nirgends fand er sie!
Ihm selbst verbitterte des Forschens Müh'
Und Leiden mancher Art den Kelch des Lebens.

Einst irrt' er ab in einen dunkeln Wald;
Auf einmal zeigte sich in Bäumen, hoch erbrausend,
Im Graun der Vorwelt ihm ein Tempel, alt
Und groß und hehr, wie ein Jahrtausend.

Still steigt er zu den steilen Stufen auf
Und schreitet ehrfurchtsvoll durch die erhabnen Hallen.
Zuletzt bemerkt er eine Thür, worauf
Die Zeilen ihm ins Auge fallen:
Hier tönt kein Weinen, nagt kein Schmerz;
Hier wohnt das Glück, hier ruht das Herz!

„O seligste von meinen Lebensstunden,
So hab' ich endlich dich gefunden!
O Glück, so nah' ich endlich dir!"
So ruft der Weise voll Entzücken,
Und freudig bebend öffnet er die Thür.
Was siehet er? — Mit düstern Blicken
Starrt er in einen weiten Schlund hinab
Und sieht tief unten — was? — ein Grab.

Gittermann.

III. Von der Aussprache der Silben und Wörter.

Jede Silbe enthält einen einfachen oder zusammengesetzten Vocal; z. B. A=lo=e, e=del, ei=len. Aus Silben bestehen die Wörter, d. i. die vernehmlichen Ausdrücke bestimmter Vorstellungen; z. B. Ufer, empfinden. — Jedes Wort ist entweder ein= oder mehrsilbig. —

1. Dehnung und Schärfung der Silben.

Gedehnt sind alle Silben, die einen Doppellaut oder ein Deh= nungszeichen (s. u. S. 12) enthalten, oder auch auf einen einfachen Vocal oder einfachen Consonanten ausgehen; z. B. blau, Haus, See, Rath, ja, so, Va=ter, le=ben, Schlaf, dir, vor 2c.

<small>Ausgenommen sind viele einsilbigen, der Verlängerung unfähigen Wörter, z. B. an, ab, das, es, in 2c. und die meisten Nebensilben als be, ge, er, ver 2c.</small>

Geschärft sind alle Silben, auf deren einfachen Vocal ein Doppel= Consonant folgt (wozu auch ck und tz, für kk und zz, zu rechnen sind); z. B. Ball, Kamm, Narr, hassen, Spitze, locken 2c.; auch die meisten, die auf zwei oder mehre verschiedene Consonanten ausgehen; z. B. Kopf, Schuld, Schrift, Gunst 2c.

<small>Ausnahmen sind: Art, Bart, Harz, Herd, Mond, Pferd, zart u. e. a. Auch tritt die Schärfung nicht ein, wenn zwischen zwei Consonanten ein Vocal ausgefallen ist, z. B. leb't, Tag's 2c.</small>

Außer den gedehnten und geschärften giebt es auch zwischen Deh= nung und Schärfung schwebende Silben, wie: hat, du hast, nach 2c.; und schwachlautige Nebensilben mit kaum hörbarem Vocal, wie die zweite Silbe in: Güte, lieben; die erste in: genug, Bericht 2c.

2. Betonung der Silben und Wörter (Accent).

Ton oder Accent ist die innere Stärke, mit welcher der Sprach= laut ausgesprochen wird, oder die denselben begleitende Hebung und Senkung der Stimme. Wir unterscheiden 4 Arten des Tones:

1) Der Silbenton oder Accent im engeren Sinne ist die Aus= sprache einer Silbe mit besonderer Erhebung und Stärke der Stimme. In jedem zwei= oder mehrsilbigen Worte muß nothwendig eine Silbe den Ton haben. Dieser Ton kann eben sowohl eine gedehnte, als eine geschärfte Silbe treffen, und man nennt die mit einem solchen Nachdruck der Stimme ausgesprochene Silbe eines mehrsilbigen Wortes betont oder hochtonig; die andern Silben, welche dieser Accent nicht trifft, sind tieftonig, und zwar theils nebentonig, theils tonlos; z. B. Apfelbaum, Hausväter, genügthun.

Die deutsche Sprache legt den Ton (fast ohne Ausnahme) auf die bedeutsamste Silbe (Stammsilbe) jedes einfachen Wortes; dagegen sind alle Biegungs= und die meisten Ableitungssilben tonlos; vgl. z. B. Gebét, und gébet, Betrübniß 2c.

Eine Ausnahme machen 1) viele Fremdwörter, z. B. Baron, Advocat; 2) wenige deutsche wie: lebéndig, Kinderéi, Spieleréi.

Den Nebenton (das Mittel zwischen Hochtonigkeit nnd Tonlosig= keit) bekommen die volllautigern Nachsilben bar, sam, haft 2c.; z. B. achtbar, furchtsam 2c., und bei Zusammensetzung von mehren Stamm= wörtern das Grundwort oder zweite Glied, z. B. Großmuth, Kirchhof, himmelblau.

Die mit Vorwörtern zusammengesetzten Verba haben verschiedene Ton= setzung, je nachdem sie trennbar, oder untrennbar sind; z. B. ábgehen, aús= gehen, umgéhen und úmgehen, durchreisen 2c.

2) Der Wortton hebt in einer Wortverbindung oder einem Satze das grammatisch bedeutsamere oder wichtigere Wort durch größeren Nachdruck der Stimme hervor; z. B. mein Sohn; für mich; er gefällt mir; der Hund bellt; mein Freund ist krank; sprich laut u. dgl. m.

3) Der Satzton besteht in der richtigen Hebung und Senkung der Stimme beim Vortrage größerer Satzvereine oder Gliedersätze (Perioden) und zeichnet z. B. den Hauptsatz vor dem Neben= oder Zwischensatze aus (s. die Satzlehre).

4) Der Redeton oder rhetorische Accent beruht nicht, wie die vorstehenden Arten, auf unabänderlich feststehenden grammatischen Verhältnissen, sondern hängt von der Wichtigkeit ab, welche ein Satzglied, ein einzelnes Wort, ja selbst eine einzelne grammatisch tonlose Silbe durch die besondere Absicht des Redenden erhält. Er ist daher wandel= bar und kann in demselben Satze bald dieses, bald jenes Wort treffen. Je nachdem ich z. B. in dem Satze „Er hat meinen Bruder allezeit unter= stützt“ den Ton auf ein anderes Wort lege, wird auch ein anderer Sinn ent= stehen. Vgl. auch: „Er ist nicht erzogen, sondern vielmehr verzogen.“

Übungen
der verschiedenen Arten des Tones.

Man rühmte in Lessing's Beisein von einem Buche, daß viel Wahres und Neues darin sei. „Nur Schade“, sagte Lessing, „daß das Wahre darin nicht neu, und das Neue nicht wahr ist.“

*

Ein Kaufmann in Leipzig mahnte in der Messe einen aus Berlin um die Bezahlung einer ansehnlichen Schuldpost. — „Glauben Sie denn, daß ich davon laufen werde?“ sagte ärgerlich der Berliner. „Das eben nicht“, erwie= derte lächelnd der Leipziger; „aber ich werde davon laufen müssen, wenn mir Niemand zahlt, und darum verlange ich mein Geld.“

Zweiter Abschnitt.
Von der Rechtschreibung oder Orthographie.

Die deutsche Orthographie oder Rechtschreiblehre ist der Inbegriff derjenigen aus der Erfahrung geschöpften Regeln, nach welchen das Hochdeutsche schriftlich dargestellt werden muß. (Vergl. S. 6.) Sie beugt unzähligen Mißverständnissen, Zweideutigkeiten und Wortverwechselungen vor und verhütet die Ver= dunkelung der Abstammung bei einer Menge von Wörtern.

I. Allgemeine Regeln der deutſchen Rechtſchreibung.

1. Schreibe, wie du richtig ſprichſt und buchſtabirſt, keinen Laut mehr und keinen weniger.

z. B. nicht: er kamb, Vatter, Ferd, Damf, Swein ꝛc., Pein ſt. Bein, Sginken ſt. Schinken, Kurken oder Jurken ſt. Gurken, Freide, Heiſer, iber, Vegel ꝛc., ſammlen ſt. ſammeln, Bauren ſt. Bauern, niſcht oder nix ſtatt nichts ꝛc.

Iſt man ungewiß, wie ein Wort am Ende geſchrieben wird, ob z. B. mit b oder p oder pp ꝛc., oder s oder ß oder ſſ ꝛc., ſo darf man es nur verlängern oder beugen; z. B. Grab, des Grabes; aber Krapp, des Krappes; Haus, des Hauſes; Gruß, des Gruſſes; aber Fluß, des Fluſſes ꝛc.

2. Entſcheidet die richtige Ausſprache nicht hinreichend, ſo ſchreibe, wie es die nächſte Abſtammung des Wortes verlangt.

Hierbei iſt als Regel zu merken: 1) daß die Buchſtaben der Stammſilbe in den Ableitungen beibehalten werden, ſo lange es die Ausſprache erlaubt; z. B. boshaft von böſe, herrſchen von Herr; all, alles, Allmacht; Schiff, Schifffahrt; in, darin ꝛc.

2) Daß der Vocal der Stammſilbe in den gebeugten oder abgeleiteten Wörtern gemeiniglich in den zunächſt verwandten Laut (Umlaut) übergeht, alſo a, o, u, au in ä (bisweilen auch e), ö, ü, äu; z. B. alt, älter, Arm, Ärmel, Adel, edel, gro, größer, hohl, aushöhlen, Muße, müßig, Haus, häuslich ꝛc. Nicht ſelten aber, beſonders in Verben und deren Ableitungen, wechſelt der Stammvocal mit ganz verſchiedenartigen Vocalen, was man den Ablaut nennt; z. B. ſprechen, ſprich, ſprach, (ſpräche), geſprochen, Spruch (Sprüche) u. d. g.

Dasſelbe gilt auch von den Conſonanten; ſo geht z. B. h über in ch und g: ſehen, Geſicht; ziehen, zog, Zucht; oder g in ch: mögen, mochte, Macht; tragen, Tracht; Tugend, tüchtig ꝛc.; ck in k: erſchrecken, ich erſchrak; ß in ſſ (ſs): fließen, floß, Fluß ꝛc., oder umgekehrt ſſ in ß: wiſſen, ich weiß u. ſ. f.

3. Wenn aber Ausſprache und Abſtammung nicht hinreichen, dann richte dich nach dem herrſchenden Schreibgebrauche.

Der Schreibgebrauch iſt zu finden in den Schriften unſerer Muſterſchriftſteller und vorzüglichſten Sprachforſcher, in guten Volksſchriften und Zeitungen und den beſten Leſe= und Lehrbüchern für die Jugend. Er entſcheidet vorzüglich über die Rechtſchreibung 1) der Stammwörter und =Laute, wenn ihre Ausſprache nicht entſcheidend genug iſt, z. B. Saat, Samen, Saal, Thal, Zahl, Meer, mehr, hier, dir, viel, fiel ꝛc.; 2) der Biegungs= und Ableitungsſilben, z. B. en, inn, chen ꝛc.; 3) der abgeleiteten Wörter, deren Stämme unbekannt oder veraltet ſind; z. B. Geberde, Feier, beſſer, emſig, edel, Becher ꝛc.

4. Fremde Wörter und Eigennamen ſchreibe in deutſcher Schrift eben ſo, wie Alles, was deutſch iſt, mit deutſchen Buchſtaben und zwar im Allgemeinen nicht dem Laute nach, ſondern ſo, wie man ſie in ihrer Sprache ſchreibt.

Alſo nicht: Der Herr Doctor hat einen Sohn, welcher viel Genie hat; er ſtudirt ꝛc. Etwas Anderes ſind wörtliche Anführungen aus Büchern u. dergl.; z. B. Voltaire redete die Damen mit dem vertraulichen mon coeur an. — Solche Anführungen werden nicht mit deutſchen Buchſtaben geſchrieben, wohl aber fremde Wörter, welche im Deutſchen gebräuchlich ſind. Dieſe buchſtabirt man, wenn ſie ganz einheimiſch geworden ſind, auf deutſche Art, wie Marſch, Maſchine, Silbe ꝛc.; wenn ſie aber noch nicht das Bürgerrecht erhalten haben, ſo behalten ſie ihre fremde Orthographie; z. B. Motion, Monſieur, Mademoiſelle, Journal, Bouteille ꝛc.; nicht Mozion, Moſje ꝛc. — Das k wird von den beſten Schriftſtellern in urſprünglich griechiſchen Wörtern beibehalten; z. B. Anekdote, Charakter, nicht: Anecdote, Character ꝛc. Dagegen das c in lateiniſchen und aus dem Lateiniſchen abſtammenden Wörtern, z. B. Candidat, Consistorium, College, Director, copiren, District, Insect, Sacrament, Tact 2c.

Alle Eigennamen behalten ihre bestimmte schriftliche Form, wenn diese auch noch so sehr von den Regeln der Rechtschreibung anderer Wörter abweichen sollte; z. B. Heyne, Humboldt, Lueder 2c., ingleichen: Voltaire, Vicenza, Shakespeare, nicht: Woltär, Widschenza, Schäkspihr 2c.

II. Besondere Regeln und Bemerkungen über die Rechtschreibung.

1. Von dem Gebrauche großer Anfangsbuchstaben.

Mit großen Anfangsbuchstaben werden geschrieben:

1) Alle Anfangswörter eines Redesatzes, er mag den Anfang eines schriftlichen Aufsatzes ausmachen, oder nach einem Satze folgen, dessen Sinn vollendet oder durch ein (.), (?) oder (!) geschlossen ist. Z. B. Die Dankbarkeit ist eine natürliche Pflicht. Hast du nicht selbst von dankbaren Thieren gehört? — Wie sehr erniedrigt sich nun der Mensch 2c. —

Auf ein Frage- oder Ausrufungszeichen in der Mitte eines Redesatzes folgt ein kleiner Buchstabe, wenn nicht andere Gründe einen großen fordern. Z. B. Daß ich verreisen werde, ist gewiß; aber wann? das kann ich noch nicht bestimmen.

Auch nach den übrigen Satzzeichen darf in der Regel kein großer Buchstabe folgen, ausgenommen nach dem Kolon bei wörtlichen Anführungen; z. B. Er fragte mich: „Sind Sie gestern im Schauspiel gewesen?" Ich antwortete: „Nein".

Auch die abgebrochenen Verszeilen in Gedichten pflegt man mit großen Anfangsbuchstaben zu beginnen.

2) Alle Wörter, welche einen selbständigen Begriff bezeichnen, also entweder Substantive (Nennwörter) sind, oder doch als solche in diesem Falle gebraucht werden.

a) Jedes Wort kann als Substantiv gebraucht werden. Z. B. das Mein und Dein, ein Lebewohl; das Sitzen, Stehen, Alles wird dem Kranken beschwerlich. Das Schöne und Erhabene, das allgemeine Beste. Das Wenn und Aber 2c.

So steht auch das Beiwort als Beinamen mit großem Anfangsbuchstaben, z. B. Friedrich der Große, Ludwig der Sechzehnte 2c.

Bezieht sich aber das Beiwort auf ein Nennwort, das folgt, oder vorausgegangen ist: so wird es nicht mit großem Anfangsbuchstaben geschrieben; z. B. er ist ein thörichter Mensch, ich glaube sogar ein böser. Ebenso ist das Beiwort nach dem Verhältnißworte nicht immer als ein Nennwort, sondern mit dem Verhältnißworte zusammen als ein Umstandswort (Adverbium) anzusehen; z. B. aufs neue, am besten, in kurzem 2c. Eine Ausnahme macht der Schreibgebrauch bei den Ausdrücken: im Ganzen, im Allgemeinen.

b) In zusammengesetzten Wörtern richtet sich der Anfangsbuchstabe nur nach dem letzten Gliede der Zusammensetzung; z. B. der Grünspecht, eiskalt 2c.

Werden zusammengesetzte Substantive durch Bindestriche (-) verbunden, so bekommt jedes Glied einen großen Anfangsbuchstaben; z. B. Reichs-General-Feldmarschall. — Dies geschieht auch, wenn zwei zusammengesetzte Substantive neben einander stehen und ein gleiches Grundwort haben; z. B. der Kriegs- und Domainenrath.

3) Alle Anredewörter, Für- und Titelwörter, wenn sie sich in Briefen und dergl. auf die angeredete Person beziehen, bekommen große Anfangsbuchstaben.

Z. B. Ew. Kaiserl. Majestät haben allergnädigst geruht 2c.; Ew. Wohlgeboren haben mir aufgetragen, Ihnen 2c.

Hierbei hüte man sich vor Verwechselung! Man schreibe die Anrede=
wörter nur als solche mit großem Anfangsbuchstaben, d. i. wenn man zu
Jemand, aber nicht, wenn man von Jemand redet. Falsch ist z. B.: Die
Leute urtheilen über Sie ganz sonderbar; aber ich werde Ihnen (st. ihnen)
den Mund stopfen ꝛc.

Du, Dir, Dich, Dein ꝛc. brauchen nur in Briefen groß geschrieben
zu werden; Ihr, Sie, Er hingegen erfordern überall, wo sie als Anrede=
wörter an eine Person gerichtet werden, einen großen Anfangsbuchstaben.
Auch Sich, wenn es auf Sie Bezug hat, wird in Briefen besser mit großem,
als mit kleinem Anfangsbuchstaben geschrieben; z. B. lassen Sie Sich das
nicht verdrießen! ꝛc.

Anmerkungen. 1. Kaiserlich, königlich, fürstlich ꝛc. schreibt man gewöhnlich
mit kleinem Anfangsbuchstaben, wenn sie allgemein gebraucht werden, z. B. die kaiserliche
Würde; aber in näherer Beziehung auf dergleichen hohe Personen mit großem Anfangs=
buchstaben.

2. Die von Ländernamen abgeleiteten Beiwörter werden mit kleinem, aber die von Orts=
und Personen=Namen abgeleiteten besser mit großem Anfangsbuchstaben geschrieben; z. B
deutsch, französisch; aber Berlinisch, Kantisch.

3. Das Zahlwort ein wird zum Unterschiede von dem Artikel ein zuweilen mit einem
großen Anfangsbuchstaben geschrieben, besser jedoch unterstrichen; z. B. es ist nur ein Gott.

4. Nennwörter verlieren ihre großen Anfangsbuchstaben, wenn sie als bloße Neben= oder
Verhältnißwörter erscheinen, z. B. theils, flugs, statt ꝛc.; oder in den Redensarten: Jemand
zum besten haben, preis geben ꝛc. Doch schreibt man: Acht geben, Dank sagen, im Stande
sein, Trotz bieten, Statt finden ꝛc.

Besonders sind noch zu bemerken: Mal — mit großem Anfangsbuchstaben, in Verbindung
mit Ordnungszahlen als wirkliches Substantiv, z. B. das erste Mal, zum zehnten Male; mit
kleinem, in Verbindung mit Grundzahlen als Adverb: einmal, zweimal ꝛc. Ebenso
richtet sich bei Recht und Unrecht, Schuld, Angst, Leid, Weh ꝛc. die Schreibung nach
der Bedeutung.

Übungsaufgaben.

2. Von den Zeichen der Dehnung und Schärfung der Silben.

Nach jedem gedehnten einfachen oder zusammengesetzten
Vocale schreibe den unmittelbar darauf folgenden Conso=
nanten einfach, nach jedem geschärften doppelt.

Z. B. Schlaf, schlaff, Nase, nasse, Lauf (nicht Lauff) ꝛc.; — ch, sch, x werden
in einfachen Wörtern nie verdoppelt, z. B. wachen, waschen, Hexe ꝛc.; die
Stelle des verdoppelten k und z aber vertreten ck und tz; z. B. Brücke,
Spitze; aber Paute, Geiz ꝛc.

Die Silben, welche sich nicht durch Biegung verlängern lassen, bekommen
am Ende gemeiniglich nur einen einfachen Consonanten; z. B. mit, an, in ꝛc.

Außer jener einfachen Art wird die Dehnung einer Silbe noch
auf folgende dreifache Weise bezeichnet:

1) Durch Verdoppelung der Vocale a, e, o; z. B. Aal, Meer, Moos ꝛc.
   (i und u, so wie ä, ö und ü werden nie verdoppelt).

2) Durch das stumme e, jedoch nur hinter dem Vocal i, z. B. bie=
   ser, viel, Spiel, hier, Frieden ꝛc., und so in der Regel, wo das
   i gedehnt ist, außer im Anfange der Wörter, z. B. Igel; ferner in
   Fiber (Faser), Biber, wider (gegen) und in den Fürwörtern mir,
   dir, wir.

3) Durch ein eingeschobenes stummes h, das jedoch als Dehnungs=
   zeichen nur vor den Consonanten l, m, n, r, vor diesen aber
   gewöhnlich steht, z. B. in Mahl, Gastmahl, Zahl, kühl,
   lahm, Hahn, Kahn, Ähre, Lehre, ihr, ihn, Lohn ꝛc. —
   Überall, wo es gegen diese Regel zu stehen scheint, ist es nicht
   Dehnungszeichen, sondern gehört zur Stammsilbe, z. B. geht
   (v. gehen), sieht (v. sehen), Fehde (wie Gefecht v. fechten), Drath
   (v. drehen), Blüthe (v. blühen) ꝛc.

Anmerk. 1. Von dieser Regel sind aber ausgenommen:
   a) Die Fürwörter der, dem, den; ferner die Wörter vor, für, gar, nun, nur, her,
   König, Honig, Bär, hören, Samen, schal, Schale, schön.

b) Wörter, die von einem Stamme herkommen, der entweder eine geschärfte Silbe, oder eine gedehnte ohne h enthält; z. B. kam von kommen, verlor von verlieren 2c.

c) Alle gedehnten Hauptsilben, welche im Anfang zwei oder mehre Consonanten (außer st und pf) haben, oder mit qu anfangen; z. B. schmal, Thal, Schwan, Span, Flur, Spur, klar, Qual, quer, bequem, Strom 2c. Doch schreibt man der obigen Regel gemäß: Stahl, Strahl, Pfahl, stehlen.

d) In einigen Silben fällt das h weg, um gleichlautende Wörter durch verschiedene Schreibung besser zu unterscheiden; daher mahlen und malen, Mahl und Mal, Namen und nahmen (von nehmen), holen (bringen) und hohl (nicht ausgefüllt).

Anmerk. 2. Alle diese Dehnungszeichen werden aber nur in ursprünglich deutschen Wörtern gebraucht; also nicht in den fremden: Capital, Dame, Natur, Rumor, Polen, Ton, Person, rar, studiren 2c. Als Stammbuchstabe kommt jedoch das stumme h vor in Katarrh, Katarrhal-Fieber, Diarrhöe, enrhümirt, Rhabarber, Rhetorik, rheumatisch, Whist 2c.

8. Regeln über den Gebrauch einzelner Buchstaben:

a. der Vocale.

Über a, aa, ah.

Das einfache a gebraucht man in den meisten deutschen Wörtern: ich aß, bar, Gram, Hamen, malen (mit Farben), einmal 2c., Merkmal, Maß 2c.; in allen aus alten Sprachen entlehnten: Admiral, Altar 2c., ausgenommen das hebräische Jehovah.

Das aa erhalten: Aar, Aal, Aas, Haar, Maal (ein Fleck auf der Haut), Paar, Saal, Saat, Schaar, Staar (Augenkrankheit), Staat, Waare.

Das ah erhalten: Ahle, Ahnen, Stahr (Vogel) 2c. (vergl. S. 12. 3).

Über ä, äh, e, ee, eh.

Ä und Ae, ä und ae sind verschieden; z. B. in Aerostatik, Ästhetik, Israel, Phänomen 2c.

Das ä gebührt als Umlaut des a (s. S. 10) eigentlich nur solchen Wörtern, die von andern mit a abstammen; z. B. ändern, Ärmel, Bäcker, schämen, zärtlich; steht jedoch der Aussprache gemäß auch in: Bär, hämisch, Schädel, schwären 2c. Es wird nie verdoppelt, wenn es auch von aa herkommt; also Säle, Härchen, von Saal, Haar.

Das äh bekommen fast nur solche Wörter, die von andern mit ah oder ach abstammen; z. B. Ähre, Gefährte, allmählich, schmählich, ich nähme (von ich nahm) 2c.

Das e bekommen manche Wörter, in welchen es dem ä gleich lautet, auch wohl der Abstammung nach ein ä sein sollte; z. B. Becher, behende, Belt, Feder, Leben, Geberde 2c.

Mit ee schreibt man: Beere, Beet, Heer, Heerde, Klee, leer, Meer, scheel, Schmeer, Schnee, See, Seele, Speer, Theer 2c.

Mit eh: befehlen, begehren, dehnen, Lehm 2c.

Über i, ie, ih, ieh, y.

Das i steht in geschärften Silben: fing, Gebirge, Sprichwort, Sichel, wirken 2c., besonders auch in den Nachsilben ig, icht, lich, isch, rich, zig. Gedehnt ausgesprochen steht es ohne Dehnungszeichen in: Bibel, Mine (Sprenggrube), wider (gegen), Fiber (Faser) 2c.

Auch in der fremdartigen Endung iren bei Verben, wie studiren, buchstabiren; ausgenommen regieren, spazieren; und barbieren, quartieren, welche von den Nennwörtern Barbier, Quartier abstammen.

Mit ie schreibt man: 1) biegen, Bier, Brief, Dieb, Dienst, frieren, Fries, gießen, hier, Krieg, lieb, Lied, Miene (Gesichtszug), Miethe, riechen, schieben, schief, Stier, Thier, tief, vier, zieren; auch das Imperfect vieler Verben: fiel, hielt, ließ, und andere Wörter mehr, in denen das ie ursprünglich wirklicher Doppellaut ist und in oberdeutschen Mundarten noch als solcher gesprochen wird; 2) viele Wörter, in denen das e bloßes Dehnungszeichen der neueren Schrift ist, als: bieder, Biene, Diele, Fieber, Frieden, Glied, Kies, liegen, nieder, Riegel, Riese, Schiefer, schielen, schwierig, Sieg, Spiel, Stiefel, viel, wieder (nochmals), Ziel u. a. m.; auch die Imperative: lies, gieb; die Participien: geblieben, geschwiegen ꝛc., und die abgekürzten Namen Lieschen, Riekchen. — Auch steht ie in Fremdwörtern, wie: Clavier, Officier, Geographie, Harmonie ꝛc.

Das ieh steht nur in Vieh, und wo die Abstammung das h er= fordert: du siehst, er stiehlt, er verlieh ꝛc.

Das ih steht nur in: ihm, ihn, ihr und deren Ableitungen.

Das y ist in echt deutschen oder dem Deutschen angeeigneten Wörtern durch das i entbehrlich geworden. — Nur einige Eigennamen und aus dem Griechischen stammende Wörter behalten es: Asyl, Cylinder, Gymnasium, Physik ꝛc.

Über o, oo, oh.

Das o steht einfach in: Brob, Bote, Bord, geboren, Honig, holen, los, Schoß, verloren ꝛc.

Das oo steht in: Boot, Loos, Moos, Moor, Soole (Salzsoole).

Das oh in: Bohle, Bohne, bohnen, Hohn, Mohn, Mohr (Schwarzer), befohlen, gestohlen, Sohle, wohl, wohnen ꝛc. (vergl. S. 12. 3).

In Fremdwörtern meist einfach o: Anton, Astronom; einige französische haben au oder eau: Chaussee, Büreau, Sauce, Rouleau.

Über ö, öh (vgl. e, eh ꝛc.).

Ö und Oe, ö und oe sind zu unterscheiden. Die abgeleiteten Wör= ter richten sich hinsichtlich des h nach dem Stammworte; z. B. froh — fröhlich, Thor — thöricht ꝛc. Zufolge der Aussprache schreibt man: ergötzen, Löwe, schwören, zwölf ꝛc. (ehem. ergetzen, Lewe ꝛc.).

Aus dem Französischen entlehnte Fremdwörter drücken den Laut ö durch eu oder oeu aus; z. B. Meuble, Manoeuvre.

Über u, uh.

Das u steht in: Blume, Busen, Buße, Flur, Hut, Muße, Schwur ꝛc.; in der Nachsilbe thum und der Vorsilbe ur.

Das uh erhalten: Schuh, Aufruhr, Muhme, Pfuhl, Ruhm, Uhr ꝛc.

Fremde (lateinische) Wörter haben u: Cur (Heilung), Figur ꝛc.; franzö= sische ou: Cour (Aufwartung bei Hofe), Bouteille, Courier, Louisd'or, Tam= bour ꝛc.

Über ü, üh.

ü, ui und ue sind nicht zu verwechseln! — Abgeleitete Wörter richten sich hinsichtlich des ü und üh nach ihren Stammwörtern. Ein bloßes ü bekommen: Blümchen, Brücke, Drüse, dünken, Gemüse, Gerücht (der Ruf), gültig, Hülfe, Nüsse (von Nuß), trübe; lügen, trügen (ehem. liegen, triegen); Würde (ehem. Wirde) ꝛc.

Mit üh schreibt man: Bühne, früh, Frühling, fühlen, führen, rühmen ꝛc.

Über ai (ay), ei (ey), äu, eu (oi, ui).

ai (ay) steht besonders in folgenden Wörtern, zum Theil zur Un= terscheidung von ähnlichlautenden mit ei: Bai, Baiern (oder Bayern), Hai, Mai, Mais, Hain, Kaiser, Laie, Laib (Brob), Main (Fluß), Saite (auf In= strumenten), Waise, Rain ꝛc.

Mit ei schreibt man: Ei, Freier, frei, Geier, zwei, Eiter (eines Geschwürs), Seite (das Äußere eines Dinges), leiten, zeigen oder weisen,

weiſe (klug), die Weiſe (Art) ꝛc., die Fürwörter mein, dein, ſein;
auch die Verba ſein und meinen, und die Nachſilben ei, lei und lein.

Anmerk. Statt ei ſchrieb man ſonſt ey am Ende eines Wortes, z. B. bey, Ey, einerley,
Spielerey, und in den Verben ſeyn und meynen.

äu von au: äußern, ſich bäumen, Fäulniß, Gehäuſe, läuten ꝛc.

eu ſteht in: Abenteuer, beugen, Beule, Euter (der Kuh), Leute, Schleuſe,
Schleuder, ſchneuzen, verleumden, zeugen ꝛc.

Anmerk. oi und ui finden ſich nur in einigen fremden Wörtern und Eigennamen: Boizenburg,
Brothan, Treckſchuit (ſpr. ui = eu); ui auch in hui, pfui.

b. Regeln über den Gebrauch der Conſonanten.

Die weichen Conſonanten b (v, w), d, g und das th bilden nach
einem einfachen Vocale keine geſchärften, ſondern nur gedehnte Silben
und werden daher theils gar nicht, theils nur ſelten verdoppelt. Dagegen ſtehen k, p, x und z gewöhnlich nur nach geſchärften Vocalen,
weßwegen p nach einem einfachen Vocale immer verdoppelt wird.
Die Conſonanten f, s, t kommen beinahe eben ſo häufig am Ende ge-
dehnter, als geſchärfter Silben vor, in welchem letztern Falle ſie jedoch
ebenſo wie l, m, n, r ſtets verdoppelt werden.

Über b, p (vgl. S. 6).

Mit b ſchreibt man: ab, bar, Bach, Backen, Ballaſt (im Schiffe), bücken,
Bübchen, derb, Krebs, Labſal, Rebhuhn, Staub, er treibt, betrübt ꝛc.

Mit bb: Ebbe, Krabbe, Robbe.

Mit p: Alp, Haupt, Mops, packen, Palaſt, Papſt, Propſt; ſo auch die
Fremdwörter Apricoſe, Caper, Galop, September, Sirup.

Mit pp: Gerippe, Hippe, Klapper, Knappe, Krippe, Kuppel, Lippe,
Puppe, Quappe, Rippe, ſchleppen, Treppe, Wappen ꝛc.

Über d, t, dt, tt, th, ht.

d und t: Bad, bat, Bund, bunt, Dachs, Tax, Daube, Taube, Deich
(Damm), Teich (Fiſchteich), Teig (zum Backen), der Wald, die Gewalt, Tinte,
deutſch (nicht teutſch).

d in den Endungen and, end: Heiland, irgend, und in den Participien: hoffend, eſſend, trinkend, gehend ꝛc.; ſo auch jugendlich, abendlich;
(aber hoffentlich, öffentlich und dergl.).

t in den Endungen et, te, heit, keit, icht: er hoffet, hoffte ꝛc.;
auch in den Vorſilben ant, ent; z. B. Antwort, entſchließen (aber endlich,
Endzweck von Ende).

dd nur in: Widder, Trobbel, Klabbe.

tt in: Abſchnitt, Bettler, Böttcher, Brett, Mettwurſt, Statt (Stelle) ꝛc.

dt (zuſammengezogen aus det) ſteht in Participien; z. B. beredt,
gewandt, geſcheidt (oder geſcheit); auch in Stadt, todt (aber: der Tod).

th ſteht 1) am Ende und in der Mitte der Wörter: Drath, Fluth,
Koth, Loth, Muth, Nath, Noth, Rath, roth, Wuth, werth, Wirth; Athem,
Miethe, Ruthe; auch in den Nachſilben ath, uth, als: Heimath, Heirath,
Armuth, Wermuth; 2) im Anfange von: Thal, Thaler, Theer, theuer, Theil,
Thier, Thür, Thurm, Thon, thun (daher That, Unterthan), Thau, Thräne,
Thron ꝛc., und der Nachſilbe thum: Reichthum ꝛc.

ht (zuſammengezogen aus het), z. B. er blüht (ſtatt blühet), geht, ſteht ꝛc.

Über f, ff, v, w, pf, ph.

Das f ſteht in den Wörtern: fliegen, Flug, fort, feſt, Feſtung, das Feſt,
Fell, die Feile, Ferſe, Flaumfedern, flicken, Farre (Ochs), dürfen, rufen ꝛc.

Das ff steht nach geschärften Vocalen, als: hoffen, er hofft, Hoff=
nung, verschaffen, du verschaffst ꝛc. Schließt sich aber noch ein Consonant
an, vor welchem kein e ausgefallen ist: so steht bloß f; z. B. oft, Kraft,
Schrift ꝛc.; so auch die Nachsilben haft und schaft: wahrhaft, Freund=
schaft ꝛc. — ff ist zu unterscheiden von ff; z. B. hoffen, offen; aber: auf=
fordern, auffallen, fünffach ꝛc.

Das v kann nie vor einem Consonanten, auch nicht vor u und ü
stehen, und wird nur gebraucht in: Vater, Vetter, Veilchen, Vers, viel,
Vieh, vier, Vogel, Vogt, Volk, voll, von, vor und in der Vorsilbe ver, also:
Verbot, vervielfältigen ꝛc.; auch in: Frevel, brav, Nerve, Pulver, Sklave.

Das ph steht in: Epheu, Kampher, Adolph, Rudolph, Westphalen.

Es ist in griechischen Wörtern beizubehalten; z. B. Alphabet, Apostroph,
Christoph, Elephant, Geographie, Philosoph, Sphäre, Atmosphäre, Strophe ꝛc.

Das pf, von f und v zu unterscheiden, steht in: Pfad, Pfand, Pfahl,
Pfeil, Pferd, Pflaume, pflanzen, pflücken, Pfarre, Pflug, Pfund, Ampfer,
Dampf, Strumpf ꝛc.

Das w steht nur vor einem Vocale, als: wehen, Wind ꝛc.

Über g, ch, j, k, c, ck, q.

Das g steht in: gähnen, gäten, Glocke, Gunst, Angst, Tag, Talg, Zwerg,
(hingegen zwerch, d. i. quer, in Zwerchfell); in der Nachsilbe ig in Ad=
jectiven, als: eifrig, eilig, selig, mannigfaltig ꝛc.; auch Essig, König, Hed=
wig ꝛc.; und in den Nachsilben ung und ling: Handlung, Findling ꝛc.

Verdoppelt wird das g nur in: Dogge, Egge, Flagge, flügge, Roggen.

Das ch steht: 1) in den Nachsilben icht und lich der Adjective,
z. B. dornicht, brüderlich ꝛc.; 2) in den Substantiven mit den Nachsilben
icht, rich und chen, als: Dickicht, Enterich, Blümchen ꝛc.; (einige auch
mit ich, als: Bottich, Eppich ꝛc.); 3) in allen deutschen Wörtern vor t,
wenn sich vor demselben kein e einschieben läßt, z. B. feucht, Achtung,
Bösewicht, Schlacht, er brachte, mochte ꝛc.; aber: beugt, neigt; auch Pre=
digt, Vogt.

Das j steht nur zu Anfang einer Silbe vor einem Vocal: jähe,
Jähzorn, Jahr, je, jetzt, Joch, jung ꝛc. (aber nicht: Lilje, Petersilje).

Das ck steht bloß nach einem geschärften Vocale; in allen übrigen
Fällen muß k stehen; als: Backe, backen, hacken, Höcker, spucken; aber:
Bank, Bake, Haken, Höker, spuken, blöken, Schaukel ꝛc.

Das qu in: bequem, Qual, Qualm, Quelle, quetschen, Quirl, Quitte ꝛc.
Es steht nie vor einem Consonanten.

Das c muß in einigen fremden Wörtern und Eigennamen bei=
behalten werden.

Man schreibt zwar: Kaiser, Kalmus, Kanzel ꝛc.; aber alle noch nicht
völlig eingebürgerten Wörter, welche ursprünglich Sprachen angehören, die
kein k besitzen, behalten das c; z. B. Act, Cabale, Capitain, Insect ꝛc.
Am Schlusse eines Wortes, oder wenn die Endsilben e, el, en, er darauf
folgen, verwandeln wir jedoch das c in k oder in z; z. B. Artikel, Duodez ꝛc.
Sobald aber ein anderer Vocal darauf folgt, so braucht es auch nicht ver=
ändert zu werden; z. B. articulirt, Duodecimalsystem ꝛc.

Über l, m, n, r.

Mit l schreibt man: also, als, bald, Hals, Gestalt, Gewalt, kalt; auch
Almosen, April, Altar, Balsam, Dolmetscher, Palast ꝛc.

Mit ll: all, allmählich, Ball, falls, will, soll; — unterscheide zusam=
mengesetzte Wörter, als: Perllauch, vielleicht, Stallleuchte ꝛc.

Mit m: am, um, Amt, Bräutigam, Kamin, Pomade ꝛc.

Mit mm: Damm, Kamm, sammt, Wamms, himmlisch ꝛc.

Mit n: an, in, gen, hin, man (z. B. man sagt ꝛc.), Gunst, Kunst, Gespenst ꝛc.

Mit nn: Beginn, Brennnessel ꝛc.; auch die weibliche Nachsilbe inn, als: Freundinn, Köchinn ꝛc.

Mit r: Garn, Harnisch, hart, Hermann, Herzog, Sperling ꝛc.; auch die Vorsilben er, ver, zer, z. B. ergeben, versprechen ꝛc.; fremde Wörter, wie: Hercules, Harmonie ꝛc.

Mit rr: beharrlich, er harrt, Herr, Herrscher, Irrthum ꝛc.

Über ſ, s, ß, ff (ſs), ſt, ſ't, st, sst, sch.

Das ſ steht zu Anfange der Silben und Wörter, das s am Ende der Wörter, welche bei der Verlängerung ein (gelindes) ſ bekommen, oder gar keiner Verlängerung fähig sind; z. B. ſo, leiſe, die Muſe, reiſen, weiſen; Glas, Glaſes, Haus, Häuſer, das Reis, die Reiſer ꝛc.; auch in: aus, ausſagen, Ausſicht ꝛc., es, bis, dies (dieſes) und das (als Artikel und Pronomen).

Das ſ bleibt stehen vor einem Apostroph; z. B. weiſ' und gerecht, er reiſ't, er lieſ't ꝛc.

Das ß (seinem Laute nach ein einfaches, schärferes ſ) steht, richtig angewendet, nur nach einem gedehnten Selbstlaut und Doppellaut; z. B. wir aßen, bloß, außer, Fleiß, Muße, mäßig, Fuß, Gruß, grüßen, fließen, reißen, der Reiß, Schoß, des Schoßes, Straße, Strauß, weiß, weißen ꝛc.

Das ff (ſs) steht als Doppel=Conſonant immer nur nach einem geschärften (nicht nach einem gedehnten) Selbstlaute; z. B. essen, Gaſſe, wiſſen, ihr wiſſt, müſſen, ich muß, blaß, naß, Fluß, flüſſig, Schoß, des Schoſſes, Schößling, Sprößling ꝛc.; deßwegen und weßwegen (von deſſen und weſſen); auch die Vorsilbe miß und die Nachsilbe niß: Mißfallen, Kenntniß ꝛc.; und das Bindewort daß zum Unterschiede von dem Artikel und Fürworte das; z. B.:

> Das eben ist der Fluch der bösen That,
> Daß sie fortzeugend Böses muß gebären.

Unterscheide von dem ſs das sſ in zusammengesetzten Wörtern, wie: basſelbe, biesſeit, ausſehen ꝛc.

Deutsche Wörter mit lateiniſchen Buchstaben geschrieben, nehmen statt des ß ein ſs, z. B. wir ſalsen, alsen, blofs; statt des ff oder ſs ein ss, z. B. wiſſen, wisst, lass, muss, Nuss, wesswegen ꝛc.

Das ſt ist richtig gebraucht, wenn zwischen dem ſ und t kein e weggefallen ist; z. B. Last, Kasten, ꝛc.; ist aber ein e weggefallen, so schreibt man ſ't für ſet, z. B. ihr reiſ't (von reiſen); hingegen ſt für ſet, z. B. ihr reißt (von reißen); ſſt für ſſet, z. B. ihr laſſt (von laſſen).

Das ſch ist von dem ſ durch seine Aussprache sehr verschieden; vgl. S. 7. — Nie wird das ſch verdoppelt; also nicht: haſchſchen ꝛc. ausgenommen in zusammengesetzten Wörtern, z. B. Fleiſchſchrank. — Man schreibt auch richtig: Fläſchchen ꝛc., nicht Fläschen ꝛc.

In Fremdwörtern aus dem Französischen wird der Laut des ß gewöhnlich durch c ausgedrückt (z. B. Race, Sauce); der des ſch durch ch (z. B. Charlotte, Chauſſee); der eines gelinden ſch durch j oder g (z. B. Dejeuner, Journal, Genie, Logis).

Über x, gs, chs, ks, ds.

Das x steht in: Art, Firſtern, Hexe, Kux, Nixe, Ochſoſt, Text ꝛc.

Das gs steht in: ablugsen, flugs, des Gesangs (statt Gesanges), er mag's, Zwangsmittel 2c.

Das chs in: Achse (auch Axe), Büchse, Ochs, Dachs, Flachs, Fuchs 2c.

Das cks in: Bocksbeutel, Häcksel, Knicks, Klecks, stracks, des Blicks (statt Blickes), Glücks 2c.

Fremde Wörter haben mehr x, als Examen, Execution, Exempel, exerciren, Lexikon, paradox, taxiren 2c.

Über z, tz, ts, (t, c, sc).

Das tz steht nur nach einem geschärften Vocal; in allen übrigen Fällen, insbesondere auch nach einer Vorsilbe, steht ein z. Z. B. Katze, Platz, Blitz, sitzen, ergötzen; Geiz, Kreuz, schwarz, Holz, bezeigen, gezähmt 2c.

Das ts und ds wird da geschrieben, wo es die Abstammung erfordert, und in der Nachsilbe wärts; z. B. des Abends, nirgends, stets, bereits, aufwärts 2c.

Einige Fremdwörter bekommen z; z. B. Zephyr, Magazin, Terzett, Terzerol 2c.; andere ti, was zi lautet, wenn noch ein Vocal darauf folgt, als: Discretion, Exercitium, negotiiren, Patient, Nation 2c. (Bei Verkürzungen wird aus diesem t ein z: Terz, Justiz 2c.)

sc haben: confisciren, Disciplin, Scene, Scepter 2c.; die meisten aber haben c, das bei Verkürzungen in z verwandelt wird; als Beneficium, Commercium, Benefiz, Commerz 2c.; Ceder, Centrum, Cylinder, Medicin, December 2c.

4. Von der Silbentrennung am Ende einer Zeile.

Man trennt die Silben eines Wortes im Schreiben eben da, wo man sie im Sprechen trennt oder wie man buchstabirt.

1. Man richtet sich also nicht nach der Ableitung der Wörter, indem man ihre Stamm- und Beisilben unterscheidet, sondern nach der Aussprache; z. B. nicht Herr-en, Freund-e schreib-en, sondern Her-ren, Freun-de, schrei-ben; aber: herr-lich, freund-lich, unbeschreib-lich.

2. In zusammengesetzten Wörtern aber, und in solchen abgeleiteten Wörtern, die durch Vorsilben gebildet sind, werden die Theile nach ihrer Zusammensetzung getrennt; also beob-achten, er-innern, Aug-apfel, Donners-tag, her-ein, hier-in, dar-aus 2c. Dies gilt auch von den Nachsilben, die mit einem Consonanten anfangen, z. B. in: Rös-chen, Selig-keit 2c. — Fängt aber die Nachsilbe mit einem Vocal an, so reißt sie den Endconsonanten der Stammsilbe an sich; z. B. Verrich-tung 2c.

3. ch, ck, ph, pf, sch, st, ß, th, tz bleiben ungetrennt bei der ersten Silbe, wenn ein Consonant, gehen aber zur zweiten über, wenn ein Vocal folgt. Z. B. Sa-che, ba-cken, Tro-pfen, Men-schen, mensch-lich, nütz-lich 2c., sp aber muß getrennt werden, wo es die Aussprache erfordert, z B. Knos-pe, lis-peln 2c. So auch alle Doppel-Consonanten, z. B. Af-fe, es-sen 2c.

4. Wird ein Vocal zwischen zwei Consonanten ausgestoßen, so theilt man, wo der Vocal weggefallen ist; also eif-rig, ab-lig 2c.

5. Auch Fremdwörter richten sich bei der Abtheilung vorzüglich nach der Aussprache; z. B. E-van-ge-li-um, Mo-narch, inte-ressant. Nur wenn das sc wie sz lautet, zieht man es zur zweiten Silbe, z. B. De-scen-den-ten, Di-sciplin, 2c. In asp, esp, besp und resp wird sp ungetrennt zur folgenden Silbe gezogen: A-spec-ten, de-spe-rat 2c. Auch trennt man richtig: Lu-xus, Ta-xe; aber: ex-act, Ex-cel-lenz, Ex-tract 2c.

Anmerk. Dasselbe Zeichen (-), welches als Trennungszeichen der Silben dient, wird auch als Bindezeichen in zusammengesetzten Wörtern gebraucht, z. B. Ober-Italien, Obst- und Blumengarten. Das Nähere hierüber s. im Abschnitt von der Wortbildung.

5. Von der Abkürzung der Wörter.

Diese geschieht nach folgenden Bestimmungen:

1. Man schreibt entweder nur den ersten Buchstaben des abzukürzenden *Wortes*, oder man bricht das Wort mit dem Consonanten der folgenden Silbe

ab, welcher unmittelbar vor dem Vocale derselben steht; z. B. A. oder Ant., nicht Anto. statt Anton; Jan., Febr. statt Januar, Februar 2c.

2. Man schließt zwischen den Anfangs- und Endbuchstaben eines Wortes alle Buchstaben, oder auch nur die Vocale aus; z. B. Hr. statt Herr, Mdme. statt Madame, Dr. statt Doctor 2c.

3. Jedes abgekürzte Wort wird hinten mit einem (.) versehen.

Übungsaufgaben
zur Wiederholung des Abschnittes von der Rechtschreibung.
(Ohne Andeutung der darin befindlichen Fehler.)

Mit der Veränderung der Schreibmassen, auf welche man schrieb, veränderte man auch natürlich die Schreibwerkzeuge, mit denen man schrieb. So lange die Schreibmasse hart war, bediente man sich des Griffels und zwar in den ältesten Zeiten des Eisernen; nachher aber, als dieser vieler Unglücksfälle wegen verboten wurde, des bleiernen. Auf ägyptisches Papier schrieb man mit Schilfrohr (calamus), das beinahe wie unsere Federn geschnitten war. Unsere Gensefedern mögen noch eher gebraucht worden sein, als unser Lumpenpapier. — Die Tinte wurde anfangs aus Ruß zubereitet, daher die Buchstaben gelb wurden. Nachher nahm man Weinstein und kohlen, auch Vitriol. Diese Tinte war aber sehr dicht. In neueren Zeiten bereitet man die Tinte gemeiniglich aus gestoßenen Galläpfeln, aus Gummi, Vitriol und Weinessig, wofür auch Andere Fluß- oder Regenwasser nehmen. Die orientalischen Kaiser bedienten sich einer eigenen Tinte bei Ihren Unterschriften, die aus Purpursaft zubereitet wurde und sacrum encaustum hieß. Niemand außer ihnen durfte bei Strafe des Hochverrathes damit schreiben. Dieses Verbot war zur Verhütung alles Betruges gegeben. Heilig (sacrum) wurde diese Tinte genant, weil sie ebenso in ehren gehalten werden mußte, wie die geheiligte Person des Regenten selbst. An die Stelle derselben kam vermuthlich das Rothe wachs auf die Kanzleien, so wie es auch sehr wahrscheinlich ist, daß von der Gewohnheit der Alten, auf Blei zu schreiben, in den mittlern Zeiten der Gebrauch entstant, den wichtigsten Uhrkunden bleierne Siegel anzuhängen.

In Hinsicht der äußeren Verzierungen der Schriften und Bücher der alten ist auch Folgendes merkwürdig. Waren die Bücher (volumina) auf Baumrinde oder Bast, oder auch späterhin auf Papier geschrieben, so wurden sie gewöhnlich mit Cedern-Saft bestrichen, um sie vor Feilniß und Wirmern zu bewahren, vielleicht auch um ihnen einen angenehmen Geruch zu gäben; dan wurden sie an einen runden Stab befestigt und aufgerollt. Der Stab hatte an beiden enden Knöpfe, theils zur Zierde, theils auch, um die Bücher während des Lesens bequemer halten zu können. Die Aufschriften (tituli) wurden bisweilen mit Zinnober geschrieben. — Die herlichste und kostbahrste Schrift der Alten war die Goldschrift und die Silberschrift; mit der letztern schrieb man oft den ganzen Text der heiligen Schrift oder andrer kirchendienstlichen Werke, so wie mit der erstern die anfangs Buchstaben der Capitel u. d. gl. Die gothische Übersetzung der Bibel z. B., welche der berühmte Gothische Bischof Ulfilas im virten Jahrhunderte besorgte, ist auf diese prächtige weise geschrieben. — Um die Zeilen gerade zu ziehen, bedienten sich die Alten eines bleiernen Stiftes (von den Griechen παράγραφος genannt) und unner Richtschnur, wie wir unsers Lineals. — Das abtheilen der Zeilen geschah mit Mennig oder andern rothen Farben; Daher die Namen Paragraph und Rubrik oder Rubrum, welche die Alten Rechtsgelehrten den Abtheilungen Ihrer Schriften gaben.

(50 Fehler.)

Zweiter Theil.
Wortlehre.

Erste Abtheilung.
Von den Worten, ihren Verhältnissen und Formen im Allgemeinen.

I. Wortarten und Wortverhältnisse.

Die rohen Anfänge aller Sprachen sind Naturlaute. Sie sind theils plötzliche Ausbrüche einer Empfindung: Empfindungslaute, wie ach! o! ei! 2c.; theils Schallnachahmungen, wie husch, miau 2c.; theils Lautgeberden, wie st, he! 2c. Sie werden im Allgemeinen Interjectionen genannt und sind nicht wirkliche Wörter, sondern nur Laute.

Ein Wort ist der hörbare Ausdruck einer bestimmten Vorstellung.

Die sehr mannigfaltigen Vorstellungen sind ihrem Inhalte nach doppelter Art. Sie enthalten nämlich entweder als materielle Vor= stellungen den Stoff der Anschauung selbst, d. i. die Dinge, Thätig= keiten oder Merkmale, welche man wahrnimmt; oder sie enthalten als formelle Vorstellungen nur die Verhältnisse und Beziehungen, unter welchen der Mensch jenen Stoff anschaut oder sich denselben denkt.

Hiernach sind auch die Wörter doppelter Art, nämlich: 1) Stoff= wörter, d. i. Ausdrücke materieller Vorstellungen, wie Baum, Thier, blühen, grün 2c.; 2) Formwörter, d. i. Ausdrücke formeller Vorstel= lungen, wie: hier, da, vor, nach 2c.

Die weiteren Unterschiede der Wörter gehen aus dem Begriffe und den Bestandtheilen des Satzes hervor; daher man die Wortarten auch Redetheile nennt.

Der Satz ist die vollständige Aussage von etwas Gedachtem; z. B. das Pferd läuft; der Baum blüht 2c. — Jeder Satz enthält: 1) einen selbständigen Gegenstand (eine Substanz, z. B. Pferd, Baum) und 2) eine unselbständige Bestimmung (ein Accidens, auch Attribut oder Beigelegtes, z. B. läuft, blüht). Als Bestandtheil des Satzes heißt ersterer das Subject oder der Gegenstand der Rede, letztere das Prädicat oder das Ausgesagte.

Vergl. die Sätze: Der Mensch denkt. — Ich spreche. — Die Blätter sind welk. — Schönheit ist vergänglich. — Freundschaft beglückt.

Hiernach sind alle Wörter entweder: 1) Substantiva, Gegen= standswörter, d. i. Ausdrücke für das Selbständige (die Substanz), z. B. Mensch, Liebe, Theil; oder 2) Attributiva, Merkmalswörter, d. i. Ausdrücke für das unselbständige, jenem beigelegte Merkmal oder Attribut, z. B. menschlich, lieb, lieben, theilhaft.

Nicht allein die Stoffwörter können sowohl Selbständiges als Unselbständiges bezeichnen, also Substantiva, oder Attributiva sein; son= dern auch die Formwörter, indem ein selbständiger Gegenstand bloß einem formellen Verhältnisse nach dargestellt werden kann (durch Wörter wie: ich, du, dieser 2c.). Vergl. folgende Beispiele:

Selbständig:	Unselbständig:
Stoffwörter: Haus, Mensch, Liebe;	häuslich, menschlich, lieb, lieben.
Formwörter: ich, du, dieser, wer;	mein, dein, da, wo.

Aus den wesentlichen Satztheilen (Subject und Prädicat) und den sich ihnen anschließenden Nebenbestimmungen sind die besonderen Wort=arten herzuleiten.

1. Subject oder Gegenstand der Rede kann nur ein Wort sein, welches etwas Selbständiges ausdrückt, und zwar entweder: a) als Stoffwort, seinem besonderen Inhalte nach; dann ist es ein Sub=stantiv im engeren Sinne (genauer nomen substantivum), auch Haupt= oder besser Nennwort genannt (z. B. Mensch, Baum, Liebe); oder b) als Formwort, welches jeden Gegenstand ganz allgemein bloß nach seinem Redeverhältnisse bezeichnet; dann ist es ein Pronomen (genauer pro-nomen substantivum) oder Fürwort (z. B. ich, du, er, jener, welcher).

2. Das Prädicat oder Ausgesagte ist entweder a) ein zeit=licher Zustand, ein Werden, eine Thätigkeit; oder b) eine bleibende, feste Beschaffenheit oder Eigenschaft. Das Attributiv der ersten Art heißt: Verbum, Zeit= oder besser Redewort; es hat zugleich die formelle Kraft des Aussagens, d. i. die Fähigkeit, seinen Inhalt dem Subjecte selbst beizulegen; z. B. die Mutter liebt; der Baum grünt; ich denke. Das Attributiv der zweiten Art heißt Adjectivum oder Beiwort. Es bedarf, um dem Subjecte beigelegt zu werden, des Verbums sein als Bindemittels, welches in dieser Anwendung die Copula oder das Aussagewort genannt wird; z. B. das Kind ist lieb; der Baum ist grün; ich bin vernünftig. |

Der einfache, reine Satz kann durch Nebenbestimmungen so=wohl des Subjects, als des Prädicats erweitert werden. Die Wörter, welche dieselben enthalten, kann man im Allgemeinen Bestimmwörter nennen.

1) Die Bestimmwörter des Subjects sind theils Stoff=, theils Formwörter. Wenn der Inhalt des prädicativen Beiwortes oder des Verbums dem Subjecte nicht erst beigelegt werden soll, sondern als demselben bereits einverleibte Bestimmung unmittelbar mit dem Sub=jecte verbunden wird: so wird das Beiwort zum attributiven Ad=jectiv oder Eigenschaftswort, das Verbum zum Participium oder Mittelwort; z. B. das liebe Kind, der grüne Baum, ein vernünftiger Mensch; die liebende Mutter, das geliebte Kind, der grünende Baum, der denkende Mensch. Diese beiden Arten von Bestimmwörtern sind Stoff=wörter. — Formwörter hingegen sind: a) diejenigen Beiwörter, welche die Menge oder Anzahl (Quantität) bestimmen und daher Zahlwörter oder Numeralia heißen, z. B. ein, zwei 2c.; der erste, der zweite 2c.; mancher, viele 2c.; ferner b) einige Wörter, welche die Nebenbestimmung des Ortes, des Besitzes 2c. ausdrücken und (als pronomina adjectiva) zu den Fürwörtern oder Pronomen gerechnet werden, z. B. dieser, jener 2c.; mein, dein 2c.; endlich c) das Wörtchen, welches dem Substantiv zur Be=zeichnung der Selbständigkeit und Einzelheit des Gegenstandes beigesellt zu werden pflegt: der Artikel, auch Selbstandswort, weniger gut Geschlechtswort genannt: der, die, das; ein, eine, ein; z. B. der Mensch, die Mutter, ein Kind 2c.

2) Bestimmwörter des Prädicats sind: a) das Adverbium,
Neben- oder Umstandswort, welches dem Prädicat irgend einen
näheren Umstand, ein Wie? Wo? Wann? hinzufügt. Diejenigen Adverbia, welche eine Beschaffenheit ausdrücken (Qualitäts-Adverbia), gehören zu den Stoffwörtern (z. B. die Rose blüht roth; er schreibt schön);
die übrigen sind Formwörter (z. B. die Rose blüht hier; er schreibt oft).
b) Die Präposition oder das Verhältnißwort bestimmt das Prädicat, indem sie (als Formwort) eine örtliche, zeitliche, oder mehr innerliche Beziehung des Thuns oder Zustandes zu einem Gegenstand ausdrückt, mit welchem verbunden sie einen reichhaltigern Adverbialbegriff
ausmacht; z. B. die Rose blüht in dem Garten; er schreibt an seinen
Freund.

Außerdem giebt es noch eine Gattung von Formwörtern, welche
verschiedene Sätze mit Bezeichnung ihres Gedankenverhältnisses an einander zu knüpfen oder in einander zu fügen dienen: die Conjunction oder das Bindewort; z. B. aber, denn, weil, so, und ꝛc.

Die Präpositionen, Conjunctionen und die Formwörter unter den
Adverbien faßt man unter der allgemeinen Benennung Partikeln
(Redetheilchen) zusammen.

Nach dem Obigen werden gewöhnlich folgende Wortarten unterschieden:

1) der Artikel, das Selbstands- oder Geschlechtswort;
2) das Substantiv, Nenn- oder Hauptwort;
3) das Pronomen oder Fürwort;
4) das Adjectiv oder Beiwort;
5) das Numerale oder Zahlwort;
6) das Verbum, Rede- oder Zeitwort;
7) das Adverbium, Neben- oder Umstandswort;
8) die Präposition, das Verhältniß- oder Vorwort;
9) die Conjunction oder das Bindewort;
10) die Interjection oder der Empfindungslaut.

Die Worte treten als Glieder der Rede sowohl zu einander, als
zu dem Redenden in mancherlei Beziehungen. Diese werden zum
Theil durch eine Abänderung des bezogenen Wortes selbst ausgedrückt.
Ein solcher Ausdruck für die Beziehung eines Wortes wird eine grammatische Form oder Wortform, der ganze Vorgang dieser Abänderung aber Biegung (Flexion) genannt. Nur die Partikeln sind unbiegsam (inflexibel); alle andern Wortarten sind biegsam (flexibel).

Die Beziehungsbegriffe, welche der Wortbildung zu Grunde liegen,
sind:

1) Das dreifache Sprachgeschlecht (genus) der Gegenstandswörter,
nämlich: das männliche, weibliche und sächliche Geschlecht (genus
masculinum, femininum, neutrum; vergl. den Abschnitt vom Substantiv),
worauf die Motion oder Geschlechtswandlung der Bestimmwörter
des Subjects beruht; z. B. der Mann, die Frau, das Kind, guter Mann,
gute Frau, gutes Kind.

2) Die Zahl (der numerus) wird durch zwei Zahlformen, Einheit oder Singularis und Mehrheit oder Pluralis, sowohl an
dem Gegenstandsworte und allen seinen Bestimmwörtern, als auch an

dem mit ihm verbundenen Verbum ausgedrückt; z. B. der fleißige Knabe lernt gern; die fleißigen Knaben lernen gern.

3) Die Verhältnißfälle oder Casus (Nominativ, Genitiv, Dativ, Accusativ, oder Wer=, Weß=, Wem= und Wen=Fall, vergl. den Abschn. vom Substantiv) sind die Ausbrücke für ursprünglich räum= liche, dann logische Beziehungen der Dinge unter einander und der Thätigkeiten auf die Dinge. Der Fallbiegung sind nicht bloß die Substantiva und Pronomina, sondern auch alle Bestimmwörter derselben unterworfen; z. B. der gute Mann, des guten Mannes, dem guten Manne, den guten Mann ꝛc.

4) Der Grad (gradus), in welchem eine Eigenschaft oder Beschaffen= heit einem Gegenstande beigelegt wird, begründet die Gradwandlung oder Steigerung (Comparation) der Adjective und Qualitäts= Adverbien, z. B. schön, schöner, schönst (vergl. den Abschnitt vom Adjectiv).

5) Die Redeweise oder der Modus, d. i. die Denkform, unter welcher der Redende eine Thätigkeit oder einen Zustand von dem Sub= jecte aussagt, ob als wirklich, oder als möglich, oder als noth= wendig, wird an dem Verbum durch drei Biegungsformen unterschieden: Indicativ (z. B. er kam), Conjunctiv (z. B. er käme, wenn er könnte), Imperativ (z. B. komm! vergl. den Abschnitt vom Verbum).

6) Die Zeit (das Tempus) wird an den Verben, die allein ein in die Zeit fallendes Thun oder Werden ausdrücken, durch mannigfaltige Biegungsformen bezeichnet, welche unter den 3 Hauptzeiten Gegen= wart (tempus praesens), Vergangenheit (t. praeteritum) und Zukunft (t. futurum) begriffen sind; z. B. er kommt, er kam, er wird kommen.

7) Die dreifache Person (persona), worunter man in der Gram= matik das Verhältniß des Gegenstandes der Rede zu dem Redenden versteht, wird nicht bloß durch die persönlichen Fürwörter oder Per= sonenwörter ich, du, er ꝛc., sondern auch durch Biegungsformen an dem Verbum ausgedrückt; z. B. 1ste Person: ich komme; 2te P.: du kommst; 3te P.: er kommt ꝛc.

Die Zahl= und Fallbiegung der Substantive, Pronomen und aller adjectivischen Bestimmwörter begreift man unter dem Namen Decli= nation; alle Biegungsformen der Verba aber unter dem Namen Conjugation. Demnach unterscheidet man überhaupt vier Arten von Biegung:

1) die Declination, Zahl= und Fallbiegung der Substantive, Pronomen, Adjective ꝛc.;

2) die Motion oder Geschlechtswandlung der Adjective und ad= jectivischen Bestimmwörter;

3) die Comparation, Gradwandlung oder Steigerung der Ad= jective und Qualitäts=Adverbien;

4) die Conjugation, Redeweise=, Zeit=, Person= und Zahlwand= lung der Verba.

Wenn im Zusammenhange der Rede ein zu einem andern Worte gefügtes Bestimmwort eine bloß begleitende Biegung annimmt, so nennt man das dieser Biegung zu Grunde liegende grammatische Ver= hältniß: Congruenz oder Einstimmung. So congruirt das Ad= jectiv mit seinem Substantiv in Geschlecht, Zahl und Fall.

Wenn hingegen durch die Kraft eines Wortes ein anderes in eine ihm selbst eigenthümliche grammatische Form versetzt wird, so steht das letztere zu dem ersteren in dem Verhältnisse der Abhängigkeit (Dependenz), oder wird von demselben regiert. Dieses Verhältniß wird nur durch die Casus der Substantive und substantivischen Pronomen ausgedrückt.

Z. B. Der Vater des kranken Kindes schenkte dem Arzte desselben ein unbeschränktes Vertrauen, dessen dieser auch vollkommen würdig war. (Welche Worte sind in diesem Satze congruirend? welche sind regierend, und welche regiert?)

Substantiv, Adjectiv, Verbum und Präposition sind regierende Wortgattungen. Regiert können nur sein: Substantive und Pronomen. Congruirend sind die Adjective und alle adjectivischen Bestimmwörter (Pronomen, Artikel, Zahlwörter) mit ihrem Substantiv, und die Verba nach Zahl und Person mit ihrem Subjecte.

Adverbium, Conjunction und Interjection können als solche weder regieren, noch regiert werden.

II. Wortbildung (Etymologie).

Wortbildung im weitesten Sinne ist die Entstehung und fortschreitende Gestaltung der Wörter und Wortformen. Sie ist:

I. Lautliche Wortbildung, d. i. bloße Abänderung der Lautform des Wortes ohne wesentliche Veränderung der Bedeutung. Diese aber ist:

1) geschichtlich, wenn ein und dasselbe Wort in verschiedenen Sprachperioden seine Gestalt verändert hat; z. B. goth. hairto, altb. herza, herze, neub. Herz;

2) mundartlich, wenn ein Wort in verschiedenen lebenden Mundarten eine verschiedene Gestalt hat; z. B. hochd. Pfeife, oberd. Pfaife oder Pfife, niederd. Pipe;

3) schriftmäßig, wenn ein Wort in der gegenwärtigen Schriftsprache selbst in verschiedenen Lautformen üblich ist, die wir schriftmäßige Abänderungsformen nennen können; z. B. nackend und nackt; Quell und Quelle; Athem und Odem.

II. Begriffliche Wortbildung, d. i. überhaupt Veränderung der Lautform eines Wortes als Ausdruck einer Begriffs-Veränderung. Im engeren und bestimmteren Sinne begreift man jedoch unter der Wortbildung nur diejenigen bedeutsamen Bildungsvorgänge, welche zum Ausdruck selbständiger und stetiger Vorstellungen dienen, also Wörter bilden, und unterscheidet sie demnach von der Wortbiegung (s. o.), welche nur die wandelbaren Beziehungen des Wortes ausdrückt, und grammatische Wortformen, aber keine selbständigen Wörter erzeugt. Vergl. männlich, Mannschaft, glücklich 2c. mit Mannes, Männer, Glückes.

Die ersten Sprachkeime, von denen die Wortbildung ausgeht, sind die Sprachwurzeln. Die Wurzel ist noch kein Wort, sondern der noch ungeformte Stoff der Vorstellung, welcher einer ganzen Familie verwandter Wörter als deren gemeinschaftlicher Inhalt zu Grunde liegt. So ist z. B. bar (altb. par) die Wurzel der Wörter: Bahre, Bürde, gebären, Geburt, empor ꝛc. Ihrer Lautform nach ist die Wurzel immer einsilbig.

Aus den Sprachwurzeln entspringen die Wörter theils durch innere, theils durch äußere Wortbildung.

1. Die innere Wortbildung besteht in der Verwandlung des Wurzelvocals. Der verwandelte Vocal heißt Ablaut, und dieser Bildungsvorgang selbst Ablautung; z. B. sprach, sprich, Spruch; Band, binden, Bund; Ritt, reiten ꝛc. Es lassen jedoch nicht alle Wurzeln die Verwandlung des Vocals zu, und es müssen daher ablautende und nicht=ablautende Wurzeln (wie wach=en, bad=en, lab=en ꝛc.) unterschieden werden.

Der Ablaut kommt vorzüglich in der starken Conjugation der Verba vor, und wird dort näher zu betrachten sein. Verschieden von dem Ablaute ist der Umlaut (vergl. o. S. 10. 2), d. i. die Verwandlung der reinen Vocale a, o, u in die trüben ä, ö, ü (z. B. Hand, Hände; er trug, trüge ꝛc.). Er ist ursprünglich ein durch ein nachfolgendes i (später e) bewirkter Lautwandel ohne begriffliche Bedeutung. Der Ablaut hingegen besteht in dem Wechsel der reinen Vocale und Diphthongen a, i, u, o, ei, ie, und ist ein ursprünglich bedeutsamer Bildungsvorgang.

Sowohl die Wurzelformen selbst, sofern sie zugleich Wörter oder die Grundlage von Wörtern ausmachen, als auch die durch bloße Ablautung gebildeten einsilbigen Wörter und alle einsilbigen Substantive und Adjective, die sich nicht von einfacheren Wurzelformen ableiten lassen, nennen wir Stämme (Verbal= und Nominal=Stämme); z. B. Spruch, Band, bind=en; Schluß, Schloß, schließ=en; Lob, lob=en, laut, laut=en, Mann, Weib, gut, kalt ꝛc.

2. Die äußere Wortbildung geschieht:

1) Indem Laute oder Silben, welche für sich dunkel und ohne selbständige Bedeutung sind, an die Wurzeln oder Stämme gefügt werden. Dieser Vorgang heißt Ableitung (Derivation) und geschieht theils durch Nachsilben oder Endungen, z. B. Sprech=er, Bänd=chen, bünd=ig, löb=lich ꝛc.; theils durch Vorsilben, z. B. be=sprechen, ver=binden, Ent=schluß ꝛc.

2) Indem mehre Wörter zu einem Worte verbunden werden. Dieser Vorgang heißt Zusammensetzung (Composition), z. B. Sprich=wort, Band=wurm, aus=sprechen, vor=laut ꝛc.

Alle Wörter der Sprache unterscheiden sich demnach in Ansehung ihrer Bildung in:

1) Stammwörter (Primitiva), die von keinem andern Worte abzuleiten sind, z. B. Band, Haus, lieb, roth, leben, schicken ꝛc.

2) Abgeleitete Wörter (Derivativa), die von jenen abstammend durch Vor= oder Nachsilben gebildet werden. Nachsilben sind: and, ath, bar, chen, de, e, ei, el, en, er, ern, haft, heit, ich, icht, ig, inn, ing, isch, keit, lein, lich, ling, niß, rich, sal, sam, schaft, sel, thum, ung, uth, zig; z. B. Heiland, Heimath ꝛc. Vorsilben sind: be, ent (ant, emp), er, erz, ge, miß, un, ur, ver, zer; z. B. beglückt, entstehen ꝛc.

3) Zusammengesetzte Wörter (Composita), die aus zwei oder mehren einfachen Wörtern gebildet sind, z. B. Landhaus, Hausvater ꝛc. Das letzte Glied, als das Grundwort, enthält den Hauptbegriff und

wird durch das erste (Bestimmungswort) näher bestimmt; z. B. Fensterglas — Glasfenster, Haustauben — Taubenhaus, Ölbaum — Baumöl 2c.

Zwei oder mehre Wörter dürfen nur dann zu einem zusammengesetzten verbunden werden, wenn sie ihrer Form und Bedeutung nach eine Wort= und Begriffseinheit ausmachen.

Z. B. der Vollmond, ein Dummkopf, das Mutterherz, himmelblau, rosenroth, muthmaßen, frohlocken 2c.; nicht aber: die Jungemagd, sammtundsonders, stattfinden, inachtnehmen 2c.

Durch das Bindezeichen (-) werden die Glieder zusammengesetzter Wörter besonders in folgenden Fällen geschieden:

1) Wenn das zusammengesetzte Wort ohne die Trennung seiner Glieder undeutlich wäre und leicht unrichtig ausgesprochen werden könnte; z. B. Dammerde, Erdrücken; deutlicher: Damm=Erde, Erd=Rücken.

2) Bei Zusammensetzungen aus Eigen= und Gattungsnamen, auch fremden und deutschen Wörtern, oder aus mehr als zwei Wörtern; z. B. Sachsen=Gotha, Ober=Italien, Brandversicherungs=Anstalt 2c.

3) Wenn verschiedene Wörter als Vorderglieder ein gemeinsames Grundwort als Hinterglied haben; z. B. drei=, vier= und mehrfach, Aus= und Eingang 2c.

Übungsaufgaben

zur Unterscheidung und Angabe aller einzelnen Wortarten in verschiedenen Sätzen, worin zugleich das Subject und Prädicat jedes Satzes mit den regierenden, regierten und congruirenden Worten aufgesucht werden kann.

Fleiß erwirbt Geschicklichkeit. — Fleiß und Geschicklichkeit bringen Achtung und Ehre. — Fleiß und Geschicklichkeit bringen dir und allen Menschen Achtung und Ehre. — Erschaffen ist größer, als das Erschaffene zerstören. — Kein Thron kann lange Dauer haben, dessen Scepter die Wahrheit von ihm entfernt. — Die festesten Einigungsbande der Menschen und ganzer Nationen sind gemeinschaftlicher Vortheil und gemeinschaftliche Noth. — Die Vergangenheit und Zukunft sind die besten Rathgeber für die Gegenwart; die Thoren verachten beide und handeln, ohne vor= und rückwärts zu schauen. — Wer auf sein Glück zu viel pocht, ist der Gefahr sehr nahe, daß das Unglück auf ihn poche. — Die menschlichen Urtheile sind wie die Uhren; keine geht recht, aber Jeder traut der seinigen. —

Zweite Abtheilung.

Von den verschiedenen Wortarten insbesondere.

Erster Abschnitt.

Der Artikel (das Selbstands= oder Geschlechtswort).

Der Artikel begleitet das Substantiv, um die Selbständigkeit des Gegenstandes auszudrücken, ersetzt zugleich durch seine deutlichern Biegungsformen den Mangel der Geschlechtszeichen und ergänzt die oft unvollkommene Zahl= und Fallbiegung des Substantivs. — Die deutsche Sprache hat zwei Artikel: 1) den bestimmten oder richtiger bestimmenden: der, die, das; 2) den unbestimmten oder nichtbestim=

menden: ein, eine, ein.   3. B. der Mann, die Frau, das Kind sagte
dies; ein Mann, eine Frau, ein Kind 2c.

Biegung oder Declination
I. des bestimmten Artikels.

Auf die Frage:		Einheit.		Mehrheit.
	männlich.	weiblich.	sächlich.	für alle Geschlechter.
wer oder was?	Nom. der	die	das	die
wessen?	Gen. des	der	des	der
wem?	Dat. dem	der	dem	den
wen oder was?	Acc. den	die	das	die

II. des unbestimmten Artikels.

Auf die Frage:			
wer oder was?	Nom. ein	eine	ein
wessen?	Gen. eines	einer	eines
wem?	Dat. einem	einer	einem
wen oder was?	Acc. einen	eine	ein

Beide Artikel werden tonlos ausgesprochen und unterscheiden sich
dadurch von dem übrigens gleichlautenden Für= und Zahlworte.
3. B. Es war der Mann und nicht die Frau; unterschieden von: Es
war der Mann und die Frau (keine andere), welche dich schon gestern
sprechen wollten.   Ebenso: Ich sah einen Mann 2c.; hingegen: Ich sah
nur einen Mann und eine Frau (nicht mehr).

Bemerkungen über Bedeutung und Gebrauch der Artikel.

1. Nächst der Selbständigkeit bezeichnen beide Artikel zugleich die
Einzelheit (Individualität) des Gegenstandes. Daher bedürfen Eigen=
namen, wie Karl, Bertha, Cicero, Goethe 2c., als solche keines Artikels,
da sie schon ein Einzelwesen darstellen; sie nehmen jedoch den Artikel
an, wenn sie als Gattungsnamen gebraucht werden; z. B. er ist der
(oder ein) Cicero unserer Zeit, d. i. ein Redner, wie jener.   Auch Stoff=
namen (wie Brod, Wasser 2c.) und Begriffsnamen (wie Tugend,
Noth 2c.) stehen ohne Artikel, wenn ihr Inhalt ganz allgemein und in
unbegrenzter Ausdehnung gedacht wird; z. B. Brod backen; Wasser trinken;
Geduld haben; Tugend belohnt sich selbst; Noth bricht Eisen 2c. (vergleiche
Abschnitt 2).

2. Der bestimmte Artikel unterscheidet sich von dem unbe=
stimmten dadurch, daß er den aus einer Gattung hervorgehobenen
einzelnen Gegenstand genau bezeichnet, also außer der vereinzelnden zu=
gleich die bestimmende Kraft hat, während der unbestimmte Artikel
nur ein beliebiges, nicht näher bezeichnetes Einzelwesen der benannten
Art andeutet; vergl. z. B. der Mann, die Frau sagte dies, und: ein Mann,
eine Frau 2c.

3. In Sätzen, welche nicht etwas Sinnliches und Einzelnes aus=
drücken, sondern allgemeiner Art sind, stellt der Artikel der eine
vollständige Gattung hin; der Artikel ein hebt aus der Gattung ein
beliebiges Einzelwesen heraus und wird so gleichfalls zum Ausdruck des
Allgemeinen; z. B. der Mensch ist sterblich; ein Mensch kann nicht ewig leben.

4. Dem unbestimmten Artikel ein fehlt die Mehrheitsform. Dem

Begriffe nach entspricht ihm die Mehrheit des Substantivs ohne Artikel; z. B. Es ist ein Mann draußen. Es sind Männer draußen.

5. Wenn mehre Nennwörter von gleichem Geschlechte und in gleicher Zahlform auf einander folgen, so bedarf nur das erste des Artikels; z. B. der Löwe, Tiger, Luchs und Wolf sind reißende Thiere. Sind aber die Nennwörter ungleich an Geschlecht oder Zahlform, oder ihrer Bedeutung nach einander entgegengesetzt: so muß der Artikel wiederholt werden; also nicht: der Wolf und Hyäne; die Mutter und Schwestern; der Vater und Sohn ꝛc.

6. Wenn ein Substantiv im Genitiv einem andern Substantiv unmittelbar vorangeht, so fällt vor dem letztern der Artikel weg; z. B. des Menschen Hoffnung wird oft getäuscht.

7. Zusammenziehungen des bestimmten Artikels mit Verhältniß= wörtern sind nur dann erlaubt, wenn keine Härten dadurch entstehen; z. B. am, ans, aufs, beim, im, ins; aber nicht: aufm, ausm ꝛc.

Übungsaufgaben
über den richtigen Gebrauch beider Artikel.

Geduld, Zeit und Hoffnung können auch die größten Schmerzen lin= dern. — Ein Greis und Jüngling können nicht leicht gleiche Erfahrung haben. — Es ist keine Rose ohne die Dornen. — Hunger ist der beste Koch. — Viele Einwohner der Stadt und Vorstädte beschenkten die Frau und Kinder des verstorbenen armen Mannes, der ein wahrer Lazarus war; ein wohllöblicher Rath ließ ihn umsonst begraben. — Reichthum, Hoheit, Pracht sind eitel. — Ich bin ein Mensch; wir sind Menschen und können fehlen; auch der größte Mann hat seine Fehler. — Der Mensch ist um so achtungs= würdiger, je mehr er Güte und Rechtschaffenheit des Herzens mit Fähigkeiten und Vorzügen des Geistes verbindet.   (5 Fehler.)

Zweiter Abschnitt.
Das Substantiv (Nenn= oder Hauptwort).

Ein Substantiv oder Nennwort ist der Namen eines Gegen= standes, d. i. die Benennung eines selbständigen oder doch als selbstän= dig gedachten Dinges.

I. Es giebt verschiedene Arten des Substantivs, nämlich:

A. Namen für wirklich selbständige Gegenstände (nomina substan= tiva concreta). Diese sind:

1) Eigennamen (nomina substantiva propria), Benennungen von Einzelwesen, besonders einzelnen Personen, Örtern, Ländern, Völkern ꝛc., z. B. Columbus, Wien, Deutschland, Engländer ꝛc.

2) Gemeinnamen (n. s. communia), nämlich:

a) Gattungsnamen (n. s. appellativa), Benennungen einer ganzen Gattung von Gegenständen und jedes dazu gehörenden Einzel= wesens, sofern es den vollständigen Inhalt seines Gattungsbegriffes in sich darstellt; z. B. Thier, Baum, Mensch ꝛc.

b) Sammel= oder Mengenamen (n. s. collectiva), die eine Menge für sich bestehender, unterscheidbarer Einzelwesen, zu einem Gan= zen verbunden, bezeichnen; z. B. Volk, Vieh, Gewölk, Gebirge ꝛc.

c) **Stoffnamen** (n. s. materialia), Benennungen für nicht be=
grenzte Stoffe, von denen jeder einzelne gleichartige Theil den Namen
des Ganzen führt; z. B. Milch, Butter, Eisen, Obst, Getreide ꝛc.

B. **Begriffsnamen** für solche Vorstellungen, welche nur als selb=
ständige Gegenstände gedacht werden (n. s. abstracta). Dazu gehören:

1) Namen für Eigenschaften; z. B. Jugend, Alter, Fleiß ꝛc.

2) Namen für Zustände; z. B. Zufriedenheit, Theurung ꝛc.

3) Namen für Handlungen, und zwar

a) für einmalige Handlungen, als: Gang, Lauf, Ruf ꝛc.

b) für wiederholte Handlungen (n. iterativa oder frequentativa):
Geheul, Bettelei ꝛc.

Bemerkungen über die Verbindung der verschiedenen Arten des Sub=
stantivs mit dem Artikel:

1. Eigennamen von Personen, Ländern, Örtern werden in der Regel
ohne Artikel gebraucht (vergl. o. S. 27. 1); Eigennamen von Flüssen, Seen,
Bergen ꝛc. mit dem bestimmten Artikel, z. B. der Rhein, der Bodensee, der
Harz ꝛc.; so auch die weiblichen Ländernamen: die Schweiz, die Türkei ꝛc. —
Aber auch die Personen=, Länder= und Ortsnamen werden mit dem Artikel
verbunden:

a) wenn ein Personennamen als Gattungsnamen gebraucht wird (s. o.
S. 27. 1);

b) wenn der Eigennamen mit einem Eigenschaftsworte verbunden wird;
z. B. der große Friedrich, das schöne Berlin;

c) wenn man den Namen eines Schriftstellers oder Künstlers statt seiner
Werke setzt; z. B. er hat sich den Schiller, den Goethe und den Klopstock
angeschafft; ein Raphael (d. i. ein Gemälde dieses Meisters);

d) wenn eine Person als eine dem Sprechenden genauer bekannte im Tone
der Vertraulichkeit genannt wird; z. B. der Ludwig ist folgsamer, als
der Fritz ꝛc.

2. Vor Gattungsnamen steht in der Regel einer der beiden Artikel.
Er wird jedoch weggelassen:

a) in der Mehrheit, wenn dieselbe, der Einheit mit dem Artikel ein ent=
sprechend, mehre unbestimmte Einzelwesen bezeichnen soll (s. o. S. 27. 4);

b) wenn der Gattungsnamen als Titel vor einem Eigennamen, oder auch
als Überschrift, Büchertitel ꝛc. steht; z. B. Herr Müller; Doctor Meier;
deutsche Sprachlehre; Vorrede ꝛc.;

c) wenn der Gattungsnamen als Merkmalsbezeichnung einer Person bei=
gelegt wird; z. B. er ist Kaufmann; sie wird Schauspielerinn;

d) wenn er mit einer Präposition in einen adverbialischen Ausdruck ver=
bunden ist, wie auch, wenn zwei oder mehre Gattungsnamen zu einem Ge=
sammtbegriff vereinigt werden; z. B. zu Fuß, nach Hause, über Land. Du
sollst Vater und Mutter ehren. Er ist mit Weib und Kind fortgegangen.

3. Über die Weglassung des Artikels vor Stoff= und Begriffsnamen
s. o. S. 27. 1.

II. **Der Bildung nach** sind die Substantive entweder:

1) **Stammwörter** (primitiva) wie Mann, Haus; oder:

2) **Abgeleitete** (derivativa), theils durch Nachsilben, theils durch
Vorsilben gebildet; z. B. Söhnchen, Freundinn, Größe, Gebüsch, Miß=
muth, Unmensch ꝛc.

3) **Zusammengesetzte** (composita), als: Halstuch, Weinberg, Trüb=
sinn, Schreibzeug, Beistand ꝛc.

Die wichtigsten Nachsilben sind: 1) für concrete Substantive: chen,
lein bilden Verkleinerungswörter; el bezeichnet ein Werkzeug, z. B. Hebel,
Schlägel; er ein männliches Wesen, z. B. Tauber, Jäger, Lehrer; inn bildet
Benennungen für das weibliche Geschlecht, z. B. Löwinn, Freundinn, Leh=
rerinn; jug und ling bezeichnen eine Person mit dem Nebenbegriffe der

Abhängigkeit, oft auch verächtlich, z. B. Säugling, Findling, Lehrling, Dichterling; 2) für abstracte Substantive: e bildet Eigenschaftsnamen von Adjectiven, z. B. Größe, Güte; so auch heit und keit, z. B. Kleinheit, Dankbarkeit; welche jedoch auch den Zustand eines persönlichen Gegenstandes und eine Gesammtheit von Personen ausdrücken, z. B. Kindheit, Menschheit, Geistlichkeit; ei, rei bilden Thätigkeitsnamen und drücken Stand oder Geschäft eines Menschen und den Ort desselben aus, z. B. Heuchelei, Tändelei, Spielerei; Bäckerei, Buchdruckerei; niß bildet von Verben und Adjectiven Benennungen für Zustände, Beschaffenheiten oder Handlungen, z. B. Finsterniß, Betrübniß, Begräbniß; sal drückt einen Zustand aus, z. B. Trübsal, Schicksal; schaft eine Beschaffenheit, ein Verhältniß, z. B. Freundschaft, Verwandtschaft; auch eine Gesammtheit mehrer Personen, z. B. Mannschaft, Bürgerschaft; thum Eigenschaften, Zustände, z. B. Reichthum, Wachsthum; oder Stand, Würde, Herrschaft einer Person, z. B. Königthum, Papstthum; ung bildet von Verben Thätigkeits- oder Zustandsnamen, z. B. Führung, Stärkung, Hoffnung re.

Die wichtigsten Vorsilben sind: ge drückt Zusammensein, Vereinigung, Sammlung aus; z. B. Gespiele, Gesträuch re., daher auch mehrfache oder wiederholte Thätigkeit, z. B. Gespräch, Gebell re.; miß (mit hohem Ton) etwas Unvollkommenes, Mangelhaftes, z. B. Mißton, Mißernte; un (hochtonig) verneint, z. B. Unfleiß, Unrecht; ur (hochtonig) bezeichnet ein Hervorgehen oder etwas Anfängliches, Ursprüngliches, z. B. Urheber, Ursache, Urältern; erz das Erste, Vorzüglichste seiner Art, z. B. Erzengel, Erzbischof, Erzdieb re.

III. Das Geschlecht (genus) der Substantive ist dreifach (vgl. S. 22) und wird theils an der Bedeutung, theils an der Endung des Wortes erkannt, in jedem Falle aber durch den Artikel angegeben.

Das Sprachgeschlecht stimmt nicht immer mit dem Naturgeschlechte überein; z. B. das Weib, Mädchen re. Besonders sind viele geschlechtslose Dinge in der Sprache männlich oder weiblich, z. B. der Tisch, der Stuhl, die Bank, die Stube re.

1. Das Geschlecht der Personen= und Thiernamen richtet sich in der Regel nach der Bedeutung, z. B. der Mann, der Löwe; die Frau, die Löwinn.

Ausnahmen: das Weib; die Verkleinerungswörter auf chen und lein, z. B. das Männchen, Mädchen, Fräulein; zusammengesetzte Wörter, wie: die Mannsperson, das Frauenzimmer.

Benennungen für eine ganze Gattung lebender Geschöpfe ohne Rücksicht auf den Geschlechtsunterschied sind bald männlich oder weiblich, bald sächlich; Benennungen für das Junge sächlich; z. B. der Mensch, Adler, Fisch; die Person, Waise, Schwalbe; das Pferd, Rind; das Kind, Kalb, Lamm.

2. Unter den Sach= und Begriffsnamen sind

A. der Bedeutung nach:

1) Männlich: die Namen der Winde, Jahreszeiten, Monate und Tage; ausgenommen das Frühjahr.

2) Weiblich: die meisten Namen der Flüsse, z. B. die Donau, Elbe, Weser re.; ausgenommen: der Rhein, Main u. a. m.

3) Sächlich: die meisten Sammel= und Stoffnamen, insbesondere auch die Namen der Metalle (ausgenommen: der Stahl, Tomback, Kobalt, die Platina); die Namen der Länder und Örter (ausgenommen: die Pfalz, Schweiz, Krim, Mark, Lausitz, Türkei u. a. m.); ferner alle Wörter, die, ohne Substantive zu sein, doch als solche gebraucht werden; z. B. das Gehen, das Essen, das Aber re.; daher auch die Buchstabennamen: das A, das B re.

B. Der Form oder Endung nach sind:

1) **Männlich:** die meisten abgeleiteten Substantive auf el, er, en, ing, ling; z. B. der Stachel, Bohrer, Häring 2c.

Ausnahmen: Außer den Wörtern, deren Geschlecht schon durch ihre Bedeutung anders bestimmt wird (z. B. die Mutter, die Weichsel, Oder; das Ferkel, Füllen; das Eisen, Messing; das Dunkel, das Schreiben 2c.), sind: auf el weiblich: alle Thiernamen, außer den Säugethieren und dem Worte Vogel; ferner die Achsel, Angel, Bibel, Gabel, Hechel, Kugel, Raspel u. v. a.; sächlich: das Bündel, Segel, Siegel 2c.; — auf er weiblich: die Ader, Ammer, After, Blatter u. m. a.; sächlich: das Alter, Fenster, Feuer, Fieber, Futter, Leder, Messer, Muster 2c.; — auf en sächlich: das Becken, Wappen, Zeichen, Laken, Kissen.

2) **Weiblich:** die abgeleiteten Substantive auf t, st, de, e, heit, keit, ei, schaft, ung, ath, uth; z. B. Pracht, Kunst, Fahrt, Zierde, Größe, Freiheit, Eitelkeit, Schmeichelei, Freundschaft, Neigung, Heimath 2c.

Ausnahmen: Männlich sind: der Dunst, Durst, Frost, Verlust 2c.; der Käse, Affe, Falke, Rabe, Hase; der Hornung; sächlich: das Auge, Ende, Erbe; das Petschaft.

3) **Sächlich:** alle Verkleinerungswörter auf chen und lein, die Wörter mit den Nachsilben sel, sal, thum, niß, die von Zahlen abgeleiteten Substantive auf tel, und die Sammelnamen und abstracten Thätigkeitsnamen mit der Vorsilbe ge.

Ausnahmen: die Drangsal, Mühsal, Trübsal; der Irrthum, Reichthum; die Bedrängniß, Bekümmerniß, Besorgniß, Betrübniß, Bewandtniß, Empfängniß, Erkenntniß, Erlaubniß, Ersparniß, Fäulniß, Finsterniß, Kenntniß, Verdammniß, Wildniß.

Zusammengesetzte Nennwörter haben in der Regel das Geschlecht ihres Grundwortes; z. B. das Frauenzimmer, die Mannsperson, der Kirchhof, die Hofkirche, das Rathhaus, der Hausrath.

Ausnahmen: der Abscheu, das Gegentheil; die Neunauge, der Mittwoch; die Anmuth, Demuth, Großmuth, Langmuth, Sanftmuth, Schwermuth, Wehmuth; auch Städtenamen: das feste Straßburg 2c.

Fremde Wörter behalten gewöhnlich ihr eigenthümliches Geschlecht; z. B. der Canal, das Capital 2c.

Einige Substantive haben ein mehrfaches Geschlecht:

1) **Bei völlig gleicher Form und Bedeutung:** das und der Bauer (Käfig), der und das Honig, das und der Heft u. a. m.

2) **Bei gleicher Bedeutung, aber verschiedener Form,** z. B. der Backen, die Backe; der Karren, die Karre; der Kolben, die Kolbe; der Nerv, die Nerve; der Quell, die Quelle; der Zeh, die Zehe 2c.

Anmerk. Andere behalten hingegen auch bei veränderter Form dasselbe Geschlecht; z. B. der Fels und Felsen; der Schreck und Schrecken; der Daum und Daumen 2c.

3) **Bei gleicher Form, aber veränderter Bedeutung:**

der — das Band; der — das Bauer; der — die Buckel;
der — das Bund; der — das Chor; der — das Erbe;
der — die Geißel; die — das Gift; der — die und das Haft;
der — das Harz; der — die Heide; der — die Hut;
der — die Kiefer; der — das Koth; der — die Kunde;
der — die Leiter; der — das Lohn; die — das Mandel;
der — die Mangel; der — das Mark; der — die Mast;
der — das Messer; der — die Ohm; der — das Schauer;
der — das Schild; der — die Schwulst; der — die See;
der — die Sprosse; der — das Stift; der — das Theil;
der — das Thor; der — das Verdienst; der — das Zeug u. m. a.

IV. Das Zahlverhältniß (der numerus) der Substantive wird im Deutschen durch zwei Zahlformen ausgedrückt:

1) die **Einheitsform** oder der Singular, wodurch nur ein Gegenstand bezeichnet wird; 2) die **Mehrheitsform** oder der Plural, wodurch mehre Gegenstände derselben Art und Benennung ausgedrückt werden.

Einige Substantive, nämlich die Eigennamen (außer wenn sie die Bedeutung von Gemeinnamen annehmen), die Stoffnamen, auch die

meisten Begriffsnamen, so wie alle im sächlichen Geschlecht als Substantive gebrauchten Verben und Adjective haben keine Mehrheit;
z. B. Fleisch, Honig, Gold rc.; Dank, Geiz rc., das Stehen, das Schöne rc.
Die echten Sammelnamen haben eine Mehrheit, z. B. die Völker, die
Heere rc. Einige derselben können ohne wesentlichen Unterschied der Bedeutung in der Einheit und Mehrheit stehen, wie: Gewürm, Gedärm,
Geräth, Haar. Einige Substantive haben keine Einheit, sondern sind
nur in der Mehrheit gebräuchlich, als: Ältern, Leute, Geschwister, Brief-
schaften, Einkünfte; Fasten, Ostern, Pfingsten rc.

Substantive, die eine reine Zahl=, Maß= oder Gewicht=Bestim-
mung enthalten, nehmen nach Zahlwörtern nicht die Mehrheitsform an;
z. B. zwölf oder etliche Mann Soldaten, zehn Stück, drei Buch Papier,
acht Pfund rc.

Ausnahmen: 1) die weiblichen Nennwörter, welche sich auf e endigen, z. B. sechs Ellen
Band: 2) diejenigen Wörter, welche neben der Maßbestimmung zugleich den Begriff der Sache
enthalten, insbesondere a) die Namen der Münzen, z. B. zwölf Pfennige; b) die Wörter:
Tag, Monat, Jahr, Jahrhundert, Stunde rc.

Regeln über die Bildung der Mehrheitsform oder des Plurals.

Der Plural wird aus dem Singular gebildet:

1) Durch Anhängung der Endungen: e, er, oder en (n); z. B.
Hund=e, Kind=er, Frau=en, Blume=n.

2) Dazu kommt häufig die Verwandlung der Stammvocale a, o, u
in die Umlaute ä, ö, ü, welche jedoch bei der Endung en nie Statt
hat, hingegen immer bei der Endung er, so wie bei allen weiblichen
und vielen männlichen Wörtern, welche die Endung e annehmen; z. B.
Männer, Götter, Bücher; Hände, Bräute, Hähne, Stühle rc.

3) Viele Substantive, besonders die männlichen und sächlichen auf
el, en, er, lein und die weiblichen Mutter, Tochter hängen in der
Mehrheit gar keine Endung an. Dann ist entweder

a) der Nominativ der Mehrheit dem Nominativ der Einheit völlig
gleichlautend, z. B. der — die Engel, Wagen, Jäger, das — die Mittel,
Fenster, Fräulein rc.; oder

b) die Mehrheit unterscheidet sich durch den Umlaut von der Einheit,
z. B. Vogel, Vögel; Garten, Gärten; Väter, Mütter, Töchter rc.

Anmerkungen. 1. Einige Wörter haben nach Verschiedenheit der Bedeutung verschiedene Mehrheitsformen; z. B. Bände, Bande, Bänder;
Orte, Örter rc. 2. Die mit Mann zusammengesetzten Wörter haben
oft Leute im Plural; z. B. Kaufleute, Amtleute rc.

V. Die Fallbiegung oder Declination der Substantive, d. i.
die Bildung der Verhältnißfälle oder Casus (s. o. S. 23), geschieht durch Anhängung gewisser Biegungs=Endungen an den Nominativ der Einheit.

A. Declination der Gemein= und Begriffsnamen.

Die Biegung aller Substantive der bezeichneten Arten unterscheidet
sich in 1) starke und 2) schwache Declination. Als Kennzeichen
dieses Unterschiedes kann der Genitiv der Einheit angesehen werden,
welcher bei allen hierher gehörenden Wörtern (die weiblichen ausgenommen) entweder 1) die Endung es oder s, oder 2) die Endung en oder
n annimmt.

1) Erhält ein Wort im Genitiv der Einheit die Endung es oder s, so geht dasselbe nach der starken Declination, die mehre Verhältnißfälle durch eigenthümliche Endungen kräftiger bezeichnet. Der Nominativ der Mehrheit erhält dann entweder 1) e, oder 2) gar keine Endung, oder 3) er, oder 4) en, n. Demnach zerfällt diese Declination in der Mehrheit in 4 verschiedene Formen, die jedoch alle darin übereinstimmen, daß sie im Accusativ der Einheit die Form des Nominativs derselben Zahl, so wie im Genitiv und Accusativ der Mehrheit die Form des Nom. der Mehrh. unverändert beibehalten, den Dativ der Mehrh. aber durch Anhängung eines n an den Nom. der Mehrh. bilden, wenn nicht dieser schon auf n ausgeht. — Der Dativ der Einh. erhält entweder ein e, oder gar keine Endung, je nachdem der Genitiv die Endung es, oder s erfordert. Z. B. 1) Tisch, Tisches (Dat. Tische), Tische; 2) Vater, Vaters (Dat. Vater), Väter; 3) Kalb, Kalbes (Dat. Kalbe), Kälber; 4) Strahl, Strahles (Dat. Strahle), Strahlen.

2) Nimmt aber ein Wort im Genitiv der Einheit die Endung en oder n an, so erhalten alle übrigen Fälle der Einheit und Mehrheit dieselbe Endung, und das Wort gehört zur zweiten Declinationsform, welche die schwache genannt wird, weil sie ihre Verhältnißfälle nicht durch kräftige Kennzeichen von einander unterscheidet, z. B. Mensch — Menschen, Knabe — Knaben, Riese — Riesen.

3) Alle Substantive weiblichen Geschlechts bleiben in der Einheit ganz unverändert; z. B. die Blume, der Blume, der Blume, die Blume. In der Mehrheit richten sie sich entweder nach der ersten Form der starken, oder nach der schwachen Declination; z. B. die Mägde, Wände ꝛc.; die Frauen, Blumen; nur Mütter und Töchter nach der zweiten Form der starken Declination.

Es giebt also im Deutschen nur zwei Declinationen, von denen jedoch die eine in der Mehrheit vierfach getheilt ist.

Übersichtstafel.

I. Starke Declination.				II. Schwache Declination.
Einheit.				**Einheit.**
Nom. —				Nom. —
Gen. —es, —s				Gen. —en, —n
Dat. —e, —				Dat. —en, —n
Acc. —				Acc. —en, —n

	Mehrheit.				
	1.	**2.**	**3.**	**4.**	**Mehrheit.**
Nom.	—e	—	—er	—en, —n	Nom. —en, —n
Gen.	—e	—	—er	—en, —n	Gen. —en, —n
Dat.	—en	—n	—ern	—en, —n	Dat. —en, —n
Acc.	—e	—	—er	—en, —n	Acc. —en, —n
	Beisp. Fisch, Bach, Haar, Kraft.	Spiegel, Vater, Mädchen, Mutter.	Buch, Lied, Mann, Geist.	Strahl, Staat, Doctor, Ohr, Auge.	Mensch, Knabe, Frau. Blume, Schüssel.

Anmerk. Die Declination zusammengesetzter Wörter, wie Kriegsheld, Stammvater, Stammmutter, Schloßgarten, richtet sich nach dem letzten Gliede der Zusammensetzung, als dem Grundworte.

I. Starke Declination.

Einheit.

	1.	**2.**	**3.**	**4.**
Nom. —	der Bach,	das Mädchen,	das Buch,	das Auge,
G. es, s.	des Baches,	des Mädchens,	des Buches,	des Auges,
D. e, wie N.	dem Bache,	dem Mädchen,	dem Buche,	dem Auge,
A. wie Nom.	den Bach,	das Mädchen,	das Buch,	das Auge.

Mehrheit.

	1.	2.	3.	4.
Nom. —	die Bäche,	die Mädchen,	die Bücher,	die Augen,
G. wie N.	der Bäche,	der Mädchen,	der Bücher,	der Augen,
D. n.	den Bächen,	den Mädchen,	den Büchern,	den Augen,
A. wie N.	die Bäche,	die Mädchen,	die Bücher,	die Augen.

Diese starke Declination enthält männliche, sächliche und weibliche Wörter, welche letzteren jedoch nur in der Mehrheit nach ihr gehen.

Zu der 1sten Form gehören Wörter von jedem Geschlechte. Den Umlaut bekommen die weiblichen Wörter dieser Art sämmtlich; von den männlichen der größere Theil der umlautsfähigen, von den sächlichen nur: Chor, Floß, Rohr. Männliche Wörter, welche hierher gehören, sind z. B. der Arzt, Aal, Hahn, Knecht; weibliche: die Axt, Braut, Brust, Faust, Frucht, Gans, Gruft rc.; sächliche: das Beil, Thor, Gewicht, Maß rc. Auch folgen dieser Biegungsart alle Wörter mit den Nachsilben niß, sal, z. B. die Kenntniß, das Hinderniß, Schicksal; die männlichen und sächlichen mit den Nachsilben and, icht, ig, ing, ling, rich, z. B. Heiland, Monat, König rc.; und die Fremdwörter: der Abt, Altar, District, General, Patron rc., das Concert, Epigramm rc.

Zu der 2ten Form, die den Nominativ der Mehrheit durch keine Endung von dem Nom. der Einheit unterscheidet, gehören (außer den beiden weiblichen Mutter und Tochter) nur männliche und sächliche Wörter, namentlich die auf el, en, er; die männlichen größtentheils ohne den Umlaute, die sächlichen ohne denselben (außer das Kloster, die Klöster); z. B. der Spiegel, Schlüssel, Garten, Graben, Haufen, Frieden, Funken, Namen, Samen, Schaben; das Siegel, Wasser, Feuer, Fenster rc.; ferner: der Käse und die sächlichen Wörter auf e mit der Vorsilbe ge, z. B. das Gewerbe rc.; auch die Verkleinerungswörter auf chen und lein, z. B. Mädchen, Blümchen, Fräulein, Kindlein rc.

Zu der 3ten Form, die immer mit dem Umlaute verbunden ist, wenn das Wort dessen fähig ist, gehören nur sächliche und einige männliche Wörter; z. B. der Mann, Geist, Gott, Leib, Rand, Wald, Wurm, Vormund; das Aas, Amt, Bad, Blatt, Buch, Dach, Dorf, Ei, Faß, Feld, Geld, Glas, Glied, Grab rc.; auch alle Wörter auf thum, z. B. Reichthum rc., und wenige Fremdwörter, z. B. das Regiment, das Hospital rc.

Zu der 4ten Form dieser Declination, die immer ohne Umlaut ist, gehören nur wenige männliche und sächliche Nennwörter; z. B. der Schmerz, der See, Strahl, Staat, Mast; das Auge, Ohr, Hemd, Ende; außerdem die Fremdwörter: Insect, Statut, und besonders die auf or: Doctor, Pastor rc. (außer Castor, Elektrophor, Matador, Meteor, die nach der 1sten Form dieser Declination gehen).

II. Schwache Declination.

Einheit.

Nom. —	der Mensch,	—	Löwe,		die Frau,
Gen. en, n	des Menschen,	—	Löwen,		der Frau,
Dat. en, n	dem Menschen,	—	Löwen,		der Frau,
Acc. en, n	den Menschen,	—	Löwen,		die Frau.

Mehrheit.

Nom. en, n	die Menschen,	—	Löwen,		die Frauen,
Gen. en, n	der Menschen,	—	Löwen,		der Frauen,
Dat. en, n	den Menschen,	—	Löwen,		den Frauen,
Acc. en, n	die Menschen,	—	Löwen,		die Frauen.

Diese Declination enthält nur männliche und weibliche Wörter (welche letzteren jedoch nur in der Mehrheit danach gebeugt werden); insbesondere: die männlichen einsilbigen: der Bär, Christ, Fink, Fürst, Graf,

Held, Herr u. a. m.; die mehrsilbigen mit der Endung e, z. B. Affe, Bote, Bube, Knabe ꝛc.; und einige auf er, als: der Bauer (Landmann), Vetter; auch: der Nachbar, und die Volksnamen: der Baier, Pommer, Ungar ꝛc.; ferner die meisten weiblichen Wörter, z. B. die einsilbigen: Art, Bahn, Fluth, Last, Pflicht ꝛc., und die mehrsilbigen auf e, el, er, ath, ei, end, heit, keit, inn, schaft, ung, als: Rede, Schüssel, Schwester, Heirath, Arznei, Tugend, Wahrheit ꝛc. Außerdem viele männliche und weibliche Fremdwörter, z. B. der Adjutant, Advocat, Candidat, Präsident; die Regel, Oper, Person, Melodie, Facultät ꝛc.

Ob die Endung en, oder n ist, entscheidet der Nom. der Einheit. Endigt sich dieser auf e oder die tonlosen Nachsilben el, er, ar, so erhalten die übrigen Fälle ein bloßes n; z. B. Knaben, Schüsseln, Bauern, Ungarn ꝛc.; außerdem en. — Den Umlaut bekommt kein Wort dieser Declination.

Anmerkungen. 1. Das Wort Herz allein (Gen. Herzens, Dat. Herzen) paßt in der Einheit in keine der beiden Declinationen. Die Mehrheit declinirt es schwach: die ꝛc. Herzen.

2. Alle Fremdwörter, die noch in völlig fremder Gestalt erscheinen, wie Musicus, Carmen, Factum, Thema ꝛc., kann man höchstens nur in der Einheit auf deutsche Art decliniren.

B. Declination der Eigennamen.

1. Die sächlichen Länder= und Ortsnamen erhalten im Genitiv die Endung s; in den übrigen Fällen bleiben sie unverändert; z. B. die Flüsse Deutschlands, Preußens König, Berlins Umgebungen ꝛc.

Anmerk. Ortsnamen auf s, z, x können keinen Genitiv bilden, sondern müssen denselben durch die Präposition von ausdrücken, oder durch den vorgesetzten Genitiv der Wörter Stadt, Dorf ꝛc.; z. B. die Umgebungen von Paris, oder — der Stadt Paris.

2. Personen=Namen werden in der Einheit verschieden behandelt, je nachdem sie mit, oder ohne Artikel declinirt werden.

1) Mit dem Artikel verbunden, bleibt der Namen selbst durch alle Casus der Einheit unverändert; z. B. des Cicero, dem, den Cicero; die Sophie, der Sophie ꝛc. (vergl. o. S. 29).

2) Ohne Artikel gebraucht, erhalten die Personennamen im Genitiv ein s; nur die männlichen Namen auf s, ß, sch, x, z und die weiblichen auf e haben ens; z. B. Karls, Adelheids, Fritzens, Sophiens ꝛc.

Anmerk. Bei Geschlechtsnamen drückt man der Deutlichkeit wegen den Genitiv immer durch 's aus, z. B. Goethe's, Schiller's, Voß's, Jacobs's (oder Voß', Jacobs') Werke ꝛc.

Im Dativ und Accusativ läßt man den Namen am besten ganz unverändert; z. B. ich habe das Buch Franz gegeben; ich habe Caroline gebeten ꝛc.

Anmerk. Griechische und lateinische Personen=Namen wurden ehemals gewöhnlich nach lateinischer Art declinirt, jetzt mehr nach deutscher; z. B. Christi oder Christus' Geburt; Salomo's Schriften ꝛc.

Die Mehrheit wird gebildet, indem man an die männlichen deutschen Personen=Namen und an die fremden auf on, am ein e, an die auf o die Endung ne hängt (z. B. die Ludwige, Cicerone ꝛc.). Die männlichen auf a, e, i, el, en, er und die sächlichen auf chen bleiben unverändert, z. B. die Goethe, die Luther, die Hannchen. Im Dativ Plur. erhalten alle ein n, die es nicht schon im Nominativ haben, z. B. den Ludwigen, den Luthern ꝛc. — Die weiblichen Personen=Namen erhalten in der Mehrheit immer en oder n, z. B. die Adelheiden, Sophien, Ida'n ꝛc.

Man gebraucht dergleichen Namen in der Mehrheit: 1) wenn sie als wirkliche Eigennamen mehren Personen zukommen, z. B. die Sophien,

tie beiden Schlegel 2c.; oder 2) wenn der Eigennamen als Gattungs=
namen auf mehre Personen von ähnlichen Eigenschaften übertragen wird;
z. B. die Schiller sind selten u. dgl. m.

      Bemerkungen.

    1. Die Eigennamen bekommen im Plural nie den Umlaut oder die En=
dung er; z. B. nicht die Salzmänner 2c., sondern die Salzmanne 2c.

    2. Fehlerhaft ist es, wenn man den weiblichen Geschlechts= und Familien=
namen die Silbe inn, en oder gar sche anhängt. Richtig ist also: die Dich=
terinn Karsch, die Frau Müller 2c.

    3. Ausdrücke, wie „Salzmanns sind verreis't" bezeichnen in der Sprache
des gemeinen Lebens alle oder mehre Glieder derselben Familie, und sind wohl
zu unterscheiden von der Mehrheit des Eigennamens, wenn er als Gattungs=
namen steht: Salzmanne (Männer wie Salzmann).

    4. Wenn ein oder mehre Gattungs= oder Taufnamen vor dem Haupt=
oder Geschlechtsnamen ohne Artikel stehen, so wird nur dieser letztere decli=
nirt; z. B. Kaiser Josephs Leben; Doctor Martin Luther's Geburtstag 2c.
Geht aber der Artikel mit einem Gattungsnamen zur Bezeichnung eines
Titels 2c., oder mit dem Worte Herr vorher: so wird der Eigennamen nicht
declinirt; z. B. die Thaten des Königs Friedrich 2c.

      Übungsaufgaben.

Dritter Abschnitt.

Das Pronomen oder Fürwort.

    Die Fürwörter oder Pronomina sind Formwörter, welche theils
1) als Stellvertreter der Substantive selbständige Gegenstände nicht nach
ihrem Inhalte, sondern nach gewissen Beziehungen bezeichnen (pronomina
substantiva; z. B. ich, du, er 2c.), theils 2) als begleitende Bestimmwörter
der Substantive formelle Beziehungen der Gegenstände ausdrücken (pro=
nomina adjectiva; z. B. mein, dein Buch; dieser Mann, welche Frau 2c.). Sie
werden eingetheilt in:

    1) persönliche Fürwörter oder Personwörter (pronomina per=
sonalia), als Stellvertreter des Namens der in der Rede vorkommenden
Gegenstände: ich, du, er, sie, es, wir, ihr, sie (Sie), und die unbestimmten:
Jemand, Niemand, man;

    2) zueignende Fürwörter (pronomina possessiva), von den Per=
sonwörtern gebildete adjectivische Bestimmwörter, welche einen Gegenstand
als einer Person angehörig darstellen: mein, dein, sein, ihr, unser, euer;

    3) hinweisende Fürwörter (pronomina demonstrativa): dieser,
diese, dieses; jener, jene, jenes; der, die, das;

    4) bestimmende Fürwörter (pronomina determinativa): derjenige 2c.,
derselbe 2c., solcher 2c., der 2c.;

    5) fragende Fürwörter (pronomina interrogativa): wer? was?
welcher? was für ein? 2c.;

    6) beziehende Fürwörter (pronomina relativa): welcher, welche,
welches; der, die, das; wer, was.

1. Personwörter.

    Man versteht in der Grammatik unter Person jeden Gegenstand
der Rede hinsichtlich seiner Stellung zu derselben und unterscheidet dem=

nach drei Personen, nämlich: 1) die, welche spricht: ich, wir; 2) die, zu welcher man spricht: du, ihr (Sie); 3) die Person oder Sache, von welcher man spricht: er, sie, es.

Declination dieser Wörter.
Einheit.

	1ste Person.	2te Person.		3te Person.	
	für alle Geschlechter:	männlich:	weiblich:	sächlich:	
N.	ich	du	er	sie	es
G.	(mein)	(dein)	(sein)		(sein)
	meiner	deiner	seiner	ihrer	seiner
D.	mir	dir	ihm } sich	ihr }	ihm } sich
A.	mich	dich	ihn }	sie } sich	es } sich.

Mehrheit.
für alle Geschlechter:

N.	wir	ihr	sie	(Sie)
G.	unser	euer	ihrer	(Ihrer)
D.	uns	euch	ihnen	(Ihnen) } sich.
A.	uns	euch	sie	(Sie) }

Bemerkungen.

1. Die Fürwörter ich und du dürfen weder ausgelassen, noch zurückgesetzt werden, wenn die Richtigkeit und Deutlichkeit der Rede darunter leidet.

2. Der Genitiv mein, dein, sein ist die ältere oder Grundform, und kommt jetzt fast nur bei Dichtern vor; z. B. dein gedenk' ich. — Wird der Genitiv mein, dein, sein re. mit den Wörtern halben, wegen, willen zu einem Worte verbunden, so wird die Silbe et, nach unser und euer aber ein bloßes t dazwischen geschoben, also: meinethalben, unsertwegen re.

3. Das Wörtchen sich im Dat. und Acc. ist nur rückzielendes Fürwort (pronomen reflexivum); z. B. er freut sich re. Ihm, ihn, ihr, sie hingegen gehen immer auf eine andere Person außer dem Subjecte. — Den rückzielen=den Genitiv seiner, ihrer begleitet man der Deutlichkeit wegen oft mit dem Worte selbst; z. B. er schonte seiner selbst nicht.

4. Das natürliche Anredewort du und ihr wird der Höflichkeit wegen oft mit Sie, Ihrer, Ihnen re. vertauscht.

5. Das Fürwort es bezieht sich nicht immer auf einen vorher benannten sächlichen Gegenstand, sondern steht auch: 1) wo kein bestimmter Gegenstand gedacht wird, vor unpersönlichen Verben, wie: es blitzt, es regnet; 2) zur An=kündigung eines nachfolgenden Subjects; z. B. es ist ein Gott. — Nicht gern gebraucht man es als Accusativ nach einer Präposition, weil dieses Fürwort immer tonlos ist; also nicht: auf es, für es; sondern auf dasselbe, oder darauf, dafür re.

6. Die 3te Person wird oft auf unbestimmte Weise durch Jemand, ein Gewisser, Einer (auch wer), Jedermann, Niemand, man, etwas (in der Volkssprache abgekürzt: was) bezeichnet. Jemand und Niemand haben im Gen. Jemands re.; in den übrigen Fällen aber läßt man sie am besten ungebeugt. Das Wort man ist nur im Nom. zu gebrauchen.

2. Zueignende oder besitzanzeigende Fürwörter.

Diese sind aus dem Genitiv der persönlichen Fürwörter entstanden und stellen den Gegenstand, mit welchem sie verbunden werden, als einer der drei Personen angehörig dar. — Sie heißen:

mein, meine, mein; dein, deine, dein; sein, seine, sein; ihr, ihre, ihr (diese kann man nennen possessiva singularis); un=ser, unsere, unser; euer, euere, euer; ihr, ihre, ihr (possessiva pluralis).

Sie richten sich alle in Geschlecht, Zahl und Casus nach dem Sub=

stantiv, mit welchem sie verbunden sind, und werden im Sing. gebeugt, wie der Artikel ein, eine, ein; z. B. das Pronomen unser:

Einheit.

	männlich:	weiblich:	sächlich:
Nom.	unser	unsere	unser
		abgekürzt unsre	
Gen.	unseres	unserer	unseres
	abgek. unsres ob. unsers	unsrer	unsres ob. unsers
Dat.	unserem	unserer	unserem
	abgek. unsrem ob. unserm	unsrer	unsrem ob. unserm
Acc.	unseren	unsere	unser
	abgek. unsren ob. unsern	unsre.	

Mehrheit.
für alle Geschlechter:

Nom.	unsere	abgekürzt unsre
Gen.	unserer	— — unsrer
Dat.	unseren	— — unsren ob. unsern
Acc.	unsere	— — unsre.

Bemerkungen.

1. Zu größerem Nachdruck wird oft das Beiwort eigen hinzugesetzt, z. B. mein eigenes Haus 2c.

2. Steht ein zueignendes Fürwort als Prädicat mit einem Substantiv in Verbindung, so wird es gleich den Adjectiven nicht gebeugt; z. B. der Hut ist mein; steht es aber ohne Substantiv, doch in Beziehung auf ein solches, so sagt man: meiner, meine, meines; unserer, unsere, unseres 2c.; z. B. Ist das dein Hut, oder meiner?

3. Anstatt meiner, e, s 2c. sagt man auch: der, die, das meine oder meinige 2c. — Das Letztere steht nie ohne den bestimmten Artikel; beide Formen aber (der meine 2c. und der meinige) haben nie ein Substantiv hinter sich, sondern beziehen sich entweder auf ein vorangegangenes, oder stehen selbst als solches; z. B. Dein Bruder ist mit dem meinigen 2c. — Du hast das Deinige gethan. —

4. Außer dem in Briefen gebräuchlichen Ew. (für Eure) gebraucht man auch Seine (Se.) für die 3te Person männlichen Geschlechts und Ihro (richtiger Ihre) a) für die 3te Person weiblichen Geschlechts, b) als Plural, c) auch in mündlichen Anreden für Ew.

3. Hinweisende Fürwörter.

Diese drücken die örtliche Stellung des Gegenstandes aus, dessen Benennung sie beigefügt werden, oder deuten auch bloß auf einen Gegenstand hin, ohne ihn zu benennen. Sie heißen: dieser, diese, dieses (abgek. dies) für das Nähere, und jener, jene, jenes für das Entferntere.

Oft werden beide durch der, die, das, welches als ein solches Fürwort den Ton hat, ersetzt. — Die Declination von dieser 2c. und jener 2c. stimmt mit der des bestimmten Artikels genau überein.

Steht das hinweisende Fürwort der, die, das ohne ein Nennwort, so erhält es folgende Declination:

	Einheit.			Mehrheit.
	männlich:	weiblich:	sächlich:	für alle Geschlechter:
N.	der	die	das	die
G.	dessen (deß)	deren (der)	dessen (deß)	deren
D.	dem	der	dem	denen
A.	den	die	das	die.

Anmerkung. Die ältere Form des Genitivs deß statt dessen ist, außer in Zusammensetzungen wie deßwegen, deßhalb, jetzt nur in der Dichtersprache gebräuchlich.

4. Bestimmende Fürwörter.

Diese lenken die Aufmerksamkeit auf den Gegenstand hin, von welchem etwas gesagt werden soll, und heißen: der=, die=, das=jenige; der=, die=, dasselbe; auch bloß: der, die, das; solcher, e, es; (selbiger, e, es ist veraltet).

Das bestimmende Fürwort der, die, das wird vor einem Substantiv ganz wie der Artikel, für sich allein stehend aber wie das hinweisende declinirt, nur daß der Gen. Plur. hier nicht deren, sondern derer lautet. Vergl. z. B. Es giebt deren (d. i. dieser oder solcher) wenige. Ich erinnere mich derer (d. i. derjenigen) gern, welche mir Gutes erwiesen haben.

In derjenige und derselbe erhält das erste Glied die vollständige Biegung des Artikels der; das zweite (jenige, selbe) die mangelhafte (schwache) Biegung der Beiwörter in dieser Verbindung (s. Abschn. 4); also: desjenigen, derjenigen; desselben, derselben 2c.

Anmerkung. Derjenige und der erfordern immer einen abhängigen Satz mit welcher oder der. Will man einen schon genannten Gegenstand nicht wiederholen, so sagt man derselbe, eben derselbe 2c.

5. Fragende Fürwörter.

Um nach einer Person oder Sache zu fragen, gebraucht man: 1) das substantivische Pronomen wer? was? 2) das adjectivische welcher, welche, welches? 3) was für ein?

Die Declination von welcher und wer ist folgende:

Einheit.

	männl.	weibl.	sächl.	m. u. w.	s.
N.	welcher	welche	welches	wer	was
G.	welches	welcher	welches	wessen	(weß)
D.	welchem	welcher	welchem	wem	
A.	welchen	welche	welches	wen	was.

Mehrheit.

für alle Geschlechter:

N.	welche	
G.	welcher	(wer und was sind
D.	welchen	ohne Mehrheit.)
A.	welche.	

In was für ein wird nur das ein declinirt: was für ein Mann? oder ohne Substantiv: was für einer, e, es? 2c.

Bemerkungen.

1. Wer (nur von Personen) und was (nur von Sachen, ohne Unterschied des Sprachgeschlechts) fragen ganz im Allgemeinen nach einer Person oder Sache. Was für ein und welcher 2c. fordern die nähere Bestimmung der Person oder Sache; z. B. Wer ist da? Ein Fremder. — Was für einer? Ein Schullehrer aus B. — Welcher Schullehrer? Herr A. 2c. — Weß, die ältere Form für wessen, steht besonders in Verbindung mit wegen, halb, willen.

2. In welchem Casus gefragt wird, in demselben muß auch geantwortet werden. Z. B. Wessen Haus? — des Vaters.

3. Was für ein 2c. wird nicht gut getrennt; z. B. nicht: Was hast du für einen Fisch gefangen? — In der Mehrheit und vor Stoffnamen lautet es was für? z. B. was für Bücher? was für Wein?

6. Beziehende Fürwörter.

Diese beziehen eine neue Aussage auf einen schon angedeuteten Gegenstand und bringen diesen so in Verbindung mit einem ganzen Satze, der zur näheren Erklärung desselben dient und als die Umschreibung eines Beiwortes betrachtet werden kann; sie sind also Fürwörter und Bindewörter zugleich. — Als beziehende Fürwörter dienen theils die fragenden: welcher, welche, welches; wer, was; theils das hinweisende Fürwort der, die, das. Jene beiden werden ganz wie die fragenden declinirt; der ꝛc. ganz wie das ohne Substantiv stehende hinweisende Fürwort, also Gen. Sing. dessen, deren; Plur. Gen. deren; Dat. denen (s. o. S. 38).

Bemerkungen.

1. Wer und was (letzteres nie im Dativ gebraucht) dürfen nicht auf einen einzelnen deutlich benannten Gegenstand, sondern nur auf allgemeine, durch ein bestimmendes Fürwort ausgedrückte Gegenstände oder Begriffe, auf allgemeine Zahlwörter, wie Jeder, Alles, etwas, nichts, oder auf ganze Sätze bezogen werden und stehen oft für: derjenige, welcher — diejenige, welche — dasjenige, welches. Z. B. Alles, was ich habe. Aber: das Haus, welches (nicht was) ich bewohne. Wer nicht hören will, (der) muß fühlen. Was du heute thun kannst, (das) verschiebe nicht auf morgen. — Das bestimmende der und das ist nur bei gleichem Verhältnißfalle entbehrlich. Also nicht: Wer sich nicht rathen läßt, kann man nicht helfen; sondern: dem kann man nicht helfen.

2. Bei Anwendung der beziehenden Fürwörter welcher, der suche man die Worte so zu stellen, daß dasjenige, auf welches sich das Fürwort beziehen soll, zunächst vor demselben steht. Z. B. Er ist der Freund meines Bruders, welcher (nämlich Bruder) ihm viel Gutes erwiesen hat.

3. Anstatt des Genitivs von dem beziehenden welcher ꝛc., der nie ohne Substantiv stehen kann, sagt man dessen und deren. Also: der Mann, dessen (nicht welches) Umstände du kennst ꝛc.

4. Das unbiegsame so für welcher ꝛc. ist nur bei Dichtern noch gebräuchlich.

Allgemeine Bemerkungen über den Gebrauch der Fürwörter.

1. Alle substantivischen Fürwörter stehen in Geschlecht, Zahlform und Casus gerade so, wie das Substantiv selbst hätte stehen müssen, dessen Stelle sie einnehmen; die adjectivischen aber richten sich in allen Stücken nach dem Substantiv, welches sie begleiten. Z. B. Wähle dir solche Freunde, denen du dich anvertrauen kannst.

2. Sind auf einander folgende Substantive verschieden an Geschlecht oder Zahlform, so müssen die begleitenden Fürwörter wiederholt werden; z. B. mein Vater und meine Mutter, deine Schwester und deine Brüder ꝛc.

3. Die Fürwörter der ersten und zweiten Person werden nach den beziehenden wiederholt; z. B. Du, der du so wenig arbeitest; oder es wird in die dritte Person übergegangen: Du, der so wenig arbeitet.

4. Wenn von mehren Personen oder Sachen eines Geschlechts die Rede ist: so werden die Fürwörter er, sie, es, sein, ihr ꝛc. von dem Subjecte der Rede gebraucht; aber derselbe, dieser, dessen, deren, um Zweideutigkeit zu vermeiden, an die Stelle des Objects oder der übrigen Personen und Sachen gesetzt. Z. B. Der Mann liebt seinen Sohn; aber dieser oder derselbe (nicht er) bezeigt sich gegen ihn undankbar ꝛc. Auch vermeidet man des Wohlklangs wegen Verbindungen wie: Er hat eine Schwester; kennen Sie sie? (besser dieselbe).

5. Die sächlichen Fürwörter es, das, dies werden häufig in Beziehung auf Gegenstände jedes Geschlechts, namentlich auch auf Personen sowohl in der Einheit, als in der Mehrheit, gebraucht, indem sie in der Stelle des Subjects den im Prädicate benannten Gegenstand nur gleichsam einleiten. — Z. B. Es ist mein Vater; es sind Fremde; das oder dies ist meine Schwester 2c.

6. Man unterscheide derer und denen von der und den. Wenn derer nicht ohne Substantiv und so steht, daß es mit derjenigen vertauscht werden kann und welche oder die folgt, so ist es fehlerhaft gebraucht und muß der heißen. Denen darf gleichfalls nur ohne Substantiv, jedoch sowohl für denjenigen, als für diesen und für welchen stehen. — Auch der Genitiv Plur. deren steht immer ohne Substantiv, und zwar nur in der Bedeutung: dieser, derselben, oder welcher.

7. Welche (als Plural) und welches werden im gemeinen Leben oft als unbestimmte Fürwörter für etliche (ehemals etwelche), einige, etwas, einiges, oder deren, dessen gebraucht. Z. B. Hast du noch Nüsse? Ja, ich habe noch welche (besser: noch einige, oder ich habe deren noch). Willst du Brod haben? Ich habe noch welches (besser: etwas).

8. Statt der umständlichen Ausdrücke an diesem Orte, an welchem Orte gebraucht man die Nebenwörter da, wo und bildet davon die Zusammensetzungen daher, dahin; woher, wohin. So wird auch wie statt auf welche Weise, in welchem Grade gebraucht. Auch verbindet man da und wo (vor Vocalen dar und wor) mit Verhältnißwörtern, statt das Verhältnißwort mit dem hinweisenden und beziehenden Fürworte zu gebrauchen; z. B. davon, daraus, womit, worin 2c., statt: von dem 2c., mit welchem 2c.

Anmerkungen.

1. Man verwechsele nicht da und wo. — Darin steht statt in diesem; darein st. in dieses; worin st. in welchem; worein st. in welches.

2 Solche Zusammensetzungen mit da und wo gebrauche man nie in Beziehung auf Personen, sondern nur bei allgemeinen Ausdrücken und für leblose, nicht durch den Artikel bestimmte Sachen.

3. Diese zusammengesetzten Wörter dürfen weder getrennt, noch das da und wo doppelt gesetzt werden; also nicht: Da weiß ich nichts von, oder davon.

Übungsaufgaben.

Vierter Abschnitt.

Das Adjectiv oder Beiwort.

Das Beiwort oder Adjectiv bezeichnet ein dem Gegenstande beigelegtes Merkmal, insbesondere eine Eigenschaft oder Beschaffenheit (Qualität) desselben. Es wird entweder als Prädicat im Satze durch das Verbum sein oder werden dem Nennworte 2c. beigelegt und heißt dann **präbicatives Adjectiv**, oder es erscheint unmittelbar mit dem Nennworte verbunden als **attributives Adjectiv**. Z. B. Der Schüler ist fleißig — der fleißige Schüler 2c.

Anmerk. 1. Einige Beiwörter werden nur präbicativ gebraucht, z. B. die Stämme: angst, feind, gram, kund, leid u. a. m.; und die Ableitungen und Zusammensetzungen: abhold, eingedenk, gewahr, habhaft, unpaß, verlustig 2c.; andere hingegen nur attributiv, namentlich die von Adverbien hergeleiteten: dortig, heutig, hiesig, gestrig 2c. und viele auf lich, wie: nächtlich, täglich, jährlich, mündlich, schriftlich 2c. Bei weitem die meisten Beiwörter aber lassen sowohl die präbicative, als die attributive Anwendung zu.

2. Von dem präbicativen Adjectiv ist das Adverbium wohl zu unterscheiden. Jenes macht selbst das Prädicat aus, indem es dem Subjecte beigelegt wird; z. B. der Schüler ist fleißig; er ist einfältig. Das Adverbium hingegen dient nur zur Bestimmung des Prädicates; z. B. der Schüler lernt fleißig; er handelt einfältig. Vergl. o. S. 21 und 22.

1. Bildung der Beiwörter.

Die **Beiwörter** sind entweder: 1) **Stammwörter**, oder 2) **abgeleitet**, oder 3) **zusammengesetzt**.

1. **Stammwörter** sind z. B. jung, alt, groß, klein, gut 2c.

2. Die **abgeleiteten** Beiwörter werden zum Theil durch die Vorsilben **be** und **ge**, wie: bequem, gerecht 2c., auch **miß, un, ur, erz,** (s. S. 30), z. B. mißvergnügt, unrein, uralt, erzdumm; besonders aber durch verschiedene bedeutungsvolle Nachsilben gebildet, nämlich:

bar (der Stamm von bären, d. i. tragen) drückt besonders ein In-sich-tragen oder Hervorbringen aus; auch die Fähigkeit oder Möglichkeit etwas zu thun oder zu leiden; z. B. dankbar, dienstbar, kostbar, fruchtbar; brennbar, eßbar, denkbar, schätzbar 2c.

sam bezeichnet besonders die Geneigtheit oder Fähigkeit zu dem, was das Stammwort enthält: arbeitsam, folgsam, biegsam, empfindsam 2c.

ig zeigt das Haben, den Besitz an, oder was der Sache eigen ist: gütig, spitzig, blumig, lustig, feurig, jetzig, hiesig 2c. — **selig** in mühselig, trübselig ist durch Verbindung mit dem Substantiv-Endung, sal (in Trübsal, Mühsal) mit ig entstanden, wird aber auch an andere Wörter gefügt, um Menge oder Überfluß auszudrücken, z. B. glückselig, armselig, redselig.

isch bezeichnet das Ausgehen oder die Abkunft von einer Person oder einem Orte; auch die Art und Weise eines Seins oder Thuns; z. B. himmlisch, irdisch, berlinisch, malerisch, neidisch, kindisch 2c.

lich bezeichnet gleiche Bildung, ähnliche Gestalt oder Beschaffenheit, auch die Art und Weise, das Wie einer Handlung oder eines Zustandes: männlich, bildlich, künstlich, mündlich, ärmlich, königlich, stündlich, leserlich. (Man verwechsle nicht lich mit ig, icht und isch.)

icht zeigt eine Ähnlichkeit oder verwandte Beschaffenheit an: erdicht, holzicht, kupfericht, wollicht, steinicht 2c.

haft (verwandt mit haben, haften) zeigt das Anhaften des in dem Stammworte enthaltenen Begriffes an: tugendhaft, dauerhaft, pöbelhaft, krankhaft, wahrhaft, glaubhaft 2c.

en, ern bezeichnen den Stoff einer Sache; z. B. leinen, steinern 2c.

end und **et (t)** oder **en** sind Endungen der Mittelwörter (Participien; vgl. S. 21), welche das Subject, dem sie als Adjective beigelegt werden, entweder als thätig (end), oder als leidend oder empfangend (et oder en) darstellen; z. B. lobend, gelobt; betrübend, betrübt; schreibend, geschrieben 2c.

3. Die **zusammengesetzten** Beiwörter bestehen entweder aus zwei Stammwörtern, z. B. baumstark, grasgrün; oder aus einem Stammworte und einem abgeleiteten Worte, z. B. denkwürdig, verdienstvoll; oder

aus zwei abgeleiteten Wörtern, z. B. außerordentlich ꝛc. Das Grund=
wort iſt in allen zuſammengeſetzten Beiwörtern nothwendig ein Beiwort;
das Beſtimmungswort entweder auch ein Beiwort, oder ein Nennwort,
oder eine Partikel.

2. Steigerung (Comparation) der Beiwörter.

Man kann einem Gegenſtande eine Eigenſchaft entweder abſolut
(d. i. unbedingt und ohne Vergleichung), oder relativ (d. i. beziehungs=
weiſe und mit Vergleichung anderer Gegenſtände) beilegen. Den ab=
ſoluten Stand des Beiwortes nennt man den Poſitiv; z. B. groß,
klein, ſchön ꝛc. Der Rieſe iſt groß; die Frau iſt ſchön.

Steht aber das Beiwort relativ, ſo beſitzen die verglichenen Ge=
genſtände die Eigenſchaft entweder in gleichem Grade (z. B. A. iſt
eben ſo groß, wie B.), oder in verſchiedenem Grade, welches letztere
Verhältniß durch zwei beſondere Veränderungen des Beiwortes bezeich=
net wird. Dieſe ſind:

1) Der Comparativ (die höhere Stufe) legt einem von zwei
oder mehren mit einander verglichenen Dingen eine Beſchaffenheit oder
Eigenſchaft in einem höheren Grade bei. Man bildet ihn durch die
Endung er oder r; z. B. größer, kleiner, träger ꝛc. Ein Rieſe iſt
größer, als ein gewöhnlicher Menſch ꝛc.

2) Der Superlativ (die höchſte Stufe) erhebt einen Gegenſtand
über alles damit Verglichene, und wird durch die Endung eſt oder ſt
gebildet; z. B. größeſt, kleinſt, ſchönſt, der kleinſte, ſchönſte ꝛc.

Gewöhnlich nennt man Poſitiv, Comparativ und Super=
lativ als 3 Steigerungsſtufen oder Vergleichungsgrade.

Anmerk. 1. Die Beiwörter, deren Begriff weder eine Vergrößerung, noch
Verringerung erleidet, wie todt, recht, münblich, heutig ꝛc., verſtatten
keine Comparation.
2. Auch die von Adjectiven entlehnten qualitativen Adverbia
(Nebenwörter, welche eine Beſchaffenheit oder Art und Weiſe bezeichnen)
ſind der Steigerung fähig; der Superlativ aber wird von dieſen durch
Umſchreibung mit am gebildet; z. B. er ſchreibt ſchöner, am ſchön=
ſten ꝛc.
3. Die von Adverbien abgeleiteten Adjective, welche Raumverhältniſſe
ausdrücken, der ꝛc. obere, untere, innere, äußere ꝛc. haben poſitive
Bedeutung, aber comparative Form, und bilden nur den Superlativ: der
oberſte, unterſte ꝛc.
4. Participien können nur geſteigert werden, wenn ſie die Natur von
Adjectiven angenommen haben, alſo bleibende Eigenſchaften ausdrücken;
z. B. eine rührendere Geſchichte; mein geliebteſter Freund ꝛc.
5. Das e vor dem ſt des Superlativs wird nur nach den Zungen= und
Ziſchlauten, d, t, ſt, s, ß, tz, ſch, z, beibehalten; außerdem fällt es aus;
z. B. kleinſt, längſt, bitterſt; aber wildeſt, ſanfteſt, ſüßeſt ꝛc. Der Super=
lativ der Beiwörter auf iſch (z. B. barbariſcheſt ꝛc.) wird der Härte wegen
lieber umſchrieben. — Die mehrſilbigen Adjective auf el, er, en werfen
das e dieſer Endungen im Comparativ gewöhnlich weg; z. B. bittrer,
edler, ebner.
6. Die meiſten umlautsfähigen Beiwörter erhalten im Comparativ und
Superlativ den Umlaut; z. B. alt, älter, groß, größer, jung, jünger ꝛc. —
Bei der Steigerung von hoch und nahe geht ch in h über und umgekehrt;
höher, höchſt; näher, nächſt.
7. Unregelmäßig geſteigert werden: gut, beſſer, beſt; viel, mehr,
meiſt. Von minder und mindeſt fehlt der Poſitiv. Die Superlative

der erste und letzte sind von den alten eh, eher, laz (d. i. lass, träge), niederd. lat (spät), lezzer, niederd. later, entstanden, und werden wieder als Positive behandelt, indem man die Comparativformen der erstere, letztere davon bildet.

8. Man drückt den Comparativ durch eine Umschreibung aus, wenn eine Vergleichung zweier Eigenschaften an demselben Gegenstande Statt findet; z. B. Er war mehr lustig, als traurig. — Man kann auch jeden Grad durch Vorsetzung verschiedener Wörter verstärken; z. B. den Positiv durch sehr ꝛc., den Comparativ durch viel, weit ꝛc., den Superlativ durch aller ꝛc.

9. Bei einer Vergleichung steht nach dem Positiv wie, nach dem Comparativ als; z. B. so geschickt wie ꝛc.; geschickter als.

3. Einverleibung (Concretion) und Geschlechtswandlung (Motion) der Beiwörter.

Die Concretion (Einverleibung) des attributiven Beiwortes mit seinem Nennworte (f. o. S. 21) geschieht sowohl im Positiv, als in beiden Steigerungsstufen durch ein der Grundform angehängtes e. So wird aus groß, größer, größest: der, die, das große, größere, größeste (Mann, Frau, Kind) ꝛc.

Das mit diesem e versehene Beiwort nennen wir dessen schwache Form. In ihr erscheint das attributive Adjectiv immer, wenn vor demselben noch der bestimmte Artikel, oder ein anderes Bestimmwort steht, welches die verschiedenen Geschlechter durch die Endungen r, e, s bezeichnet.

Zu diesen Bestimmwörtern gehören:
1) die Fürwörter:
dieser, jener, z. B. dieser fleißige Schüler, jenes schöne Wetter.
derselbe, derjenige: derselbe runde Hut, dasjenige neue Buch.
welcher: welcher treue Hund, welches große Unglück ꝛc.; auch solcher.
2) die allgemeinen Zahlwörter:
aller; z. B. aller gute Kohl, alles frische Fleisch ꝛc.
einiger und etlicher: einiger rothe Wein, einiges neue Bier ꝛc.
mancher: mancher große Herr, manches brave Mädchen ꝛc.
Ebenso: vieler, weniger, jeder, jeglicher, mehrer, verschiedener;
    auch die Wörter anderer, folgender, erwähnter.

Wenn aber dem Beiworte gar kein Bestimmwort, oder eines mit völlig mangelnder oder doch mangelhafter Biegung vorangeht: so erhält das Beiwort noch die Zeichen der Geschlechtsform (Motion, vergl. S. 22);

    nämlich r, als Zeichen des männlichen Geschlechts, z. B. großer Mann;

    e, als Zeichen des weiblichen Geschlechts, welches aber schon durch das Concretionszeichen mit dargestellt wird, z. B. große Frau;

    s, als Zeichen des sächlichen Geschlechts, z. B. großes Kind.

Bestimmwörter mit völlig mangelnder Biegung sind: etwas, genug, allerlei, vielerlei, dergleichen, lauter; auch viel, wenig, mehr, und die Zahlwörter zwei, drei (wenn sie nicht declinirt werden), vier ꝛc. Also: etwas gutes Papier, allerlei rother Wein, viel schönes Getreide, wenig alter Wein ꝛc.

Bestimmwörter mit mangelhafter Biegung sind: der Artikel ein, eine, ein, die Fürwörter mein, dein, sein, unser, euer, ihr und das allgemeine Zahlwort kein. Also: ein großer Mann, mein neues Kleid, unser guter (nicht gute) Freund ꝛc.

4. Declination (Zahl= und Fallbiegung) der Beiwörter.

Das durch die Concretion mit dem Nennworte verschmolzene attri=
butive Beiwort (sowohl im Positiv, als in beiden Steigerungsstufen)
drückt nicht bloß das Geschlecht, sondern auch die Zahl= und Fall=Ver=
hältnisse seines Nennwortes durch Biegungsendungen aus und hat da=
her eine vollständige Declination (vergl. o. S. 23). Diese Declination
eines jeden attributiven Beiwortes ist aber, je nachdem dasselbe gar
kein Bestimmwort, oder eines mit mangelhafter, oder mit vollständiger
Biegung vor sich hat, dreifach verschieden.

I. Starke Adjectiv=Declination.

Diese Biegungsweise findet Statt, wenn dem Beiworte entweder
gar kein Bestimmwort, oder ein ganz biegungsloses (wie etwas, genug,
allerlei, lauter, viel, wenig ꝛc., s. o.) vorangeht. Das Beiwort erhält dann
die Biegungsendungen des bestimmten Artikels der, die, das; also:

Einheit.

	männlich:	weiblich:	sächlich:
N.	guter Wein,	gute Speise,	gutes Geld,
G.	gutes Weines,	guter Speise,	gutes Geldes,
D.	gutem Weine,	guter Speise,	gutem Gelde,
A.	guten Wein,	gute Speise,	gutes Geld.

Mehrheit.

N. gute Weine, Speisen, Gelder,
G. guter Weine, Speisen, Gelder,
D. guten Weinen, Speisen, Geldern,
A. gute Weine, Speisen, Gelder.

Anmerkungen.

1. Statt der Endung es im Genitiv des männlichen und sächlichen
Geschlechts der Einheit wird oft auch des Wohllauts wegen, jedoch weniger
richtig, en gebraucht; z. B. statt: frohes Muthes — frohen Muthes.

2. Ebenso räumt man dem Wohllaute zu viel ein, wenn man bei Ad=
jectiven, die mit einem m endigen, im Dativ des männl. und sächl. Ge=
schlechts das m der Fallendung in n verwandelt; z. B. bequem, fromm,
lahm ꝛc.; mit lahmen (st. mit lahmem) Fuße ꝛc.

3. Der Vocativ oder Anredefall lautet dem Nominativ immer gleich:
lieber Freund! gutes Kind! — Also auch in der Mehrheit: liebe
Freunde! nicht: lieben Freunde ꝛc.

Wenn man die persönlichen Fürwörter: ich, du, wir, ihr, (auch
Sie als Anredewort) vor ein mit einem Hauptworte verbundenes Bei=
wort setzt: so muß die Declination desselben ganz die obige sein. —
Man sagt also richtig:

Einheit.

N.	Du guter Mann,	Du gute Frau,	Du gutes Kind,
G.	(Deiner, des guten Mannes ꝛc., statt des nicht üblichen: Deiner gutes Mannes),		
D.	Dir gutem Manne,	Dir guter Frau,	Dir gutem Kinde,
A.	Dich guten Mann,	Dich gute Frau,	Dich gutes Kind.

Mehrheit.

N.	Ihr gute Männer,	Ihr gute Frauen,	Ihr gute Kinder,
G.	(Euer, guter Männer,	Euer, guter Frauen,	Euer, guter Kinder,)
D.	Euch guten Männern,	Euch guten Frauen,	Euch guten Kindern,
A.	Euch gute Männer,	Euch gute Frauen,	Euch gute Kinder.

Anmerk. Dem Sprachgebrauche gemäß sagt man jedoch gewöhnlich nach
der schwachen Biegung: dir guten Manne; ihr guten Männer; wir
armen Leute ꝛc.

Oder man kann auch folgendermaßen sagen:

Einheit.

N. Du, guter Mann!	Du, gute Frau!	Du, gutes Kind!
G. Deiner, guter Mann!	Deiner, gute Frau!	Deiner, gutes Kind!
D. Dir, guter Mann!	Dir, gute Frau!	Dir, gutes Kind!
A. Dich, guter Mann!	Dich, gute Frau!	Dich, gutes Kind!

Mehrheit.

N. Ihr, gute Männer!	Ihr, gute Frauen!	Ihr, gute Kinder!
G. Euer, gute Männer!	Euer, gute Frauen!	Euer, gute Kinder!
D. Euch, gute Männer!	Euch, gute Frauen!	Euch, gute Kinder!
A. Euch, gute Männer!	Euch, gute Frauen!	Euch, gute Kinder!

Anmerk. So besonders nach dem Anredeworte Sie: Acc. Sie, guter Mann! (nicht: Sie guten Mann); Dat. Ihnen, gute Frau! (nicht: Ihnen guter Frau) ꝛc.

II. Schwache Adjectiv-Declination.

Diese findet Statt nach dem bestimmten Artikel der, die, das und jedem der oben (S. 44) genannten Bestimmwörter mit vollständiger starker Biegung. Das Adjectiv erhält dann, wie im Nom. Sing. für alle drei Geschlechter, so auch im Accus. Sing. des weibl. und sächl. Geschlechts die Endung e; in allen übrigen Fällen en; also:

Einheit.

	männlich:	weiblich:	sächlich:
N.	der schöne Baum,	die schöne Blume,	das schöne Feld,
G.	des schönen Baumes,	der schönen Blume,	des schönen Feldes,
D.	dem schönen Baume,	der schönen Blume,	dem schönen Felde,
A.	den schönen Baum,	die schöne Blume,	das schöne Feld.

Mehrheit.

N.	die schönen Bäume, Blumen, Felder,
G.	der schönen Bäume, Blumen, Felder,
D.	den schönen Bäumen, Blumen, Feldern,
A.	die schönen Bäume, Blumen, Felder.

Ebenso nach: dieser, jener, welcher, derselbe, aller, jeder, mancher, einiger ꝛc. Also:
N. einiger rothe Wein, G. einiges rothen Weines, D. einigem rothen Weine, A. einigen rothen Wein, und im Plural: N. einige rothen Weine u. s. f.; alle guten Menschen, manche schönen Tage ꝛc.

III. Gemischte Adjectiv-Declination.

Diese besteht in der Verbindung der starken Nominativ=Form mit der schwachen Declination. Sie findet Statt nach dem Artikel ein und den übrigen Wörtern mit mangelhafter Biegung (s. o. S. 44), denen im Nom. Sing. männlichen und sächlichen und im Accus. Sing. sächl. Geschlechts die Geschlechtszeichen fehlen. In diesen Fällen nimmt daher das Adjectiv nach ihnen die starke, in allen andern aber die schwache Form an. Z. B.

Einheit.

	männlich:	weiblich:	sächlich:
N.	ein schöner Baum,	eine schöne Blume,	ein schönes Feld,
G.	eines schönen Baumes,	einer schönen Blume,	eines schönen Feldes,
D.	einem schönen Baume,	einer schönen Blume,	einem schönen Felde,
A.	einen schönen Baum,	eine schöne Blume,	ein schönes Feld.

Ebenso nach: mein, dein, sein, unser, euer, ihr, kein.

Bemerkungen:

1. Die regelmäßigen Biegungsendungen des attributiven Beiwortes ganz wegzulassen, also z. B. ein schön Gesicht und dergl. zu sagen, ist im Allgemeinen nur dem Dichter erlaubt, und zwar nur im Nom. und Acc. Sing. sächl. Geschlechts der starken Form.

2. Hiermit sind aber nicht die Nebenwörter oder Adverbia zu verwechseln, welche keine adjectivische Biegung erhalten; also nicht: du bist ein rechter guter Junge; sondern: ein recht guter 2c. Oft entsteht durch Veränderung des Adverbs in ein Adjectiv ein ganz anderer Sinn. Z. B. Er hat das ganze neue Haus gemiethet; und: Er hat das ganz neue Haus gemiethet.

3. Wenn mehre attributive Beiwörter zusammenkommen, so stimmen alle in der Form mit einander überein, und die letzten richten sich also in jedem Falle nach dem ersten Beiworte; z. B. ein guter, alter, weiser Mann; dieser oder jener liebe, brave, von uns Allen geschätzte Wohlthäter; neues, frisches, wohlgebackenes Brod 2c.

4. Wenn zwei Bestimmwörter zusammenkommen, von denen das zweite den bestimmten Artikel vor sich leidet, so wird dieses ganz wie ein Adjectiv behandelt; z. B. dieses viele Geld; mancher andere Freund; aber: sein vieles Geld; unser anderer Freund. — Leidet aber das zweite Bestimmwort den bestimmten Artikel nicht vor sich, so behält jedes unverändert die Form, die es allein stehend haben würde; z. B. aller dieser (nicht diese) Vorrath; mit allem diesem (nicht diesen) Vorrathe; alles dieses Unglück (vergl. auch S. 50, Anmerk. zu Aller); dieser mein Freund; dieses meines Freundes 2c.

5. Bemerkungen über den Gebrauch der Beiwörter.

1. Das prädicative Adjectiv steht nicht bloß nach sein, sondern auch nach werden, bleiben, scheinen, dünken, heißen und nach solchen Verben, welche die Versetzung eines Gegenstandes in einen Zustand ausdrücken. Z. B. Der Baum wird grün; das Wetter bleibt schön. Er färbt das Kleid schwarz. Sie hat das Kind groß gezogen. Der Schaden macht klug.

2. Das mit seinem Nennwort unmittelbar verbundene attributive Adjectiv steht in der Regel vor demselben.

3. Mit einem zusammengesetzten Nennworte verbunden, bezieht sich das Adjectiv immer auf den Gesammtbegriff desselben, mithin vorzugsweise auf das letzte Glied oder Grundwort, welches den Hauptbegriff enthält (vergl. S. 26). Falsch ist also: ein seidener Strumpf-Fabricant, ein lederner Handschuhmacher.

4. Wird der Begriff eines Nennwortes dadurch erklärt, daß man ihn vermittelst eines Beiwortes dem umfassenderen Gattungsbegriff eines anderen Nennwortes unterordnet: so setzt man jenes Beiwort in das Geschlecht des erklärenden Nennwortes; z. B. der Elephant ist das größte der Landthiere.

5. Viele Beiwörter enthalten für sich allein keinen vollständigen Begriff und bedürfen daher eines ergänzenden Zusatzes, welcher entweder in einem Nennwort und dessen Stellvertreter, oder in einem Verbum besteht.

1) Die Beiwörter, welche zu ihrer Ergänzung ein Substantiv erfordern, setzen dies abhängige Wort in den Genitiv oder Dativ. Sie sind also regierende Adjective (vergl. S. 24). Z. B. kundig des Landes; zuträglich dem Kranken.

2) Die Beiwörter, welche eine Möglichkeit, Leichtigkeit, Schwierigkeit, Nothwendigkeit, Pflicht, Begierde 2c. anzeigen,

fordern ein Verbum im Infinitiv mit dem Wörtchen zu; z. B. leicht zu bewerkstelligen ꝛc. (Die Nebenwörter hingegen verbinden sich mit dem Infinitiv ohne zu. Z. B. Hier ist gut wohnen).

6. Das Beiwort kann in allen Geschlechtern und Steigerungsstufen auch für sich allein als Nennwort gebraucht, und muß dann mit großem Anfangsbuchstaben geschrieben werden. Es benennt dann entweder einen selbständigen Gegenstand nach einem demselben zukommenden Merkmale (z. B. der Reiche, die Schöne, das Weiße ꝛc.); oder auch das Merkmal für sich als selbständig gedachten Begriff, z. B. das Gute und Böse, das Recht und Unrecht, das Grün ꝛc.

Anmerk. Die im männlichen und weiblichen Geschlecht substantivisch gebrauchten Beiwörter folgen anz der Biegung des attributiven Adjectivs, sowohl mit, als ohne Artikel oder Bestimmwort; z. B. der Weise, ein Weiser; M. Weise, die Weisen; so auch: der Deutsche, ein Deutscher ꝛc.; die weiblichen aber behalten auch ohne Artikel in der Mehrheit das n, z. B. Schönen, außer im Genitiv: Schöner (gew. der Schönen). — Das im sächlichen Geschlecht substantivisch gebrauchte Beiwort wird ganz nach der starken Substantiv-Declination gebeugt, wenn es in der reinen Grundform ohne das Einverleibungs-e steht; z. B. das Grün, des Grüns ꝛc.; mit der Einverleibungs- und Geschlechts-Endung aber ist seine Declination die des attributiven Adjectivs; z. B. das Grüne, Gute, Schöne; des Grünen, Guten, Schönen ꝛc.; ein Ganzes, eines Ganzen ꝛc. Doch fehlt ihm in der Regel die Mehrheit.

Übungsaufgaben

über die Steigerung, Einverleibung, Geschlechtswandlung und Biegung des Beiwortes nach Seite 43 ꝛc.

(Mit versteckten Fehlern, die unter den breiter gedruckten Wörtern zu suchen sind.)

Einheit. Nom. Der fruchtbare Baum; dieser schöne, fruchtbare Garten; jenes wohlbebaute Feld; ein fleißiger Landmann; unser gute Freund; kein reicher, aber geehrte Mann; manches brave Mädchen; schönes, kostbares Metall; unnützes, lächerliches Zeug; der theilnehmendste Freund und größter Wohlthäter; dieser sein guter Nachbar; gesunder, rother Wein; reifes, saftiges Obst.

Gen. Meines redlichen Freundes; des verstorbenen Pachters; unsrer guter Mutter; manches folgsamen Kindes; reines Herzens; frohes Muthes; aller möglichen Mühe ungeachtet.

Dat. Mit allem möglichen Fleiße; mit großen Eifer und beharrlicher Treue; ein Mann von vielem Ansehen, von vornehmem Stande; diesem großem Gelehrten; allem äußeren Ansehen nach.

Acc. Alles reife Obst; jedes junges Bäumchen; mein ganzes Glück; dieses ganze Glück; er that's auf anhaltendes Bitten; solches anhaltendes Bitten; dieses euer anhaltendes Bitten; folgendes rühmliches Beispiel.

Voc. Guter, armer Mann! unglückliches, bedauernswürdiges Mädchen!

Mehrheit. Nom. Diese gute Freunde; meine treuen Nachbarn; unsere beiden Gesellschafter; viele gelehrten Männer; gute wissenschaftliche Bücher; alle gute und nützliche Werke; wir armen Leute; meine älteste Brüder.

Gen. Dieser wichtiger Ursachen wegen; wichtiger Ursachen wegen; welcher neuen, merkwürdigen Auftritte; die Fehler großer Städte; vieler großer Städte. Die Menge aller auf dem Marsche begriffener spanischer und portugiesischer Kriegsgefangenen ꝛc. Die Unterstützung solcher dürftigen Leute ꝛc.

Acc. Er sah diese großen Städte, manche große und kleine Städte, auch einige ansehnlichen Dörfer.

Voc. O ihr glücklichen, von dem Kriegsschauplatze entfernten Länder! glückliche Länder! liebe, gute Kinder! meine lieben Kinder! meine wertheste Freunde! (21 Fehler.)

Fünfter Abschnitt.
Das Zahlwort oder Numerale.

Die Zahlwörter (Numeralien) bezeichnen die Anzahl oder Menge der Gegenstände, oder auch die Ausdehnung stetiger Größen. Dies geschieht entweder bestimmt, oder unbestimmt und allgemein.

I. Bestimmte Zahlwörter.

1. Die Haupt= oder Grundzahlen (cardinalia) stehen auf die Frage wie viel? und bezeichnen die Anzahl der vorhandenen oder gedachten Gegenstände einer Art; z. B. eins, zwei, drei, elf 2c.

Beim bloßen Zählen sagt man eins; folgt aber ein Nennwort oder auch ein anderes Zahlwort darauf, so heißt es ein; z. B. ein Pfund, eintausend, ein und dreißig 2c.

Das Zahlwort ein wird vor Nennwörtern declinirt wie der Artikel ein, sobald es kein anderes Bestimmwort vor sich hat (ein Mann, eine Frau 2c.); geht ihm aber ein anderes stark biegendes Bestimmwort voraus, so nimmt es die schwache Adjectiv=Biegung an (der eine, des einen 2c.). Hat das vorhergehende Bestimmwort die mangelhafte Biegung, als mein, dein 2c., so folgt das Zahlwort ein der gemischten Adjectiv=Biegung (mein einer Sohn, meine eine Tochter 2c.); steht es allein in Beziehung auf ein vorhergehendes oder nachfolgendes Nennwort, so hat es die vollständige starke Adjectiv=Biegung (N. einer, eine, eines oder eins; G. eines, einer, eines 2c).

Die Zahlwörter zwei und drei werden nur dann, und zwar ohne Rücksicht auf die Verschiedenheit des Geschlechts, declinirt, wenn kein anderes Bestimmwort vor ihnen steht. Sie lauten dann im Genitiv: zweier, dreier; im Dat. zweien, dreien; im Acc. zwei, drei.

Anmerk. Von zwei verbundenen oder im Gedanken zusammengefaßten Gegenständen sagt man statt zwei auch beide.

Die übrigen Grundzahlen werden nur im Dativ declinirt, wenn sie ohne ein Nennwort stehen; z. B. auf allen Vieren kriechen, mit Sechsen fahren, es mit Zwanzigen aufnehmen 2c.

Bemerkungen.

1. Die Grundzahlen stehen auch als wirkliche Nennwörter: die Eins, die Sechs 2c., in der Mehrheit: die Einsen, Sechsen 2c.

2. Von den Grundzahlen lassen sich Nennwörter ableiten durch die Endsilben: er, ling; z. B. Einer, Dreier, Zwilling 2c.

2. Die Ordnungszahlen (ordinalia) werden aus den Grundzahlen gebildet. Sie stehen auf die Frage: der wie vielste? und weisen einem Gegenstande eine bestimmte Stelle in einer Reihe an, z. B. der erste, zweite, dritte, vierte, hundertste (z. B. Tag) 2c.; sie werden wie Beiwörter declinirt.

Bemerkungen.

1. Unterscheide: der Zweite und der Andere!

2. Von den Ordnungszahlen lassen sich Nennwörter und Nebenwörter ableiten durch die Endungen tel, ens; so wie adjectivische Zusammensetzungen mit halb bilden (drittehalb 2c.), welche unbiegsam sind.

II. Unbestimmte oder allgemeine Zahlwörter.

Diese drücken eine gewisse Menge der Dinge oder auch die Ausdehnung eines Stoffes aus, ohne genaue Angabe der Anzahl oder Größe. Dahin gehören:

Aller, alle, alles hat die vollständige starke Adjectiv=Declination: Mehrh. N. alle, G. -r, D. -n, A. alle. Dieses Wort leidet keinen Artikel, wohl aber ein Fürwort vor sich. Mit einem solchen in der Einheit des sächlichen Geschlechts verbunden, behält es (nach S. 47. 4) in allen Fällen die vollständige starke Biegung; z. B. dieses oder das alles, bei dem allem (nicht allen) ec. Steht noch ein Nennwort dabei, so nimmt alles die erste Stelle ein; z. B. alles dieses Geld ec. Anmerk. Vor einem Pronomen kann aller ec. jedoch auch zu all verkürzt werden und bleibt dann unverändert; z. B. all mein Geld; all seine Reichthümer; bei all dem (nicht: bei alle dem).

Sämmtlich — sämmtlicher, -e, -es, und der, die, das gesammte, die gesammten ec. bedeuten so viel wie all ec. mit dem Nebenbegriffe der Zusammenfassung, und werden regelmäßig wie Beiwörter declinirt: sämmtlich sowohl ohne, als mit Artikel; gesammt nur nach einem Artikel oder Bestimmworte.

Ganz drückt immer ein Maß oder einen Umfang, nie eine Zahl aus, wodurch es sich von all unterscheidet. Vergl. z. B. alle Tage, und: ganze oder die ganzen Tage; alle Äpfel, die ganzen Äpfel.

Jeder, jede, jedes (wofür auch jeglicher, jedweder gebraucht werden) ist vereinzelnd, während all zusammenfassend ist; vergl. alle Menschen und jeder Mensch. Jeder ist daher ohne Mehrheit. Es folgt der starken, oder in Verbindung mit ein der gemischten Adjectiv=Declination.

Kein, keine, kein (vor einem Nennworte) oder keiner, keine, keines (ohne Nennwort) wird immer ohne Artikel, ganz wie das Zahlwort ein, im Plural aber nach der starken Adjectiv=Declination gebeugt. Es drückt als verneinendes Zahlwort das Gegentheil von jeder und aller aus.

Einiger, einige, einiges, und etliche (letzteres gewöhnlich nur in der Mehrheit gebraucht) leiden kein Bestimmwort vor sich und folgen der starken Adjectiv=Declination. Ebenso mancher, manche, manches. Erstere bezeichnen nicht bloß eine unbestimmte geringe Anzahl von Gegenständen, sondern auch einen unbestimmten Theil eines Stoffes; mancher hingegen nur mehre unbestimmte Dinge, einzeln betrachtet, also immer einen Zahlbegriff.

Viel, mehr, wenig bleiben ungebeugt, wenn sie einen Maßbegriff, d. i. die Ausdehnung einer ungetheilt gedachten Masse ausdrücken. Bezeichnen sie aber einen Zahlbegriff, d. i. eine Mehrheit einzelner Dinge, so werden sie wie Adjective gebeugt, und lauten dann: vieler, e, es; mehrer, e, es; weniger, e, es. Unterscheide demnach: viel Wein und vieler Wein; wenig Bücher und wenige Bücher. Viel Menschen essen mehr, als wenig Menschen. Viele Menschen können keine Milch essen. Lerne nicht Vieles, sondern viel! ec. — Nur wenn vor viel und wenig ein Artikel oder ein Pronomen steht, werden sie in jeder Bedeutung gebeugt; z. B. das viele Geld; sein weniges Geld ec.

Genug, etwas, nichts sind völlig unbiegsam.

Anmerk. 1. Nur wenig und viel werden gesteigert; s. o. S. 43. Anmerk. 7.

2. Sowohl die bestimmten, als die unbestimmten Zahlwörter werden mit mal, fach (oder fältig), lei zusammengesetzt, um Wiederholungs-, Doppelungs- und Gattungs- oder Artzahlen zu bilden.

Bemerkungen über den Gebrauch der Zahlwörter.

1. Die Grundzahlen können auch zuweilen mit Auslassung eines in Gedanken zu ergänzenden Nennwortes (namentlich Uhr oder Jahr) stehen. Z. B. Es schlägt drei (Uhr). Wir schreiben jetzt eintausend achthundert und acht und siebzig (Jahr nach Chr. Geb.). Die Ordnungszahlen hingegen erfordern, wenn sie eine Zeit bestimmen, allemal das Nennwort nach sich; nur das Wort Tag wird bei Angabe des Monatstages gewöhnlich ausgelassen; z. B. wir schreiben heute den sechzehnten 2c.

2. Treten Ordnungszahlen in Verbindung mit Eigennamen zur unterscheidenden Bezeichnung derselben, so stehen sie hinter denselben; z. B. Karl der Fünfte (nämlich Kaiser dieses Namens), Friedrich der Zweite 2c.

3. Sämmtliche Zahlwörter, die einen Theil von einer Summe bezeichnen können (also mit Ausnahme von aller und sämmtlicher), werden in diesem Falle mit dem Genitiv des Nennwortes verbunden; z. B. drei meiner Brüder; viele seiner Freunde 2c. Unterscheide davon: meine drei Brüder; seine vielen Freunde.

4. Der Genitiv der persönlichen Fürwörter tritt, wenn er von einem Zahlworte regiert wird, allemal vor dasselbe. Z. B. Es waren unser zwölf.

4. Um die durch ein bestimmtes Zahlwort ausgedrückte Zahl als eine nicht völlig gewisse, nur ungefähre zu bezeichnen, gebraucht man die Wörter etwa, ungefähr, beinahe, fast, kaum, gegen, an die 2c. (nicht gut beiläufig); auch bis, oder, wenn die Bestimmung zwischen zwei Zahlen schwankt; ferner: und einige oder etliche, um einen Überschuß über eine bestimmte Zahl auszudrücken; z. B. zwanzig und einige Jahre. Nicht gut sind aber Ausdrücke, wie: einige zwanzig Jahr; ein Stücker zehn; eine acht oder vierzehn Tage 2c.

Übungsaufgaben.

Sechster Abschnitt.
Das Verbum (Rede- oder Zeitwort).

Das Verbum oder Redewort ist ein Merkmalswort (Attributivum), welches einen zeitlichen Zustand, ein Thun oder Leiden eines Gegenstandes ausdrückt und zugleich selbst die Fähigkeit, diesen Inhalt dem Subjecte beizulegen, oder die Kraft der Aussage hat. Es sagt also von einem Gegenstande aus, daß derselbe sich in einem Zustande befindet, oder etwas thut, oder etwas erleidet. Weil es nothwendig die Zeitbestimmung enthält, wird es auch Zeitwort genannt.

Gewöhnlich giebt man jedes Verbum für sich betrachtet in der Form an, welche seinen Inhalt auf die allgemeinste und unbestimmteste Weise außer aller grammatischen Beziehung und Redeverbindung bezeichnet, z. B. lesen, reden 2c. Diese heißt der Infinitiv und ist eine dem Substantiv am nächsten verwandte Nennform des Verbums (s. w. u.).

1. Arten der Verba.

Alle Verba sind von Natur Stoffwörter. Das Verbum sein wird jedoch als logische Copula (s. o. S. 21. 2) zum bloß verknüpfenden Formworte; z. B. Gott ist allmächtig. Der Baum ist grün. Man nennt es in dieser Anwendung verbum abstractum (weniger gut v. substantivum) oder reines Verbum. Auch werden kann die Bedeutung eines bloßen Formwortes annehmen, und ist dann gleichfalls verbum abstractum. Alle andern sind verba concreta (auch verba adjectiva genannt) oder gemischte Verba.

Außerdem theilen sich alle Verba in:

1. Subjective Verba, die einen ruhigen Zustand des Subjects oder doch eine solche Thätigkeit desselben ausdrücken, welche nicht unmittelbar auf einen andern Gegenstand einwirkt; z. B. ich schlafe, sitze, gehe, laufe.

2. Objective Verba, die eine Thätigkeit bezeichnen, welche von dem Subjecte ausgehend sich auf irgend einen Gegenstand bezieht, und daher ein Gegenstandswort in einem der drei abhängigen Verhältnißfälle erfordern, z. B. im Genitiv: ich gedenke meines Freundes; im Dativ: ich danke meinem Freunde; oder im Accusativ: ich liebe meinen Freund.

Das im Accusativ stehende Gegenstandswort heißt: das Object oder Zielwort, und objective Verba, die einen Accusativ erfordern, heißen zielende oder Transitiva.

Die übrigen objectiven Verba faßt man mit den subjectiven unter der Benennung Intransitiva (auch Neutra) oder ziellose Verba zusammen. Transitiva sind also z. B. schlagen, loben, laufen rc.; Intransitiva: schlafen, gehen, laufen, spotten, helfen rc.

Die transitiven Verba stehen entweder im Activum (der Thatform), z. B. ich lobe, liebe dich rc., wo der thätige Gegenstand —; oder im Passivum (der Leideform), z. B. du wirst gelobt, geliebt rc., wo der leidende Gegenstand Subject des Satzes ist. Die Intransitiva können kein Passivum bilden, weil bei ihnen kein leidender Gegenstand vorhanden ist; z. B. ich schlafe, helfe rc., nicht: ich werde geschlafen, geholfen. — Activum und Passivum begreift man unter der Benennung Genus oder Form des Verbums.

Anmerk. Es giebt auch Verba, die mit veränderter Bedeutung bald zielend, bald ziellos gebraucht werden; z. B. stürzen, kochen, fahren rc. — Manche ihrer Natur nach ziellose Verba werden zuweilen scheinbar als Transitiva gebraucht; z. B. er schläft den letzten Schlaf u. dergl. m.

Zwischen den zielenden und ziellosen Verben in der Mitte stehen die rückzielenden oder rückwirkenden Verba (Reflexiva), welche eine Thätigkeit oder einen Zustand des Subjects als eine auf dasselbe zurückwirkende Handlung des Subjects darstellen; z. B. ich freue mich, du grämst dich, er sehnt sich rc.

Anmerk. 1. Einige Verba sind immer Reflexiva (wie die obigen); andere können auch transitiv gebraucht werden; z. B. er ärgert ihn, und er ärgert sich; sie fürchtet die Gefahr, und sie fürchtet sich vor der Gefahr. — Werden transitive Verba als solche rückzielend gebraucht, so sind sie nur uneigentliche Reflexiva; z. B. ich lobe mich; er liebt sich selbst am meisten rc.

2. Manche ziellosen und zielenden Verba werden in Verbindung mit einem Adjectiv, welches die Wirkung des Thuns oder Zustandes auf das Subject ausdrückt, rückzielend gebraucht; z. B. ich stehe mich müde; er arbeitet sich todt.

3. Das rückzielende Verbum ist von dem gegenseitig zielenden oder

wechselbezüglichen (verbum reciprocum) zu unterscheiden, welches das Thun mehrer Subjecte als ein wechselseitig einwirkendes darstellt; z. B. wir lieben einander; sie erschreckten einander; versch. sie erschraken sich.

Alle Verba sind ferner entweder 1) persönliche, die mit einem genau bestimmten Subjecte in jeder der drei Personen verbunden werden können, oder 2) unpersönliche, durch welche ein Zustand oder Vorgang ohne ein bestimmtes Subject mit vorgesetztem es ausgedrückt wird (verba impersonalia); z. B. es regnet, es blitzt 2c. Manche Verba werden nur in gewissen unbestimmten Redeweisen als unpersönliche gebraucht; z. B. es schlägt vier, es heißt.

Die sogenannten Hülfsverba (an und für sich theils Transitiva, theils Intransitiva) machen nur in Hinsicht ihres gewöhnlichen Gebrauchs eine besondere Gattung aus. Sie dienen nämlich den Verben in ihrer Conjugation, um gewisse Begriffe, welche durch einfache Biegungsformen nicht bezeichnet werden können, umschreibend auszudrücken. 1) Unterschiede der Zeit (des Tempus) und des Genus (namentlich das Passivum) werden durch sein, haben und werden ausgedrückt, welche vorzugsweise und im engeren Sinne Hülfsverba (verba auxiliaria) heißen. 2) Unterschiede' der Redeweise oder des Modus werden ausgedrückt durch: können, dürfen, mögen, müssen, sollen, wollen, lassen, welche man daher Hülfsverba des Modus nennen kann.

2. Bildung der Verba.

Sie sind theils 1) Stammwörter, wie gehen 2c., theils 2) abgeleitete, wie hämmern 2c., theils 3) zusammengesetzte, wie hochachten, auferstehen 2c.

1. Die Ableitung der Verba geschieht:

1) durch bloße Anfügung der Verbal=Endungen sowohl an Substantive, z. B. fischen, schiffen, hausen 2c., als an Adjective, z. B. stärken, wärmen, grünen 2c.

2) durch innere Buchstaben=Veränderung, insbesondere durch Umlautung des Vocals; so entstehen von fallen, hangen, saugen 2c. die Factitiva (Bewirkungswörter): fällen, hängen, säugen 2c.; seltener durch Veränderung der Consonanten; z. B. stehen — stellen, wachen — wecken 2c.

3) durch Ableitungssilben, und zwar sowohl Vor=, als Nachsilben.

Die wichtigsten Nachsilben oder vielmehr Endungen sind:

chen und ken haben verstärkende Kraft; z. B. horchen von hören; henken von hängen.

eln drückt Verkleinerung, Wiederholung, Nachahmung aus, oder macht verächtlich; z. B. kränkeln, spötteln, schnitzeln, streicheln, klügeln 2c.

ern zeigt Wiederholung an, z. B. klappern, stochern; auch Neigung oder Begierde, z. B. schläfern; bildet auch Factitiva, wie räuchern, einschläfern.

schen nur in herrschen, feilschen, forschen.

zen drückt Wiederholung eines Lautes aus in: ächzen, jauchzen, schluchzen.

igen ist in den meisten Fällen ohne bestimmte Bedeutung, z. B. reinigen, ängstigen, verkündigen 2c. (neben ängsten, verkünden). In vielen Verben gehört das ig schon dem adjectivischen Stammworte an; z. B. heiligen, kräftigen, mäßigen.

iren, eine undeutsche Bildungssilbe in vielen fremden Wörtern, wie studiren, marschiren; aber auch in halbiren, buchstabiren, schattiren u. m. a.

Die wichtigsten Vorsilben sind:

ge ändert, ohne fest bestimmte Bedeutung, doch gewöhnlich den Sinn des Stammwortes; z. B. brauchen — gebrauchen; rathen — gerathen 2c.

be (von bei) drückt im Allgemeinen eine Betheilung oder Begabung mit etwas aus; insbesondere bewirkt sie die Beziehung eines Thuns oder Vorganges auf einen Gegenstand, z. B. fallen — befallen; weinen — beweinen; und drückt in Verben, die von Nenn- oder Beiwörtern gebildet sind, das Begaben oder Versehen mit dem Stammbegriff aus; z. B. beflügeln, belauben, befreien.

ent (statt dessen vor f auch emp steht, jedoch nur in den 3 Verben: empfangen, empfehlen, empfinden) heißt eigentlich gegen, entgegen, und drückt Annäherung oder Zusammentreffen aus in: entbieten, empfangen, empfinden 2c.; ferner das Versetzen oder Übergehen in einen Zustand, z. B. entzünden, entblößen, entschlafen 2c.; ganz besonders aber eine Entfernung, Trennung oder Beraubung; z. B. entfallen, entführen, entblättern, entfärben.

er (ursprünglich = ur, vgl. S. 30) bedeutet eigentlich: von innen heraus, hervor, z. B. in ergießen, ergeben; dann Bewegung in die Höhe (sinnv. auf), z. B. erbauen, errichten, erziehen; Gerathen in einen Zustand: erwachen, erzittern, erstaunen; Vollbringung, Vollendung oder Gelangung zum Zweck: erschöpfen, ergründen, erleben; in der Regel verbunden mit der Richtung auf einen persönlichen Gegenstand, z. B. erbitten, erkaufen, erreichen.

ver bedeutet ursprünglich fort, weg und drückt daher eine von dem persönlichen Subject abgewendete Richtung aus, z. B. verlaufen; insbesondere Verlust, Verderben, Verfehlen, z. B. verschwenden, verlernen, verthun; Ende oder Vollbringung: verbluten, verfließen, verwesen; ein Bedecken oder Verschließen: verbauen, vergraben; auch das Versetzen oder Gerathen in einen Zustand: verblenden, veralten, verwaisen 2c.

zer zeigt Trennung, Auseinanderfallen oder Auseinanderlegen eines Dinges in seine Theile an, z. B. zerbrechen, zerstreuen, zerstören 2c.

miß (vergl. S. 30) bezeichnet Mangelhaftigkeit, Unrecht (sinnv. fehl, falsch), z. B. mißbrauchen, mißdeuten; oder bewirkt die völlige Aufhebung und Umkehrung des Stammbegriffes, z. B. mißbilligen, mißtrauen 2c.

Wenn ich z. B. fallen, rathen, richten, schreiben, schlagen 2c. mit diesen verschiedenen Vorsilben verbinde: so erhalten jene Verba jedesmal eine andere Bedeutung.

2) **Zusammengesetzt** werden einfache Verba mit Nenn- und Beiwörtern, am meisten aber mit Partikeln; z. B. hohnlächeln, hochachten; abschrecken, mitbringen, übersetzen 2c.

3. Biegung oder Conjugation der Verba.

A. Vorbegriffe zur Conjugation.

Die sämmtlichen Biegungsformen des Verbums sind theils 1) Redeformen, in welchen die aussagende Kraft enthalten ist, z. B. ich lese, er schreibt, er schrieb 2c.; theils 2) Nennformen, welche den Merkmalsbegriff in nenn- oder beiwörtlicher Gestalt ohne die Kraft der Aussage enthalten; z. B. lesen, schreiben; lesend, schreibend, geschrieben.

I. Bestandtheile der Redeformen sind:

1. Die **Person** und 2. die **Zahl** oder der Numerus (vergl. S. 22 f.). Der Unterschied der 3 grammatischen Personen wird nämlich nicht allein durch die persönlichen Fürwörter ich, du, er 2c. (s. S. 37), sondern auch durch eigenthümliche Endungen des Verbums selbst ausgedrückt; ebenso nimmt das Verbum eine verschiedene Form an, je nachdem die Zahlform des Subjects der Singularis, oder der

Pluralis ist; z. B. Sing. ich schreibe, du schreibst, er schreibt; Plur. wir schreiben, ihr schreibet, sie schreiben.

3. Die Zeit oder das Tempus, worin das geschieht, was von dem Subjecte ausgesagt wird, ist in Beziehung auf den Zeitpunkt, in welchem der Redende sich befindet, dreifach:

    1) Gegenwart (tempus praesens); z. B. er lieset.
    2) Vergangenheit (tempus praeteritum); z. B. er las.
    3) Zukunft (tempus futurum); z. B. er wird lesen.

Jede Handlung aber enthält in sich selbst drei Momente oder Stufen: Anfang, Mitte oder Währung, und Ende. Da sich nun eine Handlung nach jeder dieser 3 Stufen in allen 3 Zeit-Abschnitten auffassen läßt, so sind 9 bestimmte oder begrenzte Zeiten (tempora definita) denkbar:

	Gegenwart (*Praesens*):	Vergangenheit (*Praeteritum*):	Zukunft (*Futurum*):
Beginnende Handlung	er ist im Begriff zu lesen	er war im Begriff zu lesen	er wird im Begriff sein zu lesen
Währende Handlung. *Imperfectum.*	er liest	er las	er wird lesen
Vollendete Handlung. *Perfectum*	er hat gelesen	er hatte gelesen	er wird gelesen haben.

Von diesen werden nur die 6 Formen der währenden und vollendeten Handlung in der deutschen Conjugation aufgeführt, als:

    1) die währende Gegenwart (gewöhnlich Präsens genannt): ich lese, du arbeitest, wir hören &c.
    2) die vollendete Gegenwart (oder das Perfectum): ich habe gelesen, du hast geschrieben, wir sind gekommen &c.
    3) die währende Vergangenheit (das Imperfectum): ich las, du schriebst &c.
    4) die vollendete Vergangenheit (das Plusquamperfectum): ich hatte gelesen, er war gekommen &c.
    5) die währende Zukunft (das Futurum absolutum): ich werde lesen, er wird kommen &c.
    6) die vollendete Zukunft (Futurum exactum): ich werde gelesen haben, er wird gekommen sein &c.

Soll eine Handlung, ohne Hinsicht auf ihre 3 Momente, nur im Allgemeinen in einem der 3 Zeit=Abschnitte angegeben werden: so entstehen 3 unbegrenzte Zeiten (tempora indefinita, im Griechischen Aoriste genannt). Das deutsche Verbum hat jedoch für diese Zeitbegriffe keine eigenthümlichen Zeitformen, sondern bedient sich dafür der 3 Formen der währenden Handlung, welche demnach zugleich ausdrücken:

    1) die unbegrenzte Gegenwart. Z. B. Die Nachtigall singt (wenn auch nicht in diesem Augenblicke); ich esse im Garten (gewöhnlich &c.); er liest gut; der Donner rollt (nämlich so oft er da ist).
    2) die unbegrenzte Vergangenheit (als erzählend &c.): Ich ging einmal spazieren. Cäsar ward ermordet.
    3) die unbegrenzte Zukunft: Wenn du nicht fleißig bist, so wirst du nichts lernen.

4. Der **Modus**, die **Rede=** oder **Aussageweise**, d. i. die Denkform, unter welcher die Vorstellung des Redenden Subject und Prädicat mit einander verknüpft, ist dreifach:

1) der **Indicativ**, die Anzeige= oder bestimmte Aussageweise, der Modus der Wirklichkeit; z. B. ich lese, ich las.

2) der **Conjunctiv**, die Beding= oder Abhängigkeitsweise, der Modus der Möglichkeit; z. B. er wünscht, daß ich lese; ich läse gern, wenn 2c.

3) der **Imperativ**, die Befehlweise, der Modus der Nothwendigkeit; z. B. lies, leset!

II. **Nennformen** des Verbums sind: der Infinitiv (vergl. o. S. 51) und das Particip (f. S. 21). — Der **Infinitiv** nennt die Thätigkeit oder den Zustand, welcher den Inhalt des Verbums ausmacht, ganz allgemein, ist also das Verbum in substantiver Gestalt. Z. B. Reden hat seine Zeit, und schweigen hat seine Zeit. Geben ist seliger, als nehmen. — Das **Participium** oder **Mittelwort** stellt den Inhalt des Verbums in der Form eines Adjectivs dar, indem es die Thätigkeit oder den Zustand als eine einem Gegenstande beizulegende Eigenschaft bezeichnet; z. B. der Kranke ist sterbend; die liebenden Aeltern; das geliebte Kind.

<small>**Anmerk.** Beide können nicht als **Modi** angesehen werden, da ihnen die Kraft der Aussage fehlt, in welcher gerade der Modusbegriff liegt. Sie sind aber eben so wenig vom Verbum abgeleitete selbstständige Renn= und Beiwörter, sondern wirkliche Biegungsformen des Verbums, da sie den zeitlichen Thätigkeits= oder Zustandsbegriff desselben darstellen, seiner Rection fähig sind und zur Bildung mancher durch Umschreibung ausgedrückten Redeformen dienen.</small>

Infinitiv und **Particip** haben mit den Redeformen des Verbums nur die **Genus=Unterschiede** (Activum und Passivum) und die **Zeitunterschiede** gemein, letztere jedoch beschränkt auf die drei Zeitmomente oder Stufen, welche in der Handlung selbst liegen (f. o. S. 55). Es kann daher sowohl im Activum, als im Passivum 3 Infinitive und 3 Participien für die beginnende, währende, und vollendete Handlung geben.

Das deutsche Verbum bildet aber nur: 1) den **Infinitiv der währenden Handlung** (gewöhnlich inf. praesentis genannt) im Activum durch eine einfache Form, z. B. lieben; 2) den **Infinitiv der Währung im Passiv**, z. B. geliebt werden; so wie 3) den **Infinitiv der vollendeten Handlung** (inf. perfecti) im Activ, z. B. geliebt haben, und 4) im Passiv, geliebt worden sein, durch umschreibende Ausdrücke.

An **Participien** besitzt das deutsche Verbum nur: 1) das **Particip der währenden Handlung** (gewöhnlich part. praesentis genannt) im Activum, z. B. liebend, sterbend 2c.; und 2) das **Particip der vollendeten Handlung** (part. perfecti), welches, von transitiven Verben gebildet, passive Bedeutung hat, z. B. geliebt, gelesen; von ziellosen und rückzielenden Verben gebildet, Vollendung des Zustandes oder Thuns ausdrückt, z. B. geschlafen, gestorben, gefreut.

<small>**Anmerk.** Als **Particip für die beginnende Handlung im Passiv** ist aus der Verbindung des Infinitivs mit zu (z. B. das Kind ist zu loben, die Gefahr ist zu fürchten) die Form zu lobend, zu fürchtend 2c. gebildet worden, welche nur attributivisch gebraucht wird; z. B. ein zu lobendes Kind, die zu fürchtende Gefahr.</small>

Das **1ste Particip** wird immer durch Anhängung eines b an den Infinitiv gebildet. Das **2te Particip** hat entweder (in der starken

Conjugation) die Endung en, oder (in der schwachen Conjugation, s. w. u.) die Endung et, t; in der Regel aber zugleich die Vorsilbe ge; z. B. gelesen, geschrieben, geredet, geliebt, geändert 2c.

Die Vorsilbe ge fällt jedoch weg vor denjenigen Verben, welche mit einer tonlosen oder schwachtonigen Silbe anfangen. Hierher gehören: 1) die Verba auf iren; 2) die mit den tonlosen Vorsilben be (be-un), emp, ent, er, ge, ver (verab, verun), zer, miß anfangen; 3) alle mit durch, hinter, über, um, unter, voll, wider und wieder zusammengesetzten, welche den Ton auf der Stammsilbe des Verbums haben; also: studirt begehrt, mißlungen, durchwacht, vollbracht, widersprochen 2c.; 4) verliert auch das Verbum werden das ge des Particips, wenn es als bloßes Hülfswort gebraucht wird.

Trennbarkeit und Untrennbarkeit zusammengesetzter Verba.

Die zusammengesetzten Verba sind theils untrennbar oder echt, theils trennbar oder unecht zusammengesetzt.

Anmerk. Die Trennung findet nur Statt im Imperativ und im Präsens und Imperfectum Ind. und Conj., wenn der Satz die regelmäßige Wortfolge des Hauptsatzes hat; z. B. steh auf! ich stehe auf, er stand auf; der Frühling fängt an 2c. — Das ge des Particips und die Partikel zu vor dem Infinitiv werden bei trennbaren Verben zwischen die Glieder der Zusammensetzung eingefügt; z. B. aufgestanden, angefangen, aufzustehen 2c.

1. Die mit Nenn= oder Beiwörtern zusammengesetzten Verba sind in der Regel untrennbar und setzen (da sie mit einer betonten Silbe beginnen) das ge des Particips voran; z. B. ich handhabe, er wahrsagt; gehandhabt, gewahrsagt 2c.

Anmerk. Nur die mit Adjectiven oder Qualitäts-Adverbien so zusammengesetzten Wörter, daß sie mit denselben nicht in einen einfachen Begriff verschmelzen, wie großthun, lossprechen, hochachten, wohlwollen 2c., sind trennbar.

2. Bei den mit Partikeln zusammengesetzten Verben richtet sich die Trennbarkeit nach der Betonung. Liegt der Hauptton auf der Partikel, so ist die Zusammensetzung trennbar; hat aber das Verbum selbst den Hauptton, so ist sie untrennbar, und das ge des Particips fällt dann nach dem Obigen weg.

Trennbar sind demnach alle Zusammensetzungen mit ab, an, auf, aus, bei, dar, ein, fort, her, hin, mit, nach, nieder, ob, vor, weg, zu, zurück, zusammen; z. B. abschreiben, ankommen; ich schreibe ab, er kommt an; angekommen, anzukommen 2c.

Untrennbar die Zusammensetzungen mit wider; z. B. widerfahren, widersprechen: er widerspricht; hat widersprochen 2c.

Bald trennbar, bald untrennbar, je nach der Tonlegung, die mit durch, hinter, über, um, unter, voll und wieder zusammengesetzten Verba; z. B. dúrchreisen und durchréisen; er reiset hier durch; er durchreiset das Land; so auch übersetzen und übersétzen; úmgehen und umgéhen 2c.

Anmerk. Alle durch tonlose Vorsilben abgeleiteten Verba sind natürlich untrennbar; auch die betonte Vorsilbe ant in antworten, Particip: geantwortet. Nur einige mit miß gebildeten Verba sind trennbar, wenn jene Vorsilbe den Hauptton hat; z. B. mißtönen, mißhandeln (d. i. sündigen): mißgetönt, mißgehandelt, mißzutönen 2c.; aber mißhándeln (übel behandeln): mißhándelt (doch auch gemißhandelt); mißfállen, mißbráuchen 2c.

B. Conjugations=Formen.

Die deutsche Conjugation ist theils einfach, theils umschreibend (periphrastisch).

a. Einfache Biegungsformen

sind nur folgende Tempora des Activs: das Präsens Ind. und Conj.; das Präteritum Imperfectum Ind. und Conj.; der Imperativ; der Infinitiv der Währung (inf. praesentis), und die beiden Participien.

Die regelmäßige Bildung dieser einfachen Biegungsformen ist zwiefach verschieden:

1) Die ablautende oder starke Conjugation (ehemals unregelmäßige genannt) bildet dieselben nicht bloß durch Endungen, sondern zugleich durch Verwandlung des Wurzelvocals oder Ablautung (s. o. S. 25. 1); das Präteritum wirft in der 1sten und 3ten Perf. Sing. jede Endung ab; das 2te Particip endigt sich auf en; z. B. ich spreche; ich sprach; gesprochen.

2) Die umendende oder schwache Conjugation (ehemals die regelmäßige genannt) läſſt den Stammvocal unverändert und bildet die Biegungsformen durch bloße Endungen: das Präteritum durch die Endung — te, das 2te Particip durch — et, t; z. B. ich höre; ich hörte; gehört.

I. Starke oder ablautende Conjugation.

1) Ablaute.

Die wichtigsten Biegungsformen, in welchen die Ablautung eintritt, sind: Präsens, Präteritum und 2tes Particip. Wir unterscheiden folgende 6 Ablautreihen, und demnach 6 Klassen ablautender Verba.

1. Drei Lautstufen.

	Präsens.	Präteritum.	Particip.
1ste Klasse:	i, e	a	u, o

2. Zwei Lautstufen.

a. Das Particip mit dem Vocal des Präsens:

	Präsens.	Präteritum.	Particip.
2te Klasse:	e (i)	a	e
3te =	a	u	a
4te =	a (au, u, o)	ie (i)	a (au ꝛc.)

b. Das Particip mit dem Vocal des Präteritums:

	Präsens.	Präteritum.	Particip.
5te Klasse:	ei	i, ie	i, ie
6te =	ie (e, ä, ö)	o	o

Außerdem kommen in der starken Conjugation noch andere, weniger wesentliche Lautverwandlungen vor, namentlich: 1) die Umlautung von a, o, u in ä, ö, ü in der 2ten und 3ten Perf. Sing. des Präsens Ind., z. B. ich falle, du fällst, er fällt, und im Conjunctiv des Präteritums, z. B. ich fand, ich fände; 2) die Lautreinigung, d. i. die Verwandlung des e in das ursprünglichere i in der 2ten und 3ten Perf. Sing. des Präsens Ind. und im Singular des Imperativs, z. B. ich spreche, du sprichst, er spricht; sprich! — Der Infinitiv und das 1ste Particip haben immer mit der 1sten Person des Präsens übereinstimmenden Vocal.

Verzeichniß der ablautenden Verba, in 6 Klassen getheilt*).

1ste Klasse.

Die Verba dieser Klasse zerfallen in drei Arten:

*) Wo der Vocal der 2ten und 3ten Person des Präsens nicht von dem der übrigen Personen und des Infinitivs abweicht, ist die zweite Rubrik durch — — ausgefüllt. Ein *

a. Präf. i, Prät. a (ä), Part. u.

Infinitiv.	Präſens 2. u. 3. P.		Imperativ.	Präteritum Ind. u. Conj.	Particip.
binden	—	—	binde	band, bände	gebunden
bringen	—	—	bringe	brang, bränge	gebrungen

Ebenſo: finden, gelingen, klingen, ringen, ſchlingen, ſchwinden, ſchwingen, ſingen, ſinken, ſpringen, ſtinken, trinken, winden, zwingen.

b. Präf. i, Prät. a (ä, ö), Part. o.

beginnen	—	—	beginne	begann, begänne, (gew. begönne)	begonnen

Ebenſo: gewinnen, rinnen, ſchwimmen, ſinnen, ſpinnen.

c. Präf. e (i, ie), Prät. a (ä, ö), Part. o.

befehlen	befiehlſt, befiehlt	befiehl		befahl, befähle (gew. beföhle)	befohlen
bergen	birgſt, birgt	birg		barg, bärge (börge)	geborgen
berſten	*(birſteſt), *birſt	*birſt		barſt, bärſte (borſt, börſte)	geborſten
brechen	brichſt, bricht	brich		brach, bräche	gebrochen
dreſchen	*driſcheſt, *driſcht	*driſch		*braſch, bräſche (broſch, bröſche)	gebroſchen
empfehlen	empfiehlſt, empfiehlt	empfiehl		empfahl, empfähle (empföhle)	empfohlen
gebären	*gebierſt, *gebiert	*gebier		gebar, gebäre	geboren
gelten	giltſt, gilt	gilt		galt, gälte (gölte)	gegolten
helfen	hilfſt, hilft	hilf		half, hälfe (hülfe)	geholfen
nehmen	nimmſt, nimmt	nimm·		nahm, nähme	genommen
ſchelten	ſchiltſt, ſchilt	ſchilt		ſchalt, ſchälte (ſchölte)	geſcholten
ſchrecken[1]	ſchrickſt, ſchrickt	ſchrick		ſchrak, ſchräke	geſchrocken
ſprechen	ſprichſt, ſpricht	ſprich		ſprach, ſpräche	geſprochen
ſtechen	ſtichſt, ſticht	ſtich		ſtach, ſtäche	geſtochen
ſtehlen	ſtiehlſt, ſtiehlt	ſtiehl		ſtahl, ſtähle (ſtöhle)	geſtohlen
ſterben	ſtirbſt, ſtirbt	ſtirb		ſtarb (ſtärbe) gew. ſtürbe	geſtorben
treffen	triffſt, trifft	triff		traf, träfe	getroffen
verderben[1]	verdirbſt, verdirbt	verdirb		verdarb, (verdärbe) verdürbe	verdorben
werben	wirbſt, wirbt	wirb		warb, (wärbe) würbe	geworben
werden[2]	wirſt, wird	werde		ward, würde	geworden
werfen	wirfſt, wirft	wirf		warf, (wärfe) würfe	geworfen

Unregelmäßig iſt:

kommen	kommſt, kommt	komm		kam, käme	gekommen

2te Klaſſe.

Präf. e (i, ie), Prät. a (ä), Part. e.

eſſen	iſſeſt, iſſt	iß		aß, äße	gegeſſen[3]
freſſen	friſſeſt, friſſt	friß		fraß, fräße	gefreſſen
geben	giebſt, giebt	gieb		gab, gäbe	gegeben

zeigt an, daß das Verbum oder die einzelne Form, welcher dies Zeichen vorgeſetzt iſt, auch ſchwach biegt.

[1] ſchrecken oder gewöhnlich erſchrecken biegt nur als Intranſitivum ſtark: du erſchrickſt, ich erſchrak, bin erſchrocken; als Tranſitivum ſchwach: du erſchreckſt mich; er erſchreckt ſie, hat ſie erſchreckt. Ebenſo verderben intranſitiv: er verdirbt, verdarb, iſt verdorben; tranſitiv: er verderbt ihn, hat ihn verderbt.

[2] werden iſt unregelmäßig; ſ. w. u. die vollſtändige Conjugation.

[3] mit eingeſchaltetem g ſtatt geeſſen.

Infinitiv.	Präsens 2. u. 3. P.	Imperativ.	Präteritum Ind. u. Conj.	Particip.
genesen	—	genese	*genas, genäse	genesen
geschehen	(geschiehst), geschieht	(geschieh)	geschah, geschähe	geschehen
lesen	liesest, lies't	lies	las, läse	gelesen
messen	missest, misst	miß	maß, mäße	gemessen
sehen	siehst, sieht	sieh	sah, sähe	gesehen
treten	trittst, tritt	tritt	trat, träte	getreten
vergessen	vergissest, vergisst	vergiß	vergaß, vergäße	vergessen

Nur folgende drei haben das ursprüngliche i in allen Präsensformen beibehalten:

bitten	— — —	bitte	bat, bäte	gebeten
liegen	— — —	liege	lag, läge	gelegen
sitzen	— — —	sitze	saß, säße	gesessen

3te Klasse.

Präs. a (ä), Prät. u. (ü), Part. a.

backen	*bäckst, bäckt	backe	*buk, büke	gebacken
fahren	fährst, fährt	fahre	fuhr, führe	gefahren
graben	gräbst, gräbt	grabe	grub, grübe	gegraben
laden	*(lädst, lädt)	lade	*lud, lüde	geladen
mahlen[4]	*(mählst, mählt)	mahle	— —	gemahlen
schaffen[5]		schaffe	schuf, schüfe	geschaffen
schlagen	schlägst, schlägt	schlage	schlug, schlüge	geschlagen
tragen	trägst, trägt	trage	trug, trüge	getragen
wachsen	wächsest, wächst	wachse	wuchs, wüchse	gewachsen
waschen	wäschest, wäscht	wasche	wusch, wüsche	gewaschen

4te Klasse.

Präs. a (ä), au, u, o; Prät. ie, i; Part. a, au, u, o.

blasen	bläsest, bläs't	blase	blies, bliese	geblasen
braten[6]	*brätst, brät	brate	*briet, briete	gebraten
fallen	fällst, fällt	falle	fiel, fiele	gefallen
falten[7]		falte	— —	gefalten
fangen	fängst, fängt	fange	fing, finge	gefangen
halten	hältst, hält	halte	hielt, hielte	gehalten
hangen[8]	hängst, hängt	hange	hing, hinge	gehangen
lassen	lässest, läßt	laß	ließ, ließe	gelassen
rathen	räthst, räth	rathe	rieth, riethe	gerathen
salzen[7]		salze	— —	gesalzen
schlafen	schläfst, schläft	schlafe	schlief, schliefe	geschlafen
spalten[7]		spalte	— —	gespalten

Nur folgende haben in den Präsensformen und im Particip au, u, o.

hauen	—	haue	*hieb, hiebe	gehauen
laufen	läufst, läuft	laufe	lief, liefe	gelaufen
rufen	—	rufe	rief, riefe	gerufen
schroten[7]	—	schrote	— —	geschroten
stoßen	stößest, stößt	stoße	stieß, stieße	gestoßen

---

4) mahlen (in der Mühle) bildet in der Schriftsprache nur noch das Particip stark: malen (mit Farben) biegt schwach. Das Mehl wird gemahlen, ein Bild gemalt.

5) schaffen nur in der Bedeutung: hervorbringen, erschaffen; in allen andern Bedeutungen schwach; z. B. anschaffen: er schaffte an, hat angeschafft ꝛc.

6) braten wird als Transitivum auch schon schwach gebeugt; doch lautet das Particip immer gebraten.

7) falten, salzen, spalten und schroten haben nur noch das Particip von der starken Conjugation behalten, und auch dieses wird schon häufig schwach gebildet: gefaltet, gesalzt ꝛc.

8) Von dem intransitiven hangen unterscheide das transitive hängen, welches schwach biegt.

5te Klasse.
Präf. ei, Prät. und Part. i, ie.

Die Verba dieser Klasse zerfallen in zwei Arten:

a. mit geschärftem i im Präteritum und Particip.

Infinitiv.	Präsens 2. u. 3. P.	Imperativ.	Präteritum Ind. u. Conj.	Particip.
befleißen	— —	befleiße	befliß, befliffe	befliffen
beißen	— —	beiße	biß, biffe	gebiffen
bleichen⁹)	— —	bleiche	blich, bliche	geblichen
gleichen	— —	gleiche	glich, gliche	geglichen
gleiten	— —	gleite	glitt, glitte	geglitten
greifen	— —	greife	griff, griffe	gegriffen
*leifen	— —	leife	liff, liffe	geliffen
*kneifen ob.	— —	kneife	kniff, kniffe	gekniffen
*kneipen	— —	kneipe	knipp, knippe	geknippen
leiden	— —	leide	litt, litte	gelitten
pfeifen	— —	pfeife	pfiff, pfiffe	gepfiffen
reißen	— —	reiße	riß, riffe	geriffen
reiten	— —	reite	ritt, ritte	geritten
schleichen	— —	schleiche	schlich, schliche	geschlichen
schleifen¹⁰)	— —	schleife	schliff, schliffe	geschliffen
schleißen	— —	schleiße	schliß, schliffe	geschliffen
schmeißen	— —	schmeiße	schmiß, schmiffe	geschmiffen
schneiden	— —	schneide	schnitt, schnitte	geschnitten
schreiten	— —	schreite	schritt, schritte	geschritten
spleißen	— —	spleiße	spliß, spliffe	gespliffen
streichen	— —	streiche	strich, striche	gestrichen
streiten	— —	streite	stritt, stritte	gestritten
weichen¹¹)	— —	weiche	wich, wiche	gewichen

b. mit ie im Präteritum und Particip.

bleiben	— —	bleibe	blieb, bliebe	geblieben
gedeihen	— —	gedeihe	gedieh, gediehe	gediehen

Ebenso: leihen, meiden, preisen, reiben, scheiden, scheinen, schreiben, schreien, (schrie, schriee), schweigen, speisen, steigen, treiben, weisen, zeihen. Eine alleinstehende Ausnahme ist:

heißen	—	heiße	hieß, hieße	geheißen (nicht: gehießen)

6te Klasse.
Präf. ie, au; e, ä, ö; Prät. und Part. o.

Diese Klasse zerfällt in folgende Arten:

a. In den Präsensformen haben ie (ausnahmsweise ü):*)

biegen	— —	biege	bog, böge	gebogen
bieten	(beutst, beut)	biete (beut)	bot, böte	geboten

---

z. B. ich hängte das Bild an die Wand, habe es gehängt; das Bild hing, hat gehangen.

9) bleichen biegt nur als Intransitivum stark, als Transitivum schwach; z. B. er erblich; die Farbe ist verblichen; aber: er bleichte die Leinwand; sie ist gebleicht.

10) schleifen nur in der Bedeutung: wetzen, schärfen, glätten; z. B. er schliff das Messer 2c.; außerdem schwach, z. B. die Stadt wurde geschleift.

11) weichen, d. i. Platz machen, nachgeben; weichen, erweichen, weich machen, biegt schwach.

*) Die mit lateinischer Schrift gedruckten Formen sind alterthümliche und dichterische Nebenformen; z. B. beutst, beut neben den gewöhnlichen bietest, bietet 2c.

Infinitiv.	Präsens 2. u. 3. Pers.	Imperativ.	Präteritum Ind. u. Conj.	Particip.
fliegen	(fleugst, fleugt)	fliege (fleug)	flog, flöge	geflogen
fliehen	(fleuchst, fleucht)	fliehe (fleuch)	floh, flöhe	geflohen
fließen	(fleußest, fleußt)	fließe (fleuß)	floß, flöffe	geflossen
frieren	— —	friere	fror, fröre	gefroren
genießen	(geneußest, geneußt)	genieße (geneuß)	genoß, genösse	genossen
gießen	(geußest, geußt)	gieße (geuß)	goß, gösse	gegossen
kriechen	(kreuchst, kreucht)	krieche (kreuch)	kroch, kröche	gekrochen
küren, r. kiesen	— —	küre, kiese	kor, köre	gekoren
lügen	(leugst, leugt)	lüge (leug)	log, löge	gelogen
riechen	— —	rieche	roch, röche	gerochen
schieben	— —	schiebe	schob, schöbe	geschoben
schießen	— —	schieße	schoß, schöffe	geschossen
schließen	(schleußest, schleußt)	schließe (schleuß)	schloß, schlösse	geschlossen
schnieben (gew. schnauben)	— —	(schniebe)	schnob, schnöbe	geschnoben
*sieden	— —	siede	sott, sötte	gesotten
sprießen	(spreußest, spreußt)	sprieße (spreuß)	sproß, sprösse	gesprossen
stieben	— —	stiebe	stob, stöbe	gestoben
*triefen	(treufst, treuft)	triefe (treuf)	troff, tröffe	getroffen
trügen	— —	trüge	trog, tröge	getrogen
verdrießen	(verdreußt).	verdrieße (verdreuß)	verdroß, verdröffe	verdrossen
verlieren	— —	verliere	verlor, verlöre	verloren
wiegen 12)	— —	wiege	wog, wöge	gewogen
ziehen	(zeuchst, zeucht)	ziehe (zeuch)	zog, zöge	gezogen

b. Folgende haben im Präsens au:

saufen	säufst, säuft	saufe	soff, söffe	gesoffen
saugen	— —	sauge	sog, söge	gesogen
*schnauben	— —	schnaube	schnob, schnöbe	geschnoben
*schrauben	— —	schraube	schrob, schröbe	geschroben

c. Folgende haben im Präsens i, e, ä, ö, a und sind aus anderen Klassen in diese übergetreten:

*glimmen	— —	glimme	glomm, glömme	geglommen
*klimmen	— —	klimme	klomm, klömme	geklommen
bewegen 13)	— —	bewege	bewog. bewöge	bewogen
fechten	*fichtst, ficht	ficht	focht, föchte	gefochten
flechten	*flichtst, flicht	flicht	flocht, flöchte	geflochten
heben	— —	hebe	hob, höbe	gehoben
*melken	— —	melke	molk, mölke	gemolken
pflegen 14)	— —	pflege	pflog, pflöge	gepflogen
quellen 15)	quillst, quillt	quill	quoll, quölle	gequollen
scheren	*(schierst, schiert)	schere	schor, schöre	geschoren

---

12) wiegen nur in der Bedeutung: schwer sein; wiegen, in Bewegung setzen, schaukeln, biegt schwach.

13) bewegen nur in der Bedeutung: Jemand zu einem Entschlusse bestimmen; z. B. er bewog mich durch Gründe; ich fand mich bewogen ꝛc. Bewegen, von der Stelle schaffen, rühren ꝛc. biegt schwach.

14) pflegen hat diese starke Form nur noch in der Bedeutung: üben, halten, unterhalten (z. B. Rath, Freundschaft ꝛc.); außerdem biegt es schwach.

15) quellen, schmelzen und schwellen biegen nur als Intransitiva stark, z. B. das Wasser

Infinitiv.	Präsens 2. u. 3. P.	Impera- tiv.	Präteritum Ind. u. Conj.	Particip.
schmelzen [15])	schmilzest, schmilzt	schmilz	schmolz, schmölze	geschmolzen
schwellen [15])	schwillst, schwillt	schwill	schwoll, schwölle	geschwollen
*weben	— —	webe	wob, wöbe	gewoben
gähren	— —	gähre	*gohr, göhre,	gegohren
schwären	— —	schwäre	*schwor, schwöre	geschworen
*wägen [16])	— —	wäge	wog, wöge	gewogen
schwören	— —	schwöre	schwor, schwöre (auch schwur, schwüre)	geschworen
löschen [17])	*lischest, lischt	*lisch	losch, lösche	geloschen
*schallen	— —	schalle	scholl, schölle	geschollen

d. Im Präteritum und Particip haben u statt o:

dingen	— —	dinge	*dung, dünge	gedungen
schinden	— —	schinde	schund, schünde	geschunden

Bemerkungen.

1. Der Umlaut findet bei allen stark biegenden Verben regelmäßig in der 2ten und 3ten Pers. Sing. des Präsens Ind. und im ganzen Conjunctiv des Präteritums Statt, wenn der Vocal umlautfähig ist. — Also nicht: du fällst, er fällt, du hangst, er hangt; sondern fällst ꝛc. Ausgenommen sind nur schaffen, rufen, hauen, saugen, schnauben, schrauben und die nur noch zum Theil dieser Conjugation angehörenden Verba: laden, mahlen, falten, salzen, spalten. — Ein schwaches Verbum hingegen kann nicht umlauten; also nicht: du frägst, er frägt, du läufst, er läuft ꝛc.; sondern fragst, lauft ꝛc.

2. Die mit Vorsilben gebildeten, so wie auch die zusammengesetzten Verba richten sich in ihrer Conjugation nach den ihnen zu Grunde liegenden einfachen Verben. Befinden, empfinden, erfinden ꝛc. gehen also wie finden; erfahren wie fahren; gefallen, mißfallen wie fallen; vergleichen wie gleichen; gebieten und verbieten wie bieten; betrügen wie trügen ꝛc.

2) Endungen der starken Conjugation.

	Präsens.		Präteritum.		Imperativ.
	Indicativ	Conjunctiv.	Indicativ.	Conjunctiv.	Sing. 2. P.—, —e
Sing. 1. P.	—e	—e	—	—e	Plur. 2. P. —et, t
2. P.	—est, st	—est	—st, est	—est, (st)	Infinitiv.
3. P.	et, t	—e	—	—e	—en
Plur. 1. P.	—en	—en	—en	—en	Participien.
2. P.	—et, t	—et	—et, t	—et, (t)	1. —end
3. P.	—en	—en	—en	—en	2. —ge—en

Hiernach conjugire man z. B. die Verba: finden, geben, tragen, rathen, reiten, schließen ꝛc.

Anmerk. 1. Wenn das e als Stammvocal des Infinitivs im Imperativ Sing. in i oder ie verwandelt wird, so ist dieser immer ohne Biegungs-Endung; z. B. sprechen, sprich; essen iß; geben, gieb. Außerdem hat er regelmäßig die Endung e, welche jedoch auch häufig abgeworfen wird; z. B. trinke oder trink, laufe oder lauf, und besonders laß, komm.

---

quoll, schwoll ꝛc.; das Metall ist geschmolzen; als Transitiva schwach; z. B. sie hat Erbsen gequellt; er schmelzt das Metall; der Wind schwellte die Segel.
[16]) das transitive wägen wird jetzt zum Unterschiede von wiegen gewöhnlich schwach gebeugt; das abgeleitete erwägen jedoch durchaus stark.
[17]) löschen nur in intransitiver Bedeutung, wo es gewöhnlich erlöschen lautet; z. B. das Licht erlischt, ist erloschen; in transitiver Bedeutung ist es schwach.

2. Die Endungen est, et, en gestatten häufig eine Verkürzung durch Auswerfung des e. Diese ist nothwendig in der 2ten und 3ten Person Sing. des Präsens Ind., wenn in diesen Personen der Umlaut oder die Lautreinigung eintritt; also: ich spreche, du sprichst, er spricht (nie sprichest, sprichet); ich schlage, du schlägst, er schlägt; so auch: du giltst, hältst, trittst, räthst; er gilt, hält, tritt, räth (st. gilt-t, räth-t 2c.). Nur nach s, ß, ss, sch, z muß das e vor st beibehalten werden: z. B. du liesest, stößest, issest, drischest, schmilzest; vor dem t aber fällt es auch hier aus und wird nur nach s durch ein (') ersetzt; also: er lies't, stößt, isst 2c.

II. Schwache oder umendende Conjugation.

Sie läßt (nach S. 58) den Vocal des Verbalstammes durchaus unverändert und wird lediglich durch Biegungsendungen bewirkt.

Endungen der schwachen Conjugation.

Präsens.		Präteritum.		Imperativ.
Indicativ.	Conjunctiv.	Indicativ.	Conjunctiv.	Sing. 2. P. —e
Sing. 1. P. —e	—e	—te, ete	—ete, te	Plur. 2. P. —et, t
2. P. —est, st	—est	—test, etest	—etest, test	Infinitiv.
3. P. —et, t	—e	—te, ete	—ete, te	—en, n
Plur. 1. P. —en, n	—en	—ten, eten	—eten, ten	Participien.
2. P. —et, t	—et	—tet, etet	—etet, tet	1. — end, nd
3. P. —en, n	—en	—ten, eten,	—eten, ten,	2. ge—et, t

Hiernach conjugire man z. B. die Verba reden, hören, reisen, tadeln, wandern 2c.

Anmerk. Die Beibehaltung oder Wegwerfung des e vor den Biegungs-Consonanten hängt bei den Verben, deren Infinitiv auf en ausgeht, im Allgemeinen von dem Wohllaute und bei Dichtern von dem Versmaße ab. Nur der Conjunctiv des Präsens behält das e regelmäßig bei; also: du lobest, ihr lobet 2c. (zum Unterschiede von dem Indicativ: du lobst, ihr lobt 2c.). Im Conj. des Präteritums sind die Formen lobete, hörete, reisete zwar berechtigt, doch minder gebräuchlich als lobte, hörte, reis'te. Die Verba auf eln und ern werfen vor st, t, n durchgängig den Biegungsvocal, in der 1sten Person des Präsens Ind. und im Imperativ Sing. hingegen gewöhnlich das e der Bildungssilbe (el, er) aus; also: ich table, wandre (doch auch tabele, wandere), du tabelst, wanderst, er tabelt, wandert, wir tabeln, wandern, er tabelte 2c. Der Conj. des Präsens behält dann entweder beide e bei: ich tabele, du tabelest, er tabele 2c., oder läßt lieber das e der Bildungssilbe ausfallen: du tablest, ihr tablet 2c.

Die stark biegenden Verba haben größtentheils subjective Bedeutung; die objectiven und besonders die transitiven Verba hingegen biegen meistens schwach. Einige Verba werden daher (bei wenig oder gar nicht verschiedenem Infinitiv) nach Verschiedenheit ihrer Bedeutung bald stark, bald schwach gebeugt. Vergl. z. B. biegen, beugen; bleichen; bringen, drängen; erschrecken; fallen, fällen; hangen, hängen; liegen, legen; quellen; saugen, säugen; schmelzen; schweigen; schwellen; schwimmen, schwemmen; sieben; sitzen, setzen; sinken, senken; trinken, tränken; verderben; weichen; wiegen, wägen u. a. m.

III. Unregelmäßige Conjugation.

Unregelmäßige Verba (anomäla) sind folgende:

1. **Gehen, stehen** bilden die zum Präsensstamm gehörenden Formen regelmäßig schwach; das Präteritum aber lautet: ich ging, stand (Conj. ginge, stände, auch stünde), das Particip: gegangen, gestanden.

2. Brennen, kennen, nennen, rennen, senden, wenden gehen nach der schwachen Conjugation, verwandeln aber im Präteritum Ind. und im 2ten Particip das e in den ursprünglichen Wurzellaut a, also: ich brannte, kannte ꝛc. (Conj. brennete, kennete), Part. gebrannt, gekannt. Von senden, wenden bildet man jedoch neben sandte, wandte, gesandt, gewandt auch regelmäßig: sendete, wendete, gesendet, gewendet.

3. Bringen und denken haben im Prät. brachte, dachte, Conj. brächte, dächte; Part. gebracht, gedacht.

4. Das unpersönliche däuchten macht im Präsens: es däucht (wofür man jedoch besser es dünkt sagt); Prät. es däuchte (nicht es däuchtete); Part. gedäucht. Ursprünglich sind däucht, gedäucht Biegungsformen von dem jetzt regelmäßig schwach biegenden dünken.

5. Dürfen, können, mögen, müssen, sollen, wissen, wollen. Das Präsens Ind. dieser Verba hat im Sing. die Form eines starken Präteritums; der Plural aber und der ganze Conjunctiv des Präsens, wie auch das 1ste Particip werden regelmäßig schwach gebildet, und auch das Präteritum auf — te, und das 2te Particip auf —t. Also:
Präs. Ind. Sing. ich und er darf, kann, mag, muß, soll, weiß, will,
        du darfst, kannst, magst, mußt, sollst, weißt, willst,
   Plur. wir dürfen, können, mögen, müssen, sollen, wissen, wollen ꝛc.
Conj. ich dürfe, könne, möge, müsse, solle, wisse, wolle ꝛc.
Prät. Ind. ich durfte, konnte, mochte, mußte, sollte, wußte, wollte ꝛc.
Conj. ich dürfte, könnte, möchte, müßte, sollte, wüßte, wollte ꝛc.
2. Partic. gedurft, gekonnt, gemocht, gemußt, gesollt, gewußt, gewollt.

6. Thun (st. thuen) wirft im Infinitiv und Indicativ des Präsens vor allen Biegungs-Consonanten das e aus: ich thue, du thust, er thut, wir thun ꝛc. Das Präteritum lautet: ich that, du thatest ꝛc.; Conj. ich thäte ꝛc.; das Particip gethan.

7. Die drei Hülfsverba haben, werden, sein.

1) Haben wird regelmäßig schwach gebeugt, jedoch mit den verkürzten Formen: Präs. Ind. Sing. 2. P. hast; 3. P. hat (st. habest, habet); Prät. Ind. ich hatte ꝛc. (st. habte); Conj. hätte ꝛc. Das 2te Particip lautet regelmäßig gehabt.

2) Werden gehört zu den starken Verben 1ster Klasse (s. o. S. 59); also Prät. ward, Particip geworden (oder als Hülfsverbum bloß worden). Neben ich ward, du wardst, er ward sind aber die unregelmäßigen Formen ich wurde, du wurdest, er wurde noch gebräuchlicher, und der Plural des Präteritums lautet immer: wir wurden, ihr wurdet, sie wurden; der Conjunctiv des Prät. ich würde ꝛc. — Im Präsens Ind. lautet die 2te Pers. Sing. du wirst (statt wirdst), die 3te: er wird; der Imperativ: werde (st. wird).

3) Sein bildet seine Conjugation von 3 verschiedenen Stämmen:
a) Präs. Ind. Sing. 3. Pers. ist; Plur. 1. u. 3. P. sind; 2. Pers. seid; Conj. ich sei, du seist ꝛc.; Infinitiv sein; Imperativ: sei, seid; (1stes Part. seiend); (Stamm is, si).
b) Präs. Ind. Sing. 1. P. ich bin; 2. P. du bist;
c) Präter. Ind. ich war (ehem. was), du warst ꝛc.; Conj. ich wäre; 2tes Part. gewesen (von dem alten Infinitiv wesen; daher noch: das Wesen, abwesend und anwesend).

b. Umschreibende Conjugation.

Durch Umschreibung mittelst der Hülfsverba haben, sein und werden bildet das deutsche Verbum:

1. Im Activum: das Perfectum im Indicativ (ich habe gehört, ich bin gekommen) und im Conjunctiv (ich habe gehört, ich sei gekommen); das Plusquamperfectum im Indicativ (ich hatte gehört, ich war gekommen) und im Conjunctiv (ich hätte gehört, ich wäre gekom-

men); den Infinitiv Perfecti (gehört haben, gekommen sein); das Futurum absolutum (ich werde hören, kommen), und das Futurum exactum (ich werde gehört haben, gekommen sein), beide im Ind. u. Conj.

2. Das ganze Passivum in allen seinen Theilen. (S. unten die Musterwörter der Conjugation.)

Anmerk. 1. Im Activum drückt das 2te Particip in Verbindung mit haben, oder (bei einigen intransitiven Verben) mit sein, die vollendete Handlung, werden in Verbindung mit dem Infinitiv des zu conjugirenden Verbums die Zukunft aus. — Im Passivum wird mit jeder einfachen oder umschriebenen Zeitform von werden das 2te Particip des zu conjugirenden Verbums verbunden, um die entsprechende Zeitform dieses Verbums zu bilden; also das Präsens ich werde, verbunden mit dem Particip gehört, bildet das Präsens des Passivs von hören: ich werde gehört; das Perfectum ich bin (ge)worden, verbunden mit gehört, bildet das Perfectum des Passivs: ich bin gehört worden, u. s. w.

2. Das Prät. Conj. ich würde in Verbindung mit einem Infinitiv dient zur Umschreibung des Conjunctivs, wenn derselbe als Conditionalis, d. i. als bedingte Aussageweise, steht. In diesem Falle kann statt „ich hörete, hätte, käme ꝛc.“ gesagt werden: ich würde hören, haben, kommen; statt „ich hätte gehört, gehabt, ich wäre gekommen“: ich würde gehört haben, gehabt haben, gekommen sein.

Es fragt sich: Welche Verba werden in den Zeiten der vollendeten Handlung activer Form mit haben, welche mit sein verbunden?

Im Allgemeinen zeigt haben mehr Thätigkeit, Selbstwirkung oder Absichtlichkeit, sein mehr Ruhe und Absichtslosigkeit oder fremde Einwirkung an. — Insbesondere steht haben: 1) bei allen transitiven, reflexiven und unpersönlichen Verben; z. B. ich habe gesehen; er hat sich gefreut; es hat geregnet.

Ausgenommen sind nur solche unpersönlichen Verba, die von intransitiven entlehnt sind, welche sein erfordern; z. B. es ist mir gut gegangen; es ist um ihn geschehen.

2) Bei den Intransitiven, welche als objective Verba einen Dativ oder Genitiv regieren; z. B. er hat mir gedankt, geholfen; er hat meiner gespottet ꝛc.

Ausnahmen. Mit sein werden verbunden die Verba begegnen, folgen, gelingen, misslingen, glücken, weichen und die mit Vorsilben oder Partikeln versehenen Verba, welche in ihrer eigentlichen Bedeutung eine Bewegung oder Richtung bezeichnen, wie: entfallen, entlaufen, einfallen, zustoßen, nachkommen, vorkommen ꝛc. Also: er ist mir begegnet; es ist mir entfallen ꝛc.

3) Bei den subjectiven Verben, die eine Thätigkeit oder Wirkung, einen dauernden Zustand oder eine Empfindung des Subjects, auch eine Bewegung ohne Angabe des Ausgangspunktes oder Zieles anzeigen; z. B. ich habe gearbeitet, gefehlt, gelacht, geweint, gelebt; ich habe gedurstet, geschlafen, gestanden, gesessen, gefroren, geschwitzt; ich habe gereis't, gelaufen, gesprungen, geritten. — Ausgenommen: ich bin gegangen (aber: ich habe mich müde gegangen, weil es hier reflexiv steht).

Anmerk. Insbesondere werden alle mit aus zusammengesetzten, welche zeitliche Vollendung eines Thuns oder Zustandes bezeichnen, mit haben verbunden; z. B. er hat ausgedient, ausgelitten ꝛc.

Sein steht hingegen bei den subjectiven Verben, welche mehr ein leidentliches Verhalten des Subjects anzeigen, besonders indem sie dasselbe in einen Zustand versetzt oder auch im Beginn oder am Ziel einer Bewegung darstellen; z. B. er ist gefallen, gesunken, gelandet, geflohen, gewachsen, verarmt, genesen, gestorben; er ist abgereis't, angelangt, eingekehrt ꝛc.

Anmerk. Unterscheide demnach: ich habe gefahren, ich bin gefahren; er hat gefroren das Wasser ist gefroren; der Knabe hat gesprungen, die Saite ist gesprungen; das Pferd hat ausgeschlagen, die Bäume sind ausgeschlagen ꝛc.

Manche Verba erfordern bei wesentlich unveränderter Bedeutung bald haben, bald sein; nämlich haben in Beziehung auf Zeit, Kunst und Absicht oder auf die Fragen wann? wie lange? wie? — sein hingegen in Beziehung auf einen Ort oder auf die Fragewörter wohin? woher? wie weit? Z. B. ich habe heute lange geritten; aber: ich bin nach N. geritten; ich bin ausgeritten (d. i. vom Hause weg); aber: ich habe ausgeritten (d. i. aufgehört zu reiten); der Knabe hat viel gesprungen; aber: er ist vom Baume gesprungen. So auch: eilen, fliegen, fließen, hinken, jagen, laufen, reisen, schwimmen, wandern u. a. m.

Musterwörter der Conjugation
zur Übung und Wiederholung alles Früheren.
I. Die Hülfsverba.

1) Haben (vgl. S. 65).

Indicativ.	Conjunctiv.

Präsens.

ich habe, du hast, er (sie, es, man) hat   ich habe, du habest, er ꝛc. habe
wir haben, ihr habet (habt), sie haben   wir haben, ihr habet, sie haben

Imperfectum.

ich hatte, du hattest, er (sie, es, ꝛc.) hatte   ich hätte, du hättest, er ꝛc. hätte
wir hatten, ihr hattet, sie hatten   wir hätten, ihr hättet, sie hätten
   oder ich würde haben ꝛc.

Perfectum.

ich habe, du hast, er ꝛc. hat ⎫   ich habe, du habest, er ꝛc. habe ⎫
wir haben, ihr habet (habt), sie ⎬ gehabt   wir haben, ihr habet, sie haben ⎬ gehabt
haben ⎭

Plusquamperfectum.

ich hatte, du hattest, er ꝛc. hatte ⎫ gehabt   ich hätte, du hättest, er ꝛc. hätte ⎫ gehabt
wir hatten, ihr hattet, sie hatten ⎭   wir hätten, ihr hättet, sie hätten ⎭
   oder ich würde gehabt haben ꝛc.

Futurum absolutum.

ich werde, du wirst, er ꝛc. wird ⎫ haben   ich werde, du werdest, er ꝛc. werde ⎫ haben
wir werden, ihr werdet, sie werden ⎭   wir werden, ihr werdet, sie werden ⎭

Futurum exactum.

ich werde, du wirst, er ꝛc. ⎫   ich werde, du werdest, ⎫
   wird ⎬ gehabt haben   er ꝛc. werde ⎬ gehabt haben
wir werden, ihr werdet, ⎪   wir werden, ihr werdet, ⎪
sie werden ⎭   sie werden ⎭

Imperativ.

habe (du), (habe er, habe sie)
habet, habt (ihr), (haben sie, Sie)

Infinitiv.	Participium.
Präs. haben	1. habend
Perf. gehabt haben	2. gehabt.

2) Sein (vergl. S. 65).

Indicativ.	Conjunctiv.

Präsens.

ich bin, du bist, er (sie, es, man) ist   ich sei, du seiest (seist), er ꝛc. sei
wir sind, ihr seid, sie sind   wir seien (sein), ihr seiet, sie seien (sein)

Imperfectum.

ich war, du warest (warst), er ꝛc. war   ich wäre, du wärest (wärst), er ꝛc. wäre
wir waren, ihr waret (wart), sie waren   wir wären, ihr wäret (wärt), sie wären
   oder ich würde sein ꝛc.

5*

Indicativ.   Conjunctiv.

Perfectum.

ich bin, du bist, er 2c. ist } gewesen   ich sei, du seist, er 2c. sei }
wir sind, ihr seid, sie sind }   wir seien (sein), ihr seiet, sie } gewesen
                              seien (sein)

Plusquamperfectum.

ich war, du warest (warst), }   ich wäre, du wärest (wärst), }
   er 2c. war }   er 2c. wäre }
wir waren, ihr waret (wart), } gewesen   wir wären, ihr wäret (wärt), } gewesen
   sie waren }   sie wären }
                    ob. ich würde gewesen sein 2c.

Futurum absolutum.

ich werde, du wirst, er 2c. wird } sein   ich werde, du werdest, er 2c. werde } sein
wir werden, ihr werdet, sie werden }   wir werden, ihr werdet, sie werden }

Futurum exactum.

ich werde, du wirst, er 2c. }   ich werde, du werdest, }
   wird }   er 2c. werde }
wir werden, ihr werdet, } gewesen sein   wir werden, ihr werdet, } gewesen sein
   sie werden }   sie werden }

Imperativ.

sei (du), (sei er, sei sie)
seid (ihr), (sein sie, Sie)

Infinitiv.   Participium.
Präs. sein   1. seiend (wesend)
Perf. gewesen sein   2. gewesen.

3) Werden (vergl. S. 65).

Indicativ.   Conjunctiv.

Präsens.

ich werde, du wirst, er (sie, es, man) wird   ich werde, du werdest, er 2c. werde
wir werden, ihr werdet, sie werden   wir werden, ihr werdet, sie werden

Imperfectum.

ich wurde (ward), du wurdest (wardst),   ich würde, du würdest, er 2c. würde
   er 2c. wurde (ward)
wir wurden, ihr wurdet, sie wurden   wir würden, ihr würdet, sie würden
                   ob. ich würde werden 2c.

Perfectum.

ich bin, du bist, }   ich sei, du seist, }
   er 2c. ist }   er 2c. sei }
wir sind, ihr seid, } geworden (worden)   wir seien, ihr seiet, } geworden (worden)
   sie sind }   sie seien }

Plusquamperfectum.

ich war, du warst, }   ich wäre, du wärest, }
   er 2c. war } geworden   er 2c. wäre } geworden
wir waren, ihr waret, } (worden)   wir wären, ihr wäret, } (worden)
   sie waren }   sie wären }
                  b. ich würde geworden sein 2c.

Futurum absolutum.

ich werde, du wirst, er 2c. }   ich werde, du werdest, er 2c. }
   wird }   werde }
wir werden, ihr werdet, sie } werden   wir werden, ihr werdet, sie } werden
   werden }   werden }

Futurum exactum.

ich werde, du wirst, er 2c. }   ich werde, du werdest, }
   wird }   er 2c. werde }
wir werden, ihr werdet, } geworden sein   wir werden, ihr werdet, } geworden sein
   sie werden }   sie werden }

Imperativ.

werde (du), (werde er, werde sie)
werdet (ihr), (werden sie, Sie)

Infinitiv.	**Participium.**
Präs. werden	1. werdend
Perf. geworden sein	2. geworben, worden.

2. **Transitiva oder zielende Verba** (vgl. S. 52).

Activum.

Indicativ.	**Conjunctiv.**

Präsens.

Indicativ	Conjunctiv
ich sehe, höre	ich sehe, höre
du siehst, (hörest) hörst	du sehest, hörest
er (sie, es, man) sieht, (höret) hört	er 2c. sehe, höre
wir sehen (sehn), hören	wir sehen, hören
ihr (sehet) seht, (höret) hört	ihr sehet, höret
sie sehen (sehn), hören	sie sehen, hören

Imperfectum.

Indicativ	Conjunctiv
ich sah, hörte	ich sähe, hörete
du sahst, hörtest	du sähest, höretest
er 2c. sah, hörte	er 2c. sähe, hörete
wir sahen (sahn), hörten	wir sähen (sähn), höreten
ihr sahet (saht), hörtet	ihr sähet, höretet
sie sahen (sahn), hörten	sie sähen (sähn), höreten
	ob. ich würde sehen, hören 2c.

Perfectum.

ich habe, du hast, er 2c. hat} gesehen,   ich habe, du habest, er 2c. habe} gesehen,
wir haben, ihr habt, sie haben} gehört   wir haben, ihr habet, sie haben} gehört

Plusquamperfectum.

ich hatte, bn hattest, er 2c. hatte} gesehen,   ich hätte, du hättest, er 2c. hätte} gesehen,
wir hatten, ihr hattet, sie hatten} gehört   wir hätten, ihr hättet, sie hätten} gehört

ob. ich würde gesehen, gehört haben 2c.

Futurum absolutum.

ich werde, bu wirst, er 2c. wird} sehen,   ich werde, bu werdest, er 2c. werde} sehen,
wir werden, ihr werdet, sie werden} hören   wir werden, ihr werdet, sie werden} hören

Futurum exactum.

ich werde, du wirst, er 2c. wird} gesehen,   ich werde, du werdest, er 2c. werde} gesehen,
wir werden, ihr werdet, sie werden} gehört haben   wir werden, ihr werdet, sie werden} gehört haben

Imperativ.

sieh (du), (sehe er, sehe sie);   sehet ob. seht (ihr), (sehen oder sehn sie, Sie)

höre (du), (höre er, höre sie);   höret ob. hört (ihr), (hören sie, Sie)

Infinitiv.	**Participium (1).**
Präs. sehen (sehn), hören	sehend, hörend.
Perf. gesehen, gehört haben	

Passivum.

Indicativ.	**Conjunctiv.**

Präsens.

ich werde, bu wirst, er (sie es, man) wird} gesehen,   ich werde, du werdest, er 2c. werde} gesehen,
wir werden, ihr werdet, sie werden} gehört   wir werden, ihr werdet, sie werden} gehört

Indicativ.　　　　　　　　　Conjunctiv.

Imperfectum.

ich wurde, du wurdest, er 2c. wurde ⎫ gesehen,　ich würde, du würdest, er 2c. würde ⎫ gesehen,
wir wurden, ihr wurdet, sie ⎰ gehört　wir würden, ihr würdet, sie ⎰ gehört
wurden　　　　　　　　　　　　　　würden

ob. ich würde gesehen, gehört werden 2c.

Perfectum.

ich bin, du bist, er 2c. ist ⎫ gesehen,　ich sei, du seist, er 2c. sei ⎫ gesehen,
　　　　　　　　　　　　 ⎰ gehört　　　　　　　　　　　　　⎰ gehört
wir sind, ihr seid, sie sind ⎰ worden　wir seien, ihr seid, sie seien ⎰ worden

Plusquamperfectum.

ich war, du warst, er 2c. war ⎫ gesehen,　ich wäre, du wärest, er 2c. wäre ⎫ gesehen,
wir waren, ihr waret, sie ⎰ gehört　wir wären, ihr wäret, sie ⎰ gehört
waren　　　　　　　　　⎰ worden　wären　　　　　　　　　⎰ worden

ob. ich würde gesehen, gehört worden
sein 2c.

Futurum absolutum.

ich werde, du wirst, er 2c. wird ⎫ gesehen,　ich werde, du werdest, er 2c. werde ⎫ gesehen,
wir werden, ihr werdet, sie ⎰ gehört　wir werden, ihr werdet, sie ⎰ gehört
werden　　　　　　　　　⎰ werden　werden　　　　　　　　　⎰ werden

Futurum exactum.

ich werde, du wirst, er 2c. wird ⎫ gesehen,　ich werde, du werdest, er 2c. werde ⎫ gesehen,
wir werden, ihr werdet, sie ⎰ gehört　wir werden, ihr werdet, sie ⎰ gehört
werden　　　　　　　⎰ worden sein　werden　　　　　　⎰ worden sein

Imperativ.

werde (du) gesehen, gehört, (werde er, sie gesehen, gehört)
werdet (ihr) gesehen, gehört, (werden sie, Sie gesehen, gehört)

Infinitiv.　　　　　　　　　Participium (2).
Präs. gesehen, gehört werden　gesehen (gesehn), gehört.
Perf. gesehen, gehört worden sein

3. Reflexivum oder rückzielendes Verbum (vgl. S. 52).

Präs. Ind. ich freue mich, du freuest (freust) dich, er 2c. freuet (freut) sich 2c.;
　　　Conj. ich freue mich, du freuest dich, er freue sich 2c.
Imperf. Ind. ich freute mich 2c.; Conj. ich freuete mich oder würde mich
　　　freuen 2c.
Perf. Ind. ich habe mich gefreut, du hast dich gefreut, er hat sich gefreut;
　　　　Conj. ich habe mich gefreut, du habest dich gefreut, er habe sich gefreut.
Plusq. Ind. ich hatte mich gefreut 2c.; Conj. ich hätte mich gefreut oder
　　würde mich gefreut haben 2c.
Fut. absolut. ich werde mich freuen; Fut. exact. ich werde mich gefreut
　　haben 2c.
Imperativ: freue dich, freuet (freut) euch; Inf. Präs. sich freuen (freun).
　　　Perf. sich gefreut haben; Particip 1. sich freuend; 2. sich gefreuet oder
gefreut (habend).
　　　Ebenso: sich ärgern, sich schämen, sich grämen, sich ent-
schließen 2c.

4. Intransitiva oder ziellose Verba mit sein (vergl. S. 52 und 66).

Präs. Ind. ich falle, lande; du fällst, landest; er fällt, landet 2c.;
　　　Conj. ich falle, lande; du fallest, landest; er falle, lande 2c.
Imperf. Ind. ich fiel, landete 2c.; Conj. ich fiele, landete oder würde fallen,
　　landen 2c.
Perf. Ind. ich bin gefallen, gelandet 2c.; Conj. ich sei gefallen, gelandet 2c.
Plusq. Ind. ich war gefallen, gelandet 2c.; Conj. ich wäre gefallen, gelan-
det, oder würde gefallen, gelandet sein 2c.

Fut. absolut. ich werde fallen, landen 2c.; Fut. exact. ich werde gefallen, gelandet sein 2c.

Imperat. falle, lande 2c.; Inf. Präs. fallen, landen; Perf. gefallen, gelandet sein; Particip 1. fallend, landend; 2. gefallen, gelandet.

Die Intransitiva, welche mit haben verbunden werden, z. B. schlafen, blühen, richten sich ganz nach der activen Form der Transitiva.

5. Unpersönliche Verba (vgl. S. 53).

Diese haben, außer den fehlenden Personen, alle Zeit- und Modusformen, nur kein Passivum. Z. B. regnen.

Präs. Ind. es regnet; Conj. es regne.

Imperf. Ind. es regnete; Conj. es regnete oder es würde regnen.

Perf. Ind. es hat geregnet; Conj. es habe geregnet.

Plusq. Ind. es hatte geregnet; Conj. es hätte geregnet oder würde geregnet haben.

Fut. absolut. Ind. es wird regnen; Conj. es werde regnen.

Fut. exact. Ind. es wird geregnet haben; Conj. es werde geregnet haben.

Imperat. es regne! Inf. Präs. regnen; Perf. geregnet haben.

Particip 1. regnend; 2. geregnet.

Ebenso: schneien, hageln, blitzen, donnern, thauen 2c.

Ein unpersönliches Verbum mit sein ist: geschehen (vgl. S. 66): es geschieht, ist geschehen, war geschehen 2c.

Einige unpersönlich gebrauchte Verba sind zugleich rückzielend, z. B. es giebt sich, es fragt sich, es ziemt sich 2c.

Noch andere sind objective Verba, die mit einem persönlichen Pronomen jeder der drei Personen oder auch einem Substantiv im Accusativ oder im Dativ verbunden werden; z. B. es friert mich, dich, ihn, den Mann 2c.; uns, euch, sie; es fror mich 2c.; es hat mich gefroren; es grauet mir, dir, ihm, ihr 2c.; uns, euch, ihnen; es graute mir 2c.; es hat mir gegraut 2c. — Diesen kann der Accusativ oder Dativ auch vorangesetzt werden, und das es fällt dann ganz weg; also: mich friert; ihn fror; ihr graute 2c.

4. Gebrauch der Verba in Hinsicht der Theile ihrer Conjugation.

1. Gebrauch der Person.

1. Die persönlichen Verba haben in jeder Redeform immer Beziehung auf eine der drei Personen, deren Begriff nicht durch die Endungen des Verbums allein, sondern zugleich durch die persönlichen Fürwörter (ich, du, er 2c.) ausgedrückt wird, wo nicht ein Nennwort als Subject den Gegenstand in der dritten Person darstellt (z. B. der Frühling naht). Das Fürwort der zweiten Person wird nur im Imperativ weggelassen; z. B. prüfet Alles! — Fordert es aber der Nachdruck oder die Unterscheidung mehrer Personen, so steht es auch hier; z. B. Thue du deine Schuldigkeit, und ihr Müßiggänger entfernt euch! —

2. Folgen mehre Verba in derselben Person auf einander, die sich auf den nämlichen Gegenstand beziehen, so braucht das Fürwort nur vor dem ersten zu stehen; z. B. du lachst, lärmst 2c. Steht aber das zweite Verbum in einem Satze von ganz veränderter Wortfolge, so muß das Fürwort wiederholt werden; z. B. du betrügst Niemand, aber von Andern wirst du oft betrogen.

2. Gebrauch der Tempora.

1. Das Präsens steht häufig anstatt des Imperfects (als erzählendes Tempus) und des Futurums, wenn man etwas Vergangenes oder Zukünftiges gleichsam als gegenwärtig darstellt; z. B. ich gebe gestern vor das Thor, komme ins Gedränge 2c. — Morgen reisen wir nach N. 2c.

2. Das Imperfect (ich schrieb, er sagte 2c.) hat eine zwiefache Be-

beutung und Anwendung. Es drückt 1) als Zeitform der währenden Vergangenheit (praeteritum imperfectum) eine Handlung in ihrer Dauer, einen anhaltenden Zustand 2c. aus; 2) als Zeitform der unbegrenzten Vergangenheit (praeteritum indefinitum oder Aorist) eine einzelne Handlung oder einen Vorgang in der Vergangenheit (vergl. S. 55). Im ersteren Falle ist es mehr schildernd, im letzteren ist es erzählendes oder historisches Tempus.

Anmerk. Unrichtig ist es, statt des erzählenden Imperfects das Perfectum zu setzen; z. B. er ist gestern zu mir gekommen und hat mir gesagt 2c. st. er kam zu mir und sagte 2c. — Jedoch gebraucht man für Vorgänge des täglichen Lebens, wenn man nicht selbst Augenzeuge der Begebenheit war, in der Regel das Perfectum; z. B. gestern ist ein Kind ertrunken; neulich hat der Blitz eingeschlagen.

3. Das Perfectum drückt etwas gegenwärtig Vollendetes aus und hat daher immer Bezug auf die Gegenwart. Z. B. Er ist von seiner Reise zurückgekommen (also gegenwärtig da). Die Sonne ist schon untergegangen. Gott hat die Welt erschaffen.

4. Die Form des Futurums wird auch statt des Präsens, die des Futurum exactum statt des Perfectums gebraucht, um bloße Wahrscheinlichkeit oder Muthmaßung auszudrücken. Z. B. Er wird krank sein (st. er ist wahrscheinlich krank). Du wirst davon gehört haben u. dgl. m.

5. Die Folge und Verbindung der Tempora im Fortgange der Rede richtet sich lediglich nach den in ihnen enthaltenen Zeitbegriffen, nicht nach einer feststehenden Regel. Man verbindet jedoch vorzugsweise Tempora, die in einen und denselben Zeitabschnitt fallen, also das Präsens mit dem Perfectum, das Imperfect mit dem Plusquamperfect 2c. Z. B. Ich danke ihm, weil er das gethan hat. Er machte es, wie ich ihm gesagt hatte 2c.

3. Gebrauch der Modi.

1. Der Indicativ ist der Modus der Wirklichkeit und Gewißheit, der Conjunctiv der Modus der Möglichkeit und Ungewißheit. Jener drückt etwas Thatsächliches, dieser etwas bloß Gedachtes oder Gesagtes aus. Z. B. Er lebt. Man glaubt, er lebe noch. Er lebte noch (oder würde noch leben), wenn 2c. — Übrigens können beide Modi sowohl im Hauptsatze, als im Nebensatze stehen, da ihr Gebrauch nicht von der äußeren Satzform, sondern allein vom Gedanken abhängt.

Vergl. z. B. Ich glaube, daß er ein redlicher Mann ist. Ich glaubte, er sei ein redlicher Mann. Ich hoffe, daß er sich wohlbefindet. Man hat mir erzählt, daß er gestorben ist, oder — sei. Er fühlte, daß er Unrecht hatte, oder — habe. Wäre er doch gesund! 2c.

Der Conjunctiv steht insbesondere:

1. Als Subjunctiv oder zum Ausdruck der Abhängigkeit in der indirecten Rede, um den Inhalt eines Nebensatzes als ein bloß Gedachtes darzustellen, besonders nach Verben, die ein Denken, Empfinden, Wollen oder Sagen ausdrücken. In dieser Anwendung bedient man sich am besten durchgängig der Präsensformen des Conjunctivs. Z. B. Er meinte, es sei (nicht: es wäre) gut. Ich sagte ihm, er habe (nicht: hätte) mich nicht verstanden. Ich rathe dir, daß du fleißiger werdest.

Anmerk. Nur wenn der Conjunctiv in der Präsensform von dem Indicativ äußerlich nicht unterschieden ist, wird der Deutlichkeit wegen gewöhnlich die Präteritalform gebraucht, besonders nach einem Präteritum als Prädicat des Hauptsatzes. Z. B. Er meinte, daß ich ihn nicht gern sähe und daß ich ihn ungern besucht hätte. Ihr würdet mir das Räthsel lösen, sagte sie.

2) Als **Conditionalis** oder **Bedingweise,** wenn ein Thun (oder ein Zustand) als bedingt durch ein anderes dargestellt wird, welches jedoch keine wirkliche Thatsache, sondern eine bloß gedachte Annahme (Hypothese) ist. Jede solche bedingliche Aussage besteht aus zwei verbundenen Sätzen: a) dem bedingenden (hypothetischen), welcher die Annahme oder Voraussetzung —; b) dem bedingten (conditionalen), welcher die daraus fließende Folge enthält. In beiden steht der Conjunctiv und zwar regelmäßig in der Präteritalform. Z. B. wenn ich Geld hätte, ginge ich auf Reisen. Er wäre gesund, wenn er mäßiger lebte.

> **Anmerk.** In dem bedingten Satze (nicht aber in dem bedingenden) kann statt der einfachen Biegungsform auch die Umschreibung mit ich würde 2c. stehen. Z. B. Wenn ich Geld hätte, würde ich auf Reisen gehen. Er würde gesund sein, wenn 2c. Nicht aber: Wenn ich Geld haben würde 2c.

3) Als **Potentialis,** d. i. als Ausdruck eines Mögens, Könnens, einer Vermuthung oder mit bescheidenem Zweifel ausgesprochenen Behauptung, steht gleichfalls der Conjunctiv in der Präteritalform. Z. B. So wäre es besser. Ich wüßte wohl, was zu thun wäre. Es könnte sein 2c.

4) Als **Optativ** oder **Ausdruck eines Wunsches** steht der Conjunctiv in der Präsensform, wenn der Redende sich die Verwirklichung des Gewünschten möglich denkt und dieselbe erwartet; in der Präteritalform aber, wenn der Wunsch gerade das Gegentheil von dem besagt, was wirklich ist oder als möglich gedacht wird. Vergl. z. B. Gott sei mit dir! Möge er bald gesund werden! Lang lebe der König! — Wäre er doch gesund! Möchte er genesen! Wenn er doch noch lebte!

3. Der **Imperativ** dient nicht bloß zum Befehlen und Verbieten, sondern auch zum Bitten, Ermahnen, Rathen, Warnen, Aufmuntern 2c. Z. B. Genieße und entbehre! Freut euch des Lebens! 2c. Er ist mit dem Optativ nahe verwandt, vertritt daher häufig dessen Stelle (z. B. sei glücklich! lebe wohl!) und wird in der 3ten Person durch die Optativform ersetzt. Z. B. Er komme! Es geschehe! Schweigen Sie! Sein Sie zufrieden! 2c.

> **Anmerk. 1.** Den Imperativ für die erste Person drückt man am besten durch Umschreibung mit lassen oder wollen aus. Z. B. Laß oder lasset uns arbeiten! Wir wollen nicht mehr davon reden! Weniger üblich ist: Arbeiten wir! Reden wir nicht mehr davon!
> **2.** Nicht selten wird der Imperativ in abgekürzter Form oder elliptisch durch das 2te Particip, oder auch durch ein einzelnes Nenn= oder Nebenwort ausgedrückt. Z. B. Achtung gegeben! Achtung! vorwärts! frisch auf! u. dgl. m.

4. Gebrauch der Hülfsverba.

Man darf das Hülfsverbum im Allgemeinen nur dann weglassen, wenn es mehren mit einander verbundenen Verben zugleich zukommt, wo es bloß zu dem ersten, oder letzten Verbum gesetzt wird. Z. B. Wir haben gelesen, geschrieben 2c. — Dinge, die nicht zu beschreiben, sondern nur zu fühlen sind.

Außerdem können nur haben und sein (nicht werden) in abhängigen Nebensätzen, die mit dem Hülfsverbum schließen, weggelassen werden, wodurch der Wohllaut besonders dann gewinnt, wenn dasselbe Hülfsverbum unmittelbar folgt. Z. B. Als ich dies vernommen (hatte), hatte ich nichts weiter zu thun, als 2c.

> **Anmerk.** Die allzuhäufige Weglassung des Hülfsverbums in der Prosa ist fehlerhaft; nicht minder aber ein überflüssig gehäufter Gebrauch desselben.

5. Gebrauch des Infinitivs.

Der Infinitiv wird theils allein, theils mit vorangehendem zu auf mannigfaltige Weise gebraucht.

1. Ohne zu steht der Infinitiv besonders:

1) Als Subject eines Satzes. Z. B. Handeln ist leicht, denken schwer. Es ist besser Unrecht leiden, als Unrecht thun.

> Anmerk. Verschieden hiervon ist der Gebrauch des Infinitivs, wo derselbe ganz zum Sub-stantiv geworden ist und als solches mit dem bestimmten Artikel verbunden wird. Z. B. Lügen und betrügen sind nahe verwandt; das Lügen schadet dem Lügner am meisten.

2) Bei den Hülfsverben des Modus: dürfen, können, mögen, müssen, sollen, wollen, lassen, welche mit dem nachfolgenden Infinitiv eine Begriffs-Einheit ausmachen. Z. B. Ich darf hoffen. Du kannst schreiben. Er will nichts lernen ꝛc.

> Anmerk. Auch haben und thun gehören in gewissen Redensarten hierher; z. B. du hast gut reden; er thut nichts, als spielen.

3) Bei den Verben heißen (für befehlen), nennen, helfen, lehren, lernen, machen. Z. B. Er hieß mich gehen. Das nenne ich schlafen! Ich half ihm arbeiten ꝛc.

4) Bei den Verben, welche Sinneswahrnehmungen ausdrücken, wie sehen, hören, fühlen, finden, und in gewissen Ausdrucks-weisen auch bei bleiben, gehen, fahren, reiten. Z. B. Ich sehe ihn kommen, höre ihn reden. Er blieb stehen. Wir gehen oder reiten spazieren. Er geht betteln ꝛc.

> Anmerk. Hier hat der Infinitiv die Bedeutung des 1sten Particips und steht an dessen Stelle.

2. Mit zu steht der Infinitiv:

1) Um die Absicht oder den Zweck auszudrücken, in welcher Be-deutung gewöhnlich noch um vor zu gesetzt wird. Z. B. Er kam, mir zu melden, oder: — um mir zu melden ꝛc. Der Mensch ißt, um zu leben.

2) Als Object oder Gegenstand, auf welchen ein Thun oder Be-gehren gerichtet ist oder sich bezieht, besonders nach Verben, wie: wün-schen, begehren, hoffen, fürchten, sich bemühen, suchen, bitten, befehlen, erlauben, ermahnen ꝛc.; nach Substantiven, wie: Lust, Muth, Eifer, Neigung, Zeit, Gelegenheit, und Adjectiven, wie: leicht, schwer, willig, bereit, werth, begierig ꝛc. Z. B. Sie wünscht zu gefallen. Suche zu sein, was du zu scheinen wünschest. Ich bitte Sie, sich zu setzen. Er hat Lust, Eifer, Gelegenheit ꝛc., etwas zu lernen. Die Sache ist leicht einzusehen. Ich bin bereit zu folgen, begierig zu hören.

> Anmerk. Oft läßt sich dieser Infinitiv mit zu in einen Substantivsatz mit daß auf-lösen und kann als die Verkürzung eines solchen angesehen werden. Z. B. Ich bitte dich, zu gehen == daß du gehest.

3) Nach manchen Verben, die eine Zeit= oder Modusbestim-mung des Thuns bezeichnen, als: beginnen, anfangen, fortfahren, aufhören, eilen, pflegen, lieben, vermögen, brauchen, wissen, scheinen. Z. B. Er begann zu sprechen. Eile, dich zu bessern! Er weiß zu leben. Du scheinst mich nicht zu verstehen.

4) Auch der als Subject stehende Infinitiv wird nicht selten mit zu verbunden, besonders wenn dessen Inhalt als etwas, das geschehen kann oder soll, dargestellt wird. Z. B. Thätig zu sein, geziemet dem Manne. Es ist die Pflicht der Reichen, die Armen zu unterstützen.

5) Der Infinitiv mit zu nimmt auch adjectivische Bedeutung an, indem er den Inhalt des Verbums als etwas darstellt, was dem Sub-jecte beigelegt werden kann oder muß. Z. B. Der fleißige Schüler ist zu loben. Die Gefahr ist zu fürchten.

Anmerk. 1. In attributiver Anwendung entspringt hieraus eine eigenthümliche Participialform: der zu lobende Schüler; die zu fürchtende Gefahr. (S. oben S. 56.)

2. Der einfache active Infinitiv, sowohl mit, als ohne zu, nimmt oft passive Bedeutung an; z. B. leicht zu glauben (d. i. geglaubt zu werden); er ist zu loben (d. i. muß gelobt werden). Durch diesen Doppelsinn entstehen bisweilen Zweideutigkeiten, welche man durch eine andere Wendung des Satzes zu vermeiden suchen muß. Z. B. Er ließ mich rufen, d. i. er ließ zu, daß ich rief, oder er veranstaltete, daß ich gerufen wurde. Man hört ihn oft loben. Ich sah ihn zeichnen, d. i. wie oder daß er zeichnete, oder gezeichnet wurde.

3. Die Hülfsverba des Modus (dürfen, können, mögen, müssen, sollen, wollen, lassen, auch heißen, helfen, hören, sehen, (lehren, lernen) nehmen, wenn sie mit einem andern Infinitiv in Verbindung treten, die Infinitivform statt des 2ten Particips an. Z. B. Ich habe es nicht thun dürfen (st. gedurft). Er hat warten müssen. Er hat mich kommen lassen (st. gelassen). Wer hat dich kommen heißen? (st. geheißen).

6. Gebrauch der Participien.

1. Die Participien können, wie die Adjective (s. S. 42), sowohl prädicativ, als attributiv gebraucht werden. Z. B. Die Gefahr ist drohend; die drohende Gefahr; ein Schlüssel ist verloren; ein verlorener Schlüssel.

Anmerk. In prädicativer Form tritt das Particip häufig mit einem andern Verbum in Verbindung, als verkürzender Stellvertreter eines ganzen Satzes, und dient so zur Zusammenziehung zweier Sätze in einen einzigen Satz. Z. B. Siegend starb der Held. In seine Tugend gehüllt trotzt er der Verleumdung.

2. Das 1ste Particip hat durchaus active Bedeutung und darf nicht passivisch gebraucht werden. Also nicht: kraft meines tragenden Amtes; eine vorhabende Reise; wohlschlafende Nacht; die betreffende Sache u. dgl. m.

Anmerk. Nur scheinbare Ausnahmen sind Ausdrücke, wie fahrende Habe (wo fahrend intransitiv ist), sitzende Lebensart, fallende Sucht u. dgl. m., wo das adverbial gebrauchte Particip zum attributiven Adjectiv fortgebildet ist.

3. Das aus dem Infinitiv mit zu entstandene Particip hat durchaus passive Bedeutung und kann daher von einem Intransitivum gar nicht gebildet werden. Also nicht: ein nächstens zu erscheinendes Buch.

4. Das 2te Particip oder Participium Perfecti hat, von transitiven Verben gebildet, passive Bedeutung und darf mithin nicht in activem Sinne gebraucht werden. Also nicht: ungegessen (st. ohne gegessen zu haben) zu Bette gehen; das sie betroffene Unglück u. dgl. m.

Anmerk. Einige Participien dieser Art haben jedoch den Charakter von Adjectiven und damit active Bedeutung angenommen; z. B. beritten, betrübt, eingebildet, erfahren, geschworen, verdient, verschwiegen rc.

5. Von reflexiven, intransitiven und unpersönlichen Verben gebildet, wird das 2te Particip in der Regel nur als Bestandtheil umschreibender Conjugationsformen, nicht als adjectivisches Bestimmwort gebraucht. Z. B. Er hat sich gefreut; er hat geschlafen; die Sonne hat geschienen; es hat geregnet. Nicht aber: ein sich gefreuter Mensch, ein geschlafenes Kind, die geschienene Sonne, ein sich ereigneter Umstand, die bisher bestandene Anstalt rc.

6. Nur von denjenigen Intransitiven, welche mit sein conjugirt werden (s. o. S. 66), gebraucht man das 2te Particip auch attributivisch; z. B. der gefallene Schnee, der gestorbene Vater, ein gelandetes

Schiff, der gewesene Minister, ein ausgeartetes Kind, eine zurück-
getretene Krankheit.

Anmerk. Werden die Participien als Adverbien gebraucht, so behalten
sie ihre ungebeugte Grundform; z. B. ein brennend (nicht brennendes)
rothes Tuch; ein hinreißend schöner Gesang; ein ausgezeichnet gelehrter Mann ꝛc.

Siebenter Abschnitt.

Das Adverbium (Neben= oder Umstandswort).

Die Adverbia sind Bestimmwörter des Prädicats, welche eine
Weise oder einen Nebenumstand des Thuns, Zustandes oder der
Eigenschaft, ein Wie? Wo? Wann? ꝛc. ausdrücken. Sie werden daher
nicht (wie die Adjective) mit Nennwörtern, sondern mit Verben oder
Adjectiven, oder auch mit Wörtern ihrer eigenen Art verbunden.
Z. B. Der oft betrogene Menschenfreund fällt sehr leicht in den Fehler des
Mißtrauens gegen Andere, die vielleicht ganz unschuldig sind.

Sie sind zum Theil der Comparation oder Steigerung fähig,
übrigens unbiegsam (inflexibel).

1. Arten der Adverbia.

In Rücksicht der Bedeutung sind zu unterscheiden:

1. Adverbia der Qualität und der Weise, welche das Wie
einer Thätigkeit oder Eigenschaft bestimmen und zwar 1) concret,
wenn die Beschaffenheit ihrem Inhalte nach vollständig ausgedrückt wird;
z. B. er schreibt gut, schön, spricht richtig ꝛc.; 2) abstract, wenn das
Wie bloß angedeutet wird; z. B. er spricht so, schreibt anders ꝛc.; so
auch: ebenso, wie, dergestalt, folgendermaßen ꝛc.

2. Adv. der Intensität oder des Grades drücken Verhält=
nisse der innern Stärke oder Größenbestimmungen der Eigenschaft aus
auf die Fragen: wie sehr? in welchem Grade? z. B. sehr, höchst,
ungemein, gar, zu, ziemlich, fast, kaum; auch: so, wie; je — je; je — desto.

3. Adv. der Quantität, insbesondere 1) des Maßes oder Um=
fanges auf die Fragen: wie viel? wie stark? als: viel, wenig, mehr,
genug, ganz; 2) der Zahl, welche theils bestimmt, theils unbestimmt oder
allgemein entweder Theilung ausdrücken (partitiva), z. B. halb, theils,
meistentheils ꝛc.; oder Ordnung (ordinalia): erstens, zweitens ꝛc.; zuvör-
derst, darauf, ferner, zuletzt; oder Wiederholung (iterativa): zweimal,
dreimal, manchmal; oder endlich Doppelung oder Vervielfältigung
(multiplicativa): einfach, zweifach, mehrfach, vielfältig ꝛc.

4. Adv. des Raumes. Einfache, abstracte Raumpartikeln sind:
ab, an, auf, aus, bei, durch, in, ein, nach, vor, um, zu ꝛc., welche in der Regel
als Präpositionen gebraucht werden (s. Absch. 8). Die andern Adverbia
dieser Art drücken theils 1) ruhiges Verweilen im Raume oder an
einem Orte aus auf die Frage wo? und zwar allgemein, wie: überall,
irgendwo, nirgends; oder bestimmt, wie: hier, da, dort; oben, unten, vorn,
hinten, außerhalb, diesseits ꝛc.; theils 2) Bewegung oder Richtung im
Raume, allgemein, wie: weit, fern, fort, weg, rings ꝛc.; oder bestimmt
auf die Fragen woher? wohin? als: daher, dahin, hierher ꝛc.; herab,
heraus, hinab, hinauf ꝛc.; bergauf, bergab, vorwärts, rückwärts ꝛc.

5. Adv. der Zeit. Sie bezeichnen 1) einen Zeitpunkt oder

Zeitraum auf die Fragen wann? seit wann? bis wann? z. B. je, jemals, nie; dann, nun, jetzt, sonst, heute, gestern, künftig ꝛc.; seitdem, seither, bisher ꝛc.; 2) eine Zeitdauer, als: stets, immer, allezeit, lange; 3) eine Wiederholung in der Zeit: selten, oft, wieder, abermals, zuweilen, gemeiniglich ꝛc.

6. Adv. der Modalität zur Bestimmung der Denk= und Redeweise oder des Modus der Aussage sind: 1) bejahende, behauptende: ja, doch, wahrlich, zwar, freilich ꝛc.; 2) verneinende: nein, nicht, keinesweges; 3) fragende: denn, wohl, nun, etwa, ob; 4) Vermuthung oder Zweifel ausdrückende: wahrscheinlich, vielleicht, etwa, wohl; 5) wünschende: doch, (wenn doch, daß doch); 5) fordernde oder gebietende: durchaus, schlechterdings ꝛc.

7. Die Adverbia, welche ein logisches Verhältniß (Ursache, Grund, Mittel, Zweck ꝛc.) ausdrücken, als: daher, demnach, deßhalb, dafür, dazu ꝛc., werden zu Conjunctionen (s. Abschn. 9), indem sie den ganzen Satz in Beziehung zu einem andern Satze setzen.

Anmerk. Die Adverbia, welche mit Pronomen (namentlich den hinweisenden und fragenden) zusammenhangen (vergl. o. S. 41. 8), können Pronominal-Adverbia genannt werden. Sie drücken zugleich die Beziehungsbegriffe der ihnen zu Grunde liegenden Pronominal-Stämme aus und stehen daher im Verhältnisse der Wechselbeziehung oder Correlation. So entsprechen den fragenden und beziehenden Adverbien wie, wo, wann, warum ꝛc. die hinweisenden und bestimmenden so, da, dann, darum ꝛc.

2. Bildung der Adverbia.

Ihrer Bildung nach sind die Adverbia theils Stammwörter, theils abgeleitet, theils zusammengesetzt. Sie sind ferner größtentheils von andern Redetheilen, besonders Adjectiven, Substantiven und Pronomen, entlehnt, und nur zum kleineren Theile ursprünglich oder durch eigenthümliche Bildungsmittel entstanden.

I. Von anderen Redetheilen entlehnte Adverbia:

1. Von Adjectiven. Alle Adjective, auch viele Participien können in ihrer unveränderten Grundform zugleich als Adverbia dienen; z. B. gut, schön, hell, entzückend, ausgezeichnet ꝛc. — Manche Adverbia sind ursprünglich Casusformen von Adjectiven, besonders Genitive, z. B. anders, stracks, stets, rechts, links, bereits; so auch einst st. eins; oder werden durch Verbindung eines Adjectivs mit einer Präposition gebildet, wie: bei weitem, in allem, am meisten, zugleich, zuerst, überall, fürwahr, fürlieb, insgemein ꝛc.

2. Von Substantiven. Casusformen des Substantivs, theils für sich allein, theils in Verbindung mit adjectivischen Bestimmwörtern als Adverbia gebraucht, sind z. B. Tags, Morgens, Abends, anfangs, flugs; keinesweges, jederzeit, mittlerweile, dergestalt, glücklicher Weise, meinerseits, allezeit, zeitlebens, einmal ꝛc. Verbindungen von Substantiven mit Präpositionen: zurück (von Rück, Rücken), unterwegs, abseits, abhanden, bei Zeiten, mit Recht, mit Fleiß, zuweilen, zwar, (aus zi wāre, d. i. in Wahrheit); übermorgen, überhaupt; auch mit nachgesetzter Präposition: bergan, stromauf, selbein ꝛc.

3. Von Pronomen entlehnt oder aus Pronominalstämmen entsprungen sind unter andern die einfachen: so, hin, her, hier; dann, denn, da, dort, desto, doch; wann, wenn, wo, wie; und die zusammengesetzten: daher, dahin, hierher, woher, wohin; indessen, vordem, nachdem, indem, überdies, deßwegen, demnach; vorher, nachher, hervor, herum, hinaus, hieraus, darin, worin ꝛc.

II. Ursprüngliche Adverbia und eigenthümliche Adverbialformen:

1. Ursprüngliche Adverbia sind: a) viel, mehr, meist, genug, eh, früh, wenig, wohl, nah, fern, oft, welche jedoch zum Theil auch als Adjective

dienen; b) die Orts-Partikeln: ab, an, auf, aus, bei, durch, in (ein), ob, um, vor, zu mit den Ableitungen: außen, außer, innen, inne, oben, vorn; auch hinten, nieden und nieder, unten (von verdunkelten Stämmen); c) die Zeit-Adverbien: nun, noch, je (alt ie), woraus weiter gebildet werden: nie, immer (aus ie-mer, b. i. je — mehr), nimmer, jemals, niemals, irgend, nirgend, jedoch, jetzt; d) die Adverbia der Modalität: ja, n— (altd. ni, ne) in: nicht, noch, nein 2c.

2. Eigenthümliche Adverbialbildungen werden gemacht: a) mittelst der Nachsilbe lich, welche zwar im Allgemeinen in dieser Anwendung veraltet, doch noch in einzelnen Fällen gebräuchlich ist; z. B. freilich, wahrlich, kürzlich, neulich, schwerlich, gänzlich 2c.; täglich, stündlich, mündlich 2c.; b) durch die Endung lings, z. B. blindlings, rücklings; c) durch die Substantive Ding, Fall, Maß, Halbe (Seite), Mal, Maß, Seite, Theil, Weg, Weile, Weise, welche den Charakter bloßer Bildungsendungen angenommen haben in: allerdings, gleichfalls, oberhalb, außerhalb, einmal, oftmals, dermaßen, einigermaßen, diesseits, größtentheils, keinesweges, einstweilen, spottweise 2c.; d) durch die Endung wärts, z. B. aufwärts, seitwärts, rückwärts 2c.

Anmerk. Viele Adverbia sind veraltet oder gemein, wie z. B. ewiglich, alleweile, hinfüro, fürbaß, absonderlich, knapp, justement 2c.

3. Bemerkungen über Gebrauch und Bedeutung der Adverbia.

1. Man setze nicht statt des Adverbiums die gebeugte Adjectivform; also nicht: ein rechtes gutes Kind; eine außerordentliche schöne Gegend (vergl. o. S. 47 Anm. 2). So unterscheide man auch: viele vermögende Leute und viel vermögende Leute.

2. Es ist fehlerhaft, die Adverbia entzwei und zu als Adjective zu gebrauchen; also nicht: entzweie Schuhe, ein zuer oder zuiger Wagen!

3. Man sagt zwar richtig: böse, gerade, leise 2c., weil diese Wörter auch als Adjective ein e haben; auch lange als Zeit-Adverbium; bange, behende, nah und nahe; nicht aber: balde, dicke, dünne, gerne, ofte, sehre 2c.; sondern: bald, dick 2c.

4. Durch Nachsilben, wie bar, sam, lich, isch, 2c., gebildete Adjective behalten als Adverbia dieselben eigenthümlichen Unterschiede der Bedeutung (vergl. o. S. 42). Unterscheide demnach: sich kindlich freuen, und sich kindisch freuen 2c.

5. An den steigerungsfähigen Adverbien (vergl. S. 43. Anm. 2) wird der Comparativ regelmäßig durch die Endung er ausgedrückt; der eigentliche (relative) Superlativ aber durch Umschreibung mit am. Z. B. Der Bote kam früher, als ich ihn erwartete. Es kommt jetzt öfter zu mir, als sonst. Er kam am frühesten von Allen. Er besucht mich von meinen Freunden am öftesten. — Ein absoluter Superlativ (der überhaupt einen sehr hohen Grad ohne Vergleichung ausdrückt) wird durch das bloße — st, oder mit Anfügung der Endung — ens, oder auch durch Umschreibungen mit aufs, zum, im gebildet; z. B. höchst, eiligst, gefälligst, gehorsamst; schönstens, bestens, nächstens; aufs beste, zum schönsten, im geringsten nicht.;

Anmerk. 1. Oft hat regelmäßig öfter (nicht öfterer) 2c.; öfters, oftmals sind der Steigerung nicht fähig. Von gern sagt man im Comp. lieber, im Sup. am liebsten; von bald: eher, am ehesten. Eher ist zu unterscheiden von ehe, welches letztere die Kraft einer Conjunction hat, indem es s. v. w. eher als bedeutet. Z. B. Ehe er kam, war ich da: indessen kam er eher, als ich ihn erwartet hatte. Auch unterscheide man noch dem Obigen: am ehesten (am frühesten) und ehestens (sehr bald).

2. Wenn ein Adverb der Steigerung nicht fähig und diese doch der Bedeutung nach möglich ist, so wird sie durch mehr, am meisten umschrieben.

6. Das Adverbium wird einem Adjectiv oder Adverbium, zu dessen näherer Bestimmung es dient, regelmäßig voran=, einer einfachen Verbalform hingegen in der natürlichen Wortfolge des Hauptsatzes nachgesetzt. Steht das Verbum aber in einer umschriebenen Form oder auch in einem abhängigen Nebensatze, so steht das Adverbium vor demselben. Z. B. Er war sehr froh. Er freute sich sehr. Er hat sich sehr gefreut. Weil er sich sehr freute 2c.

Anmerk. Das verneinende Adverbium nicht richtet sich ganz nach diesen Bestimmungen, wenn es sich auf das Prädicat des Satzes selbst oder die ganze Aussage bezieht, und nimmt dann unter mehrern Adverbien regelmäßig die letzte Stelle ein. Geht es aber auf ein einzelnes Wort des Satzes, so muß es unmittelbar vor diesem stehen. Unterscheide demnach: Er hat es oft nicht gethan; sie kommt heute nicht — und: Er hat es nicht oft gethan; sie kommt nicht heute, sondern morgen. Ich habe nicht die Ehre, Sie zu kennen — und: Ich habe die Ehre, Sie nicht zu kennen.

7. Die Adverbia dürfen nur da stehen, wo sie eine eigenthümliche Bestimmung hinzufügen, welche nicht schon in dem Verbum oder Beiwort enthalten ist und dadurch entbehrlich gemacht wird. Falsch ist also: Er pflegt es gewöhnlich so zu machen. Es kann vielleicht möglich sein, daß er nur bloß ganz allein da war.

Anmerk. Überflüssig steht das Adverbium, wo schon eine Präposition derselben Bedeutung vorausgeht; z. B. aus dem Fenster hinaus.

8. Besonders ist der unrichtige und überflüssige Gebrauch der verneinenden Partikel zu vermeiden. Eine doppelte Verneinung hat nach dem heutigen hochdeutschen Sprachgebrauch nicht, wie in der älteren Sprache, verstärkte Verneinungskraft, sondern wird vielmehr zur Bejahung. Z. B. Es war Niemand nicht da; es ist ihm verboten, nicht zu sprechen 2c. Unterscheide: Ich fürchte, daß er kommt; — daß er nicht kommt; ich fürchte nicht, daß er kommt.

Anmerk. Bei Fragen wird das Nebenwort nicht gebraucht, wenn man eine verneinende Antwort erwartet. Bei Ausrufungen ist das tonlose nicht in der Regel überflüssig. Z. B. Wie unglücklich ist nicht der Mensch! 2c.

9. Wohl zu unterscheiden sind folgende Adverbia:

1) beiläufig und ungefähr. Z. B. Es waren ungefähr 100 Personen. Er erzählte von seinen Reisen, beiläufig auch von 2c.

2) voran und vorwärts. Z. B. Ich gehe voran, die Andern folgen. — Gehe doch vorwärts!

3) auf und offen. Z. B. Mache die Thür auf! Die Thür ist offen.

4) in und ein. Ein drückt Bewegung oder Richtung nach dem Innern aus auf die Frage wohin? in (wenn es nicht selbständige Präposition, sondern Glied von Zusammensetzungen ist) das ruhige Verweilen auf die Frage wo? Demnach sind zu unterscheiden: darin, worin und darein, worein.

5) her und hin, sowohl für sich allein, als in zusammengesetzten Adverbien. Her bezeichnet eine Annäherung zu dem Standpunkte des Redenden, hin aber eine Entfernung von demselben.

Ausnahmen: sich herablassen; eine Sache herabsetzen; ein Buch herausgeben.
Anmerk. Insbesondere sind auch herum (im Kreise herum) und umher (bald hier=, bald dorthin) und hinum und umhin zu unterscheiden.

6) da und wo mit ihren Zusammensetzungen (vergl. o. S. 41. 8); warum und wodurch oder woran. Warum fragt nach dem Grunde einer Handlung. Falsch ist also: Warum (st. woran) ist er gestorben? 2c.

7) dann und denn, wann und wenn. Dann und wann sind Adverbia der Zeit, denn und wenn Conjunctionen (s. Abschn. 9).

Übungsaufgaben.

Achter Abschnitt.

Die Präposition (das Verhältniß= oder Vorwort).

Die Präpositionen sind Formwörter, welche die Verhältnisse ausdrücken, in die ein Gegenstand durch seinen Zustand oder sein Thun zu einem andern Gegenstande tritt. Sie erfordern daher immer ein Gegenstandswort in einem abhängigen Casus (Genitiv, Dativ, oder Accusativ) neben sich, und drücken im Allgemeinen weniger abstracte, mehr äußerliche und sinnliche Verhältnisse aus, als die Casus allein, ursprünglich besonders Raumverhältnisse.

Die ältesten Präpositionen sind ursprünglich Adverbia des Raumes und der Zeit und werden auch jetzt noch häufig als solche gebraucht; z. B. von Jugend auf; das Spiel ist aus; nach und nach; nach wie vor 2c., und besonders in Zusammensetzungen, wie ausgehen, aufstehen 2c. — Diese können wir eigentliche oder **Adverbial=Präpositionen** nennen, als: an, auf, aus, bei, durch, für, vor, in, mit, nach, ohne, seit, um, von, zu; außer, hinter, über, unter, wider, sonder, sammt; binnen, zuwider.

Außerdem haben aber auch manche Nenn= und Beiwörter die Bedeutung und Kraft von Präpositionen angenommen. Diese nennen wir uneigentliche oder **Nominal=Präpositionen,** insbesondere **Substantiv=Präpositionen,** als: gegen (entgegen), halb (halben, halber), außerhalb, innerhalb 2c., wegen, zufolge, kraft, vermöge, laut, mittelst, diesseit, jenseit, längs und entlang, statt oder anstatt, trotz, um — willen; und **Adjectiv=Präpositionen,** als: neben (aus in eben entstanden), nebst, zwischen (von dem alten Adjectiv zwisc, zwiefach), gemäß, nächst oder zunächst, ungeachtet, unweit oder unfern, während.

Ihrer Bildung nach sind die Präpositionen dieser verschiedenen Arten theils 1) **Stammwörter,** z. B. auf, aus 2c.; theils 2) **abgeleitete,** z. B. außer, zwischen, während 2c.; theils 3) **zusammengesetzte,** z. B. anstatt, zuwider, gegenüber, außerhalb, diesseit 2c.

Bemerkungen über Bedeutung und Gebrauch der Präpositionen.

1. Nach ihren Bedeutungen sind die Präpositionen folgendermaßen zu ordnen. Sie bezeichnen:

A. **Raumverhältnisse,** insbesondere: 1) ein örtliches Verhält= niß (auf die Frage wo?): zu, bei, nächst, zunächst, unweit; außer, außerhalb, innerhalb, oberhalb, unterhalb, diesseit, jenseit, gegenüber, längs oder entlang; 2) ein Richtungsverhältniß zu einem Gegenstande, welcher entweder Aus= gangspunkt der Bewegung ist (auf die Frage woher?): von, aus; oder Zielpunkt (auf die Frage wohin?): nach, zu, bis, gegen, entgegen; oder Durchgangsort: durch; oder Mittelpunkt der Bewegung: um; 3) ein Ortsverhältniß (auf die Frage wo?) und zugleich das Verhältniß der Richtung wohin? an, neben, in, auf, über, unter, vor, hinter, zwischen.

B. **Zeitverhältnisse:** 1) auf die Frage wann? in, zu, an, bei, auf, durch, während, unter, über, binnen, um, gegen, vor, nach; 2) auf die Fragen: seit wann? von, seit; bis wann? bis.

C. **Innere Verhältnisse:** 1) Verbindung und Trennung: mit, nebst, sammt, bei, zu, unter; von, ohne, außer; Ordnung oder Rang: *auf,* über, unter, vor, nach, nächst, zunächst; Stellvertretung oder Wechsel: für, statt oder anstatt, gegen, um; Richtung einer Thätigkeit oder Empfindung, Zu= oder Abneigung: zu, für, gegen, wider, entgegen, zuwider; Gemäßheit oder Widerstreit: nach, zufolge, gemäß, auf; ungeachtet, trotz; Maß= und Werthbestimmung: zu, gegen, über, unter; 2) ursächliche (Causalitäts=) Verhältnisse, insbesondere: Ursprung oder Stoff: von, aus; Mittel oder Werkzeug: mit, durch, mittelst; Zweck oder Fürsorge: zu, um, für, auf; wirkende Ursache: durch, kraft, vermöge, vor; Beweggrund: aus, wegen, halb oder halben, um—willen; Erkenntniß= oder Beweisgrund: aus, laut, nach, zufolge; 3) die Weise eines Thuns oder Seins, in adverbialen Ausdrücken, wie: in Eile, zu Fuß, aufs beste, am höchsten, im Allgemeinen, bei Seite 2c.; 4) grammatische Verhältnisse, statt der einfachen Casus; z. B. er denkt an mich (= er denkt meiner); er freut sich über dich (= er freut sich deiner); die Königinn von England (= Englands Königinn) 2c.

2. Wenn eine Präposition verschiedene auf einander folgende Gegenstandswörter regiert, so findet eine Wiederholung der Präposition nur im nachdrucksvollen Vortrage Statt; nothwendig aber ist dieselbe, wenn die Gegenstandswörter durch eintheilende oder ausschließende Conjunctionen verbunden sind; z. B. durch Gewalt und List; mit Noth und Sorgen kämpfen; aber: weder durch Gewalt, noch durch List; theils mit Güte, theils mit Strenge.

3. Man läßt nicht gern zwei Präpositionen unmittelbar auf einander folgen; z. B. nicht: für von ihm erhaltene Waaren 2c.

4. Manche Präpositionen nehmen zuweilen zur Ergänzung ihres Begriffes noch ein Adverbium zu sich, welches hinter das von der Präposition regierte Wort tritt. Z. B. Er lief auf mich zu, hinter mir her, u. dgl. m.

5. Die Präpositionen können zum Theil mit andern Wörtern zusammengezogen und zusammengesetzt werden.
1) Durch Zusammenziehung mit dem Dativ und Accusativ des bestimmten Artikels entstehen die Formen: am, beim, im, vom, zum; ans, aufs, durchs, fürs, ins, vors, ums. Vergl. S. 28.
2) Durch Zusammensetzung mit den Pronomen der und wer und besonders mit den Pronominal=Adverbien her, hin, hier, da, wo entstehen die Adverbia: vordem, nachdem, demnach, deßhalb, weßhalb 2c.; vorher, umher, umhin, hernach, hinaus, hieraus, hierin, daraus, darin, davon, woraus, womit 2c. Vgl. S. 77. 3.

Neunter Abschnitt.

Die Conjunction oder das Bindewort.

Conjunctionen oder Bindewörter sind diejenigen Formwörter, welche ganze Sätze mit Bezeichnung ihres Gedankenverhältnisses an einander knüpfen oder in einander fügen. Ohne sie würde der Zusammenhang und die feinere Beziehung der Gedanken auf einander unbestimmt und oft undeutlich bleiben.

Die Conjunctionen sind größtentheils aus Adverbien entsprungen und zum Theil noch jetzt zugleich Adverbia; z. B. da, denn, doch, so 2c.; einige auch von Pronomen entlehnt, z. B. daß, weder; oder aus Verbal= und Nominalstämmen gebildet, z. B. auch, weil, endlich, ferner. Gleich den übrigen Partikeln sind sie ihrer Bildung nach theils Stammwörter, wie: auch, denn, doch, wie ꝛc.; theils abgeleitet, wie: nämlich, erstens, endlich, bevor; theils zusammengesetzt, wie: vielmehr, gleichwohl, obschon, damit ꝛc.

1. Arten der Conjunctionen.

Nach ihrer syntaktischen Kraft, d. i. ihrer Einwirkung auf die Verbindungsweise und Wortfolge der Sätze, sind die Conjunctionen theils 1) beiordnende Conj. oder Bindewörter, durch welche die Sätze so verbunden werden, daß sie gleich selbständig neben einander erscheinen; theils 2) unterordnende Conj. oder Fügewörter, durch welche ein Satz als unselbständiger Nebensatz einem andern untergeordnet wird. Nach der verschiedenen Natur der Nebensätze giebt es Fügewörter a) der Substantiv- oder Gegenstandssätze, b) der Adjectiv-, c) der Adverbial- oder Umstandssätze. Vgl. die Satzlehre.

Beiderlei Conjunctionen, Binde- und Fügewörter, müssen aber zugleich nach ihrer innern Bedeutung, d. i. den verschiedenen Beziehungsbegriffen, welche sie ausdrücken, eingetheilt werden.

I. Beiordnende Conjunctionen oder Bindewörter.

1. Verhältniß der äußerlichen Verknüpfung:

1) anfügend oder anreihend (copulativ): a) positiv oder behauptend: und, auch, sowohl — als auch, nicht nur — sondern auch; b) negativ, verneinend oder schlechthin ausschließend (exclusiv): weder — noch.
2) fortsetzend (continuativ): a) allgemein oder unbestimmt: erst, dann, ferner, weiter, hernach, zuletzt, endlich; b) nach der bestimmten Zahl ordnend (ordinativ): erstens, zweitens, drittens ꝛc.
3) eintheilend (partitiv): theils — theils; einerseits — andrerseits.

2. Verhältniß der Entgegensetzung:

4) entgegensetzend in bestimmterem Sinne (adversativ): a) beschränkend: aber, allein, doch, jedoch, dennoch, gleichwohl, vielmehr; b) aufhebend: sondern.
5) sich gegenseitig ausschließend (disjunctiv): entweder — oder.

Diese beiden Verhältnisse werden nur durch beiordnende Conj. oder Bindewörter ausgedrückt; die folgenden hingegen sowohl durch Binde-, als Fügewörter.

3. Orts- und Zeitverhältniß.

I. Beiordnende Conj. oder Bindewörter.	II. Unterordnende Conj. oder Fügewörter.
6) ortbestimmend: da, daher, dahin.	1) ortbestimmend: wo, woher, wohin.
7) zeitbestimmend: damals, dann, indessen; vorher, zuvor, eher; dann, darauf, hernach, seitdem.	2) zeitbestimmend: als, da, wie, wenn, während, indem, indessen, bis; nachdem, seitdem, seit; ehe, bevor.

4. Verhältniß der Qualität, Quantität und Intensität.

8) vergleichend (comparativ): so, also, eben so.	3) vergleichend: wie, gleichwie, so wie, als.
9) verhältlich (proportional): desto, um so.	4) verhältlich: je (— je, desto, um so).
10) einschränkend (restrictiv): in so fern, in so weit.	5) einschränkend: in wiefern, wiefern, sofern.

5. Causale (ursächliche) Verhältnisse.

Bindewörter.

11) **folgernd** (conclusiv), welche anfügen a) dem (logischen) Grunde die Folge: also, folglich, mithin, sonach, demnach; b) der (realen) Ursache eine Wirkung: daher; c) dem (moralischen) Beweggrunde die That: daher, darum, deßwegen, deßhalb.

12) **begründend** (causal): denn, nämlich.

13) **zwecklich** (final): dazu, darum, deßwegen.

14) **bedingend** (conditional): denn, sonst.

15) **einräumend** (concessiv): zwar, wohl.

Fügewörter.

6) **folgernd**, welche eine Folge, Wirkung oder That dem Grunde oder der Ursache unterordnend anfügen: so daß; weßhalb, weßwegen, auch: daher.

7) **begründend**: weil, da, nun.

8) **zwecklich**: auf daß, damit, um zu.

9) **bedingend**: wenn, falls, wofern, wo nicht, wenn anders, außer wenn.

10) **einräumend**: ob, obgleich, obwohl, obschon, wiewohl, wenn gleich, ungeachtet.

Die folgenden Verhältnisse werden nur durch unterordnende Conjunctionen oder Fügewörter dargestellt:

6. Verhältniß der Weise.

11) **modale Fügewörter**: indem, so daß, als ob, als wenn, wie wenn.

Anmerk. Diese fügen dem Hauptsatz einen Umstandssatz an, welcher die Weise des Thuns oder Vorganges näher bestimmt. In weiterem Sinne sind aber alle bisher aufgeführten unterordnenden Conjunctionen: Fügewörter der Umstandssätze.

7. Grammatische Bestimmungs= oder Abhängigkeits=Verhältnisse.

12) **Fügewörter der Adjectivsätze**: a) erläuternd (explanativ): als, wie, nämlich, namentlich; b) beschränkend oder ausnehmend (exceptiv): als, denn, außer.

13) **Fügewörter der Substantiv- oder Gegenstandssätze**: daß, ob.

2. Bemerkungen über Bedeutung und Gebrauch der Conjunctionen.

Und wird, wo mehre Begriffe aufgezählt werden, gewöhnlich nur einmal und zwar vor dem letzten Worte oder Satze gebraucht. Man hüte sich vor dem unnöthig gehäuften Gebrauche dieses Wortes.

Aber und sondern. Sondern ist aufhebend oder berichtigend und fordert immer eine Verneinung vor sich; aber fügt überhaupt nur etwas Anderes oder Weiteres hinzu. Z. B. Er befiehlt es nicht, sondern er wünscht es nur. Er befiehlt es nicht, aber er wünscht es doch.

Aber kann immer für allein, hingegen dieses nicht überall für jenes stehen, da allein immer einen beschränkenden Einwand, aber hingegen oft nur etwas Anderes, nicht gerade Widersprechendes einführt. Auch steht allein nie anders, als zu Anfange. Z. B. Fritz hat gute Anlagen; allein er ist nicht fleißig; oder: er ist aber nicht fleißig. Beide Wörter mit einander zu verbinden, ist fehlerhaft; also nicht: aber allein, oder allein aber er ist ꝛc.

Als ist 1) gleichstellend (z. B. er starb als Held); daher 2) erklärend oder beispielsweise anführend; 3) modal, gewöhnlich in Verbindung mit ob oder wenn (z. B. er stellt sich, als ob er schliefe); 4) vergleichend dem Grade und Maße nach, daher besonders nach einem Comparativ (verschieden von wie, welches zwei Begriffe als ähnliche nach ihrer Beschaffenheit vergleicht); 5) ausschließend nach einer Verneinung; 6) zeitbestimmend.

Als, da, indem führen etwas Gleichzeitiges ein, am gewöhnlichsten in der Vergangenheit; doch drücken da und indem zugleich einen ursächlichen Zusammenhang aus. Z. B. Als ich ihn besuchen wollte, fand ich ihn nicht zu Hause; da ich ihn aber nothwendig sprechen mußte, so ließ ich ihn rufen.

Je — je, oder je — desto. Haben zwei mit einander verbundene Sätze ein gemeinschaftliches Verbum, oder ist dieses ganz ausgelassen: so kann je — je stehen; hat aber jeder Satz sein eigenes Verbum, so steht richtiger je — desto. Z. B. Der Unterricht wird mir je länger, je lieber. — Je größer unsere Freuden sind, desto mehr empfinden wir ihre Vergänglichkeit.

Daher bezeichnet das Hervorgehen einer Wirkung aus ihrer Ursache (z. B. der Schnee ist geschmolzen; daher sind die Flüsse angeschwollen); außerdem auch, wie darum, deßhalb, deßwegen, das Hervorgehen einer Handlung aus ihrem Beweggrunde; z. B. es ist schönes Wetter; darum (deßhalb rc.) gehe ich spazieren. Also, folglich, mithin, demnach ziehen logische Schlüsse und bezeichnen eine nothwendige Schlußfolge; z. B. die Bäume erfrieren; also muß es kalt sein.

Weil ist begründend und drückt die Ursache oder den Beweggrund aus, als Antwort auf die Frage warum? Z. B. Die Bäume erfrieren, weil es kalt ist. Er ging nach Hause, weil ihm die Gesellschaft mißfiel. — Da ist beweisführend und drückt eine logische Schlußfolge aus. Z. B. Es muß kalt sein, da die Bäume erfrieren.

> Anmerk. Man darf weil nicht für als oder indem gebrauchen.

Zwar (statt dessen auch wohl stehen kann) wird in dem unabhängigen Hauptsatz als einräumendes Bindewort gebraucht; obgleich, obwohl, wiewohl rc. drücken denselben Begriff als Fügewörter aus. Z. B. Er ist zwar noch jung; aber er weiß schon viel. Obgleich er noch jung ist, weiß er doch schon viel.

Daß (entstanden aus dem Pronomen das) kann als Satzartikel oder als Fügewort der Substantivsätze einen solchen Satz in allen Casus-Verhältnissen mit andern Sätzen verbinden. — Beispiele. — Oft steht auch daß für auf daß oder damit.

Übungsaufgaben.

Zehnter Abschnitt.

Die Interjection oder der Empfindungslaut.

Die Interjectionen sind laute Ausbrüche des Gefühls, nicht Zeichen bestimmter Vorstellungen, also keine wirklichen Wörter, sondern bloße Empfindungslaute (vergl. S. 20). Sie stehen außerhalb des grammatischen Zusammenhanges da, wo sie zur Verstärkung des Ausdrucks einer Empfindung dienen sollen.

Ihrer Bildung nach sind die echten oder eigentlichen Interjectionen ursprüngliche Naturlaute, welche in keinem ethmologischen Zusammenhange mit den Wörtern der Vernunftsprache stehen. Außerdem werden aber auch einzelne Formen von Verben, Nenn- und Beiwörtern, Partikeln rc. als unechte oder uneigentliche Interjectionen gebraucht; z. B. brav! fort! frisch! auf! halt! Heil! Glück auf! rc.

Ihrer Bedeutung nach lassen sie sich eintheilen in:

1. Empfindungslaute im engeren Sinne, welche körperliche Gefühle oder innere Gemüthsbewegungen ausdrücken; z. B. o! als der allgemeinste Aus- und Anruf; ferner die Empfindungslaute des Schmerzes, Kummers rc.: weh! ach! o weh! au! au weh! — der Freude und an-

genehmen Überraschung: ah! ha! ei! juch! juchhe! heisa! — der Ver=
wunderung, des Beifalls ꝛc.: ah! ei! ih! hoho! oho! potz! potztausend! ꝛc.
— des Unwillens, Ekels, der Furcht ꝛc.: pfui! hu hu! brr! — des
Zweifels oder des erhaltenen Aufschlusses: hm! haha oder aha! — des
Spottes: ätsch!

2. Schallnachahmungen, Nachbildungen von allerlei Schällen,
Klängen, Thierlauten ꝛc.; z. B. bauz! klipp klapp! husch! knacks! piff, paff,
puff! miau! quak quak! ꝛc.

3. Lautgeberden, d. i. andeutende Empfindungslaute, durch
welche man einem Andern etwas zu verstehen giebt oder gebietet; z. B.
he! heda! als Zuruf; holla! das Schweigen gebietende sch! st! pst! u. dgl. m.

Die echten Interjectionen können weder ein Wort regieren, noch
von einem andern Worte abhängig sein und stehen daher bei jedem Ca=
sus. Z. B. O Thor! o der Thor! o dem Thoren (kann es nicht schaden); o
den Thoren (kenne ich) ꝛc.

Anmerk. Mit den uneigentlichen Interjectionen wohl, Heil ꝛc. wird der
Dativ verbunden, welcher aber von dem ausgelassenen Verbum abhängt;
z. B. wohl (sei) ihm! Heil (sei oder werde) dir! ꝛc. — Bei o, ach und
pfui steht jedoch häufig der Genitiv als absoluter Casus, d. i. ohne von
einem deutlich hinzugedachten Verbum abzuhangen; z. B. o des Thoren!
pfui der Schande! ꝛc.

Dritter Theil.
Satzlehre (Syntax).

Erste Abtheilung.
Begriff, Arten und Bestandtheile des Satzes im Allgemeinen.

I. Begriff und Hauptformen des Satzes. Jede vollständige
Aussage eines Gedachten ist ein Satz. Die wesentlichen Bestandtheile
desselben sind Subject und Prädicat (vgl. S. 20 f.). Ist das Prä=
dicat ein (concretes) Verbum, so hat es zugleich die aussagende Kraft
(z. B. die Rose blüht; der Vogel singt); ist es ein Bei= oder Nennwort, so
muß ein abstractes Verbum (sein, werden; vgl. S. 51 f.) als Aussagewort
oder Copula hinzutreten (z. B. der Mensch ist sterblich; die Rose wird welk).

Jeder Satz ist entweder 1) einfacher Satz, welcher nur ein Aus=
sagewort (verbum finitum) enthält, und zwar a) nackter Satz, wenn er
nur die nothwendigen Satztheile enthält (z. B. das Kind schläft); b) er=
weiterter oder bekleideter Satz, wenn er mit bestimmenden Zu=
sätzen versehen ist (z. B. ein gesundes, sorgfältig gepflegtes Kind schläft ge=
wöhnlich ruhig); oder 2) zusammengesetzter Satz, in welchem zwei
oder mehre einfache Sätze zu einem Redeganzen verbunden sind und daher
mehre Aussagewörter vorkommen (z. B. wenn ein Kind gesund ist und sorg=
fältig gepflegt wird, so schläft es gewöhnlich ruhig). Eine besondere Art
kunstgemäß gebauter zusammengesetzter Sätze nennt man Perioden.

II. Arten des einfachen Satzes. Der einfache Satz ist
1. nach dem Inhalte der Aussage entweder 1) Existential=

Satz, welcher nur die Aussage eines Seins oder eines subjectlosen Vorganges enthält (z. B. Gott ist. Es regnet. Es ist kalt); oder 2) Prädicats=Satz, in welchem dem Subject ein inhaltvolleres Merkmal beigelegt wird (z. B. Gott ist gerecht. Der Mensch denkt. Die Luft ist kalt).

2. Nach der Form der Aussage: 1) bejahender (affirmativer) Satz, in welchem dem Subject das Prädicat zuerkannt, oder 2) verneinender (negativer) Satz, in welchem es demselben abgesprochen wird. Z. B. Gott ist ewig. Ich komme. — Gott ist nicht endlich. Ich komme nicht.

Anmerk. Man unterscheide die auf die Aussage selbst bezügliche subjective oder Satz-Negation von der objectiven, welche nur eine einzelne Vorstellung im bejahenden Satze aufhebt. Z. B. Ich tadle dich heute nicht. Nicht ich tadle dich heute. Ich tadle dich nicht heute. Vgl. S. 79. Anmerk.

3. Nach der Modalität, d. i. dem Verhältnisse, in welchem das Ausgesagte zu der geistigen Thätigkeit des Redenden steht, ist der Satz entweder Erkenntnißsatz, in welchem das Prädicat als erkanntes —, oder Begehrungssatz, in welchem es als gewolltes ausgesagt wird. Z. B. Du läufst. Der Mensch ist vernünftig. — Lauf! Möchte doch jeder Mensch vernünftig sein! — Sowohl der Erkenntnißsatz, als der Begehrungssatz ist dreifach verschieden, nach den 3 Denkformen: Wirklichkeit, Möglichkeit, Nothwendigkeit (vgl. S. 23. 5), woraus folgende 6 Satzarten entspringen:

Erkenntnißsatz	Begehrungssatz
der Wirklichkeit.	
1) Behauptender (assertorischer) Satz: Er ist krank. Der Mensch denkt.	2) Frage- (Interrogativ-) Satz: Ist er krank? Denkt der Mensch?
der Möglichkeit.	
3) Vermuthungs=Satz (potentialer Satz): Er mag krank sein. Er dürfte Recht haben (vgl. S. 73. 3).	4) Wunschsatz (optativer Satz): Er lebe oder möge leben! Wäre er doch gesund! (vgl. S. 73. 4).
der Nothwendigkeit.	
5) Erkenntnißsatz der Nothwendigkeit: Der Mensch muß sterben. Dieser Schüler ist zu loben.	6) Heische- (Imperativ-) Satz: geh! höret! eilet nicht!

Anmerk. Von dem Fragesatze, in welchem die Aussage selbst in Frage gestellt wird und auf welchen mit Ja oder Nein geantwortet werden kann, unterscheide man die objective oder materiale Frage, welche nur eine einzelne Vorstellung, als Theil des Satzes, in Frage stellt und durch die Nennung des erfragten Gegenstandes beantwortet wird. Z. B. Wer ist krank? Mein Bruder. Wo wohnt er? In der Stadt.

III. Bestandtheile und Formen des einfachen Satzes.

Die Haupttheile des Satzes, Subject, Prädicat und Copula, können durch verschiedene Wortarten dargestellt werden, wodurch verschiedene Satzformen entstehen.

1. Das Subject ist nicht immer ein Nennwort oder ein dessen Stelle vertretendes Fürwort (z. B. Die Sonne scheint. Das Leben ist kurz. Ich schreibe. Wer kommt?). Es wird in Heischesätzen gar nicht durch ein selbständiges Wort ausgedrückt (z. B. sprich! hört! zürne nicht! — außer bei nachdrücklicher Hervorhebung des Subjects, z. B. sprich du, und ihr hört! vgl. S. 71. 1); in Impersonal=Sätzen aber nur formell durch das inhaltlose es vertreten (z. B. es regnet; schneit es? es hungert mich; es grauet mir 2c. Vgl. S. 71).

Anmerk. 1. Das Nennwort als Subject wird häufig dem Aussagewort nachgesetzt und vor demselben durch das inhaltlose es vertreten. Z. B. Es braus't der Wald. Es ritten drei Reiter 2c.

2. Das als Subject stehende Fürwort ist nicht immer Stellvertreter einer bestimmten Person oder Sache, sondern es können auch die sächlichen Fürwörter es, das, dies als Subject den unbestimmten Begriff eines Gegenstandes überhaupt ausdrücken, welcher durch ein als Prädicat stehendes Nenn- oder Fürwort seinen bestimmten Inhalt erhält. Z. B. Es ist der Vater. Das ist meine Mutter. Dies ist sein Garten. Das war ich. Ich bin es ꝛc. Vgl. S. 41. 5.

2. Das Prädicat wird entweder 1) mit der Copula vereinigt durch ein Verbum ausgedrückt (z. B. Er las, ich schrieb, die Kinder spielten. Ich habe gearbeitet); oder 2) von der Copula gesondert, durch ein Adjectiv oder Particip (z. B. Der Himmel ist heiter. Der Gesang war entzückend); auch durch ein Zahlwort oder adjectivisches Pronomen (z. B. Wir waren drei; ihr seid wenige; das Buch ist mein); oder 3) durch ein Substantiv im Nominativ (z. B. es ist der Vater; ich bin ein Mensch; die Eiche ist ein Baum; Alexander war ein Held).

Anmerk. 1. In der Bedeutung eines prädicativen Adjectivs steht bisweilen 1) der Infinitiv mit zu (z. B. die Arbeit ist zu loben = lobenswerth; vgl. S. 74. 5); 2) ein Substantiv im Genitiv (z. B. wir sind eines Sinnes = gleichgesinnt; er war Willens ꝛc.), oder auch ein mittelst einer Präposition angefügtes Substantiv (z. B. er ist von Adel = adelig; sie war nicht bei Sinnen).

2. Ein Adverbium steht als Prädicat: 1) nur scheinbar, neben dem Verbum sein, wenn dieses nicht die reine Copula ist, sondern die concrete Bedeutung sich befinden, sich aufhalten ꝛc. hat (z. B. Gott ist überall. Ich bin unwohl. Mein Bruder ist hier); 2) auslassungsweise (elliptisch), indem ein Particip hinzugedacht wird (z. B. Er ist fort [gegangen]. Ich war schon auf [gestanden]). 3) Die abstracten Adverbia der Qualität so, wie, anders (vgl. S. 76. 1) stehen als Prädicat für: so—, wie—, anders beschaffen (z. B. die Sache ist so, anders. Wie ist die Geschichte?).

3. Die Copula wird nicht allein durch das Verbum sein ausgedrückt (z. B. Der Mensch ist vernünftig. Ich bin ein Mensch); sondern auch die Verba werden, bleiben, scheinen, dünken, heißen, die für sich allein keinen erschöpfenden Prädicatsbegriff darstellen, können die Stelle derselben einnehmen (z. B. Er wird groß. Sein Bruder bleibt klein. Du scheinst traurig. Friedrich II. heißt der Große). Vgl. S. 47. 1.

IV. Erweiterung des einfachen Satzes. Der einfache Satz wird erweitert, indem entweder zu den Haupt-Satztheilen bestimmende Zusätze (Satz- oder Nebenbestimmungen) gefügt werden (z. B. Die helle Sonne bescheint die erfrischten Fluren nach dem Gewitter); oder die Hauptheile des Satzes selbst mehrfach vorhanden sind (z. B. Der Vater, die Mutter und die Kinder sind ausgegangen. Die Sonne beleuchtet und erwärmt die Erde).

Jede Bestimmung ist dem durch sie bestimmten Worte untergeordnet. Diese Unterordnung ist aber entweder 1) Abhängigkeit (Dependenz), wenn die bestimmte Vorstellung als wirksame die bestimmende von sich abhängig macht und beherrscht (regiert; z. B. der Herr schlägt den Hund. Ich helfe meinem Bruder); oder 2) Einverleibung (Inhärenz), wenn die bestimmende Vorstellung als in der bestimmten enthalten und mit derselben zu einem Begriff verschmelzend gedacht wird (z. B. der vernünftige Mensch; schön schreiben). — Das Verhältniß der unmittelbaren Abhängigkeit wird durch die abhängigen Casus der Nenn- und Fürwörter ausgedrückt und Rection genannt. Das Verhältniß der Einverleibung drücken die adjectivischen Bestimmwörter durch die begleitende Geschlechts-, Zahl- und Fallbiegung aus, und man nennt diese formelle Darstellung desselben: Congruenz oder Einstimmung. Vgl. S. 24.

Anmerk. Außer der unmittelbaren oder directen Abhängigkeit giebt es auch eine mittelbare oder indirecte, welche durch ein Verhältnißwort vermittelt wird. Vgl. Er schreibt seinem Vater einen Brief; ich freue mich meines Lebens; — er schreibt einen Brief an seinen Vater; ich freue mich auf das Fest, über das Geschenk 2c.

1. Zu den Prädicatswörtern (Verben und Adjectiven) treten als Bestimmungen: 1) im Abhängigkeits=Verhältnisse Nenn= und Fürwörter, und zwar unmittelbar in einem der drei abhängigen Casus (z. B. er spottet deiner; er schmeichelt mir; der Lehrer lobt den Schüler; er ist des Weges kundig; die Arznei ist dem Kranken heilsam); oder mittel= bar, durch eine dazwischen tretende Präposition (z. B. er stieg auf den Baum; ich schreibe in ein Buch, an einen Freund; die Arznei ist für den Kranken heilsam); 2) im Einverleibungs = Verhältnisse Adverbia (z. B. er ist heute angekommen; der Thurm ist oben spitz; der Löwe brüllt laut).

Anmerk. Viele durch Präpositionen in mittelbarer Abhängigkeit zum Prädicat gefügte Bestimmungen haben die Bedeutung einverleibter Adverbia. Z. B. Ich fand ihn im Garten. Er fragte mich aus Neugier. Er wurde in Gnaden entlassen.

2. Zu dem Subjecte und den substantivischen Wörtern über= haupt werden als Bestimmungen gefügt: 1) im Einverleibungs= Verhältnisse a) die attributiven (congruirenden) Adjective und Participien, auch Zahlwörter, Pronomina und Artikel (z. B. der vernünftige Mensch; sein jüngster Bruder; dieses schlafende Kind); b) Sub= stantive, als Merkmalsbestimmung entweder unmittelbar, oder mittelst des Bindeworts als beigefügt (z. B. König Friedrich; wir Menschen; er als mein Gast); c) Adverbia (z. B. der Mann hier, d. i. der Mann, welcher hier ist oder steht; der Sturm da draußen); 2) im Abhängigkeits= Verhältnisse: Substantive, entweder im Genitiv, als dem Casus der unmittelbaren Abhängigkeit (z. B. das Licht des Mondes; der Sohn meines Freundes; der Schöpfer der Welt), oder mittelbar, durch Präpo= sitionen angefügt (z. B. Gedichte von Schiller; eine Stadt mit Mauern; das Geld zur Reise).

Wenn mehre Bestimmungen bei einem Worte zusammentreten, so ist das Verhältniß solcher zusammengeordneten Bestimmwörter dreifacher Art: 1) Unterordnung, wenn die eine Bestimmung sich ausschließlich auf die andere bezieht (z. B. er hat es außerordentlich genau besorgt; ein schön singender Vogel); 2) Einordnung, wenn die zweite (eingeschlossene) Bestimmung mit der Hauptvorstellung zu einem Begriffe zusammengefaßt, und die erste auf diesen Gesammtbegriff be= zogen wird (z. B. er hat es gestern genau besorgt; die hohen schweizerischen Gebirge; mein treuer Freund); 3) Beiordnung, wenn die Bestimmungen sämmtlich in gleichem Grade unmittelbar auf dasselbe zu bestimmende Wort sich beziehen (z. B. er hat es fleißig, genau und zweckmäßig besorgt; ein treuer, redlicher Freund).

V. Der zusammengesetzte Satz entsteht durch die Verbindung zweier oder mehrer Sätze zu einem Gedanken= und Rede=Ganzen. Die verbundenen Sätze aber sind einander entweder beigeordnet, oder untergeordnet.

1. Beiordnung findet Statt, wenn sie in gleicher Würde und Selbständigkeit neben einander gestellt und nur dadurch zu einem Ganzen verknüpft sind, daß ihr inneres Verhältniß durch ein beiordnendes Bindewort (vgl. S. 82) ausgedrückt wird. So entsteht ein Satz= verein. Z. B. Er geht, und du kommst. Er lernt nichts; denn er ist nicht fleißig. Ich machte gern eine Reise; aber ich habe keine Zeit.

2. Unterordnung findet Statt, wenn nur einer der verbundenen Sätze, als Hauptsatz, seine grammatische Selbständigkeit behauptet, der andere aber, als Nebensatz, zum bloßen bestimmenden Theile oder Gliebe des Hauptsatzes wird. So entsteht ein Satzgefüge. Z. B. Er lernt nichts, weil er nicht fleißig ist. Wenn ich Zeit hätte, so machte ich gern eine Reise. — Die Nebensätze verhalten sich zu dem Hauptsatze ganz ähnlich, wie die erweiternden Bestimmungen des einfachen Satzes zu diesem. Vergl. z. B. Mein Freund, welcher noch immer krank ist, konnte nicht kommen. Mein noch immer kranker Freund konnte nicht kommen. — Ich freue mich, daß du glücklich angelangt bist. Ich freue mich über deine glückliche Ankunft. — Wie nun die Bestimmungen des einfachen Satzes theils substantivische (abhängige), theils adjectivische (attributive), theils adverbiale Bestimmungen sind: so können auch die Nebensätze in 3 Arten unterschieden werden:

1) Substantiv=Sätze, welche grammatisch die Stelle von Substantiven vertreten und entweder concret sind, wenn sie den Begriff eines Gegenstandes (einer Person oder Sache) ausbrücken (z. B. Ich weiß, wer dich angeklagt hat (= deinen Ankläger). Ich habe gehört, was er gesagt hat (= das Gesagte); oder abstract, wenn sie den Begriff einer Thätigkeit, eines Vorganges rc. ausbrücken (z. B. ich weiß, daß du angeklagt bist (= dein Angeklagtsein). Ich lobe es, daß du die Arbeit gemacht hast).

2) Adjectiv=Sätze, welche den attributiven (congruirenden) Bestimmungen der Gegenstandswörter entsprechen und sich, wie diese, auf ein einzelnes substantivisches Wort im Hauptsatze beziehen. Z. B. Ich lobe die Arbeit, welche du gemacht hast (= die gemachte Arbeit). Die Schüler, welche fleißig sind, machen Fortschritte.

3) Adverbial=Sätze, welche den Adverbien oder adverbialen Bestimmungen entsprechen, die im einfachen Satze dem Prädicate einverleibt werden. Z. B. Ich lobe dich, weil du die Arbeit gemacht hast (= wegen der gemachten Arbeit). Wer freut sich nicht, wenn der Frühling wiederkehrt! (= bei der Wiederkehr des Frühlings).

Anmerk. Die Nebensätze können verkürzt werden, indem die Redeform des Verbums mit einer Nennform (Infinitiv oder Particip) vertauscht wird. Z. B. Substantiv=Satz: Er versprach, daß er mich besuchen wolle; verkürzt: Er versprach, mich zu besuchen. — Adjectiv=Satz: Themistokles, der von seinen Freunden verrathen war, floh nach Asien; verkürzt: Themistokles, von seinen Freunden verrathen, floh nach Asien. — Adverbial=Satz: Weil mein Freund den Betrug fürchtete, wich er ihm aus; verkürzt: Den Betrug fürchtend, wich er ihm aus.

Die Stellung der Nebensätze zu ihrem Hauptsatze ist dreifach verschieden. Der Nebensatz steht entweder 1) hinter seinem Hauptsatze, als Hintersatz, oder 2) in denselben eingefügt, als Zwischensatz, oder 3) vor demselben, als Vordersatz. Vgl. Er kann nicht ausgehen, weil er krank ist. Er kann, weil er krank ist, nicht ausgehen. Weil er krank ist, kann er nicht ausgehen.

VI. Die Ellipse und der elliptische Satz. Eine Ellipse (Auslassung) findet Statt, wenn irgend ein für die grammatische Form der Rede wesentlicher (übergeordneter, regierender) Theil weggelassen ist, so daß zur Herstellung der grammatischen Vollständigkeit eine Ergänzung hinzugedacht werden muß. Wir unterscheiden die Ellipse im Wortgefüge von dem elliptischen Satze.

1. Eine Ellipse im Wortgefüge ist vorhanden, wenn ein ein-verleibtes oder abhängiges Wort ohne das übergeordnete Wort steht, zu dessen Bestimmung es dient. Z. B. die Rechte, die Linke (Hand); auf allen Vieren gehen; die Thür ist zu (gemacht); er soll fort (gehen, reisen); ich mag das Geld nicht (haben, nehmen); er ist ins Feld (gezogen); ich war schon zu Bett (gegangen).

2. Ein elliptischer Satz ist nur da vorhanden, wo das Aus-sagewort selbst fehlt. Es können aber auch außerdem noch andere Satztheile weggelassen sein. Insbesondere:

1) Im einfachen Satze kann ausgelassen werden: a) das reine abstracte Aussagewort oder auch ein Hülfsverbum; z. B. Ehestand (ist) Wehestand. Ich (hätte) dich getadelt! Er (sollte) mich verlassen! Rechts (werde) gesehen; b) das concrete Verbum, welches das Prädicat des Satzes ausmacht; z. B. Gott Lob! (d. i. Gott sei Lob gesagt). Wer da? (d. i. wer ist oder geht da?) Wozu (dient) das Klagen? Dem Verdienste seine Kronen! c) Das Aus-sagewort sammt dem Subjecte; z. B. Ausgeschlafen? (d. i. hast du aus-geschlafen?) Nicht wahr? (d. i. ist es nicht wahr?) Still! ruhig! willkommen! d) Das concrete Prädicats-Verbum sammt dem Subjecte; z. B. Guten Morgen (nämlich wünsche ich dir). Glückliche Reise! Geld her! Geduld! Zur Sache! Herein! Vorwärts! 2c.

2) Im zusammengesetzten Satze kann a) der Hauptsatz elliptisch sein; z. B. Gut, daß du kommst! Ein Schelm, wer seinen Herrn verläßt! b) der Nebensatz; z. B. Er ist größer, als ich (groß bin). Er ist jetzt so ge-sund, wie (er) noch nie (war); c) beide Glieder des Satzgefüges; z. B. Besser spät, als gar nicht. Wie gewonnen, so zerronnen. Jung gewohnt, alt gethan. d) Ein allein stehender Nebensatz (als Wunsch, Gebot, Drohung 2c.) ver-tritt das ganze Satzgefüge. Z. B. Wenn er nur kommt! Ob er wohl kommen wird? Daß du mir ja die Wahrheit sagst! u. dgl. m.

Zweite Abtheilung.

Die Gesetze der Wort- und Satzfügung im Besonderen.

Erster Abschnitt. Wortfügung.

1. Casuslehre.

Außer den vier formell unterschiedenen Verhältnißfällen (s. S. 23. 3) muß der Bedeutung nach der Vocativ oder Rufefall als ein beson-derer Casus angesehen werden, obwohl er in seiner Form mit dem Nominativ übereinstimmt.

I. Vocativ und Nominativ sind unabhängige Fälle (casus recti).

1. Der Vocativ stellt als Casus des Anrufs oder der Anrede den Gegenstand außer Zusammenhang mit dem Satze hin und kann nie mit einer Redeform des Verbums, wohl aber mit ihm einverleibten oder von ihm abhängigen Bestimmungen verbunden werden. Z. B. o Freund ach Gott! liebes Kind! mein theurer Freund! Herr meines Lebens!

2. Der Nominativ ist der Casus des Subjects (z. B. der Mensch denkt; ich schreibe), wie auch des demselben beigelegten Prädi-

cates, wenn es ein Nenn= oder Beiwort ist. Es steht daher nicht bloß bei dem Verbum sein, sondern auch bei werden, bleiben, scheinen, heißen (vgl. S. 87. 3) ein doppelter Nominativ. Z. B. Er ist und bleibt mein Freund. Sein Sohn wird Kaufmann. Mein Bruder heißt Karl.

II. Genitiv, Accusativ und Dativ sind abhängige Fälle (casus obliqui).

1. Der Genitiv bezeichnet 1) ursprünglich das Woher, d. i. den Ausgangs= oder Anfangspunkt einer Bewegung oder Thätigkeit (in welcher Bedeutung jetzt gewöhnlich eine Präposition, wie von, aus 2c. steht); 2) Entfernung, Trennung, Beraubung (z. B. unweit des Flusses; einen seines Eigenthums berauben; sich einer Sache enthalten); 3) Theilung (partitiver Gen.; z. B. viele meiner Bekannten; eine Menge guter Früchte; der älteste meiner Brüder); 4) Stoff und Eigenschaft (z. B. Stufen Erzes; ein Kind böser Art; sie war übler Laune); 5) Ursprung, Abstammung (z. B. die Nachkommen Abrahams; Goethe's Werke); auch die Quelle oder Ursache einer Thätigkeit oder eines Zustandes (z. B. sich einer Sache freuen, schämen 2c.; eines Andern spotten); 6) Besitz, Eigenthum, An= gehörigkeit (possessiver Gen.; z. B. thue, was deines Amtes ist; das Haus meiner Ältern; die Weisheit des Sokrates); 7) er drückt überhaupt eine ergänzende Bestimmung eines Wortes aus (z. B. sich einer Sache befleißigen, bedienen; einer Sprache kundig, mächtig 2c.); 8) in absoluter Anwendung (d. i. ohne von einem einzelnen Worte regiert zu sein): adverbiale Bestimmungen des Ortes, der Zeit, oder der Art und Weise (z. B. gerades Weges; Morgens, Abends; heutiges Tages; meines Wissens. Ich ermahnte ihn alles Ernstes 2c.).

2. Der Accusativ bezeichnet 1) ursprünglich das Wohin, d. i. den Endpunkt oder das Ziel einer Bewegung oder Thätigkeit (jetzt nur in Verbindung mit Präpositionen); 2) Ausdehnung oder Er= streckung im Raume (z. B. einen Weg gehen; die Treppe hinauf steigen) und in der Zeit (Dauer, auf die Frage wie lange? z. B. den ganzen Tag arbeiten; das Kind ist vier Jahre und einen Monat alt); 3) die Zeit, in welche ein Vorgang fällt, auf die Frage wann? (z. B. er kam denselben Abend; ich schreibe dies den 26sten November); 4) Maß=, Ge= wicht= und Werthbestimmung (z. B. eine Meile weit; einen Fuß breit; einen Centner schwer; das Buch kostet einen Gulden); 5) das grammatische Object oder Zielwort der Transitiva oder zielenden Verba (vgl. S. 52; z. B. der Herr schlägt den Hund; der Vater liebt seine Kinder; ich trinke Wasser, schreibe einen Brief 2c.).

3. Der Dativ bezeichnet 1) ursprünglich das örtliche Wo und zeitliche Wann (jetzt nur in Verbindung mit Präpositionen); 2) per= sönliche Betheiligung oder die Beziehung auf einen bei dem Vor= gange oder der Thätigkeit 2c. betheiligten persönlichen Gegenstand (z. B. ich gebe dir das Buch; er nahm mir mein Eigenthum; die Sache gefällt meinem Freunde, ist ihm angenehm, nützlich, schädlich 2c.; die Sonne leuchtet mir — für mich 2c.)

Anmerk. Nicht selten steht der Dativ nur zur Erhöhung des Gefühlsausdruckes, um die theil= nehmende Empfindung einer Person bei dem Gesagten auszudrücken. Z. B. Thue mir das ja nicht wieder! Das war dir eine Lust! — häufig auch statt eines zu einem Substantiv zu fügenden zueignenden Fürwortes. Z. B. Mir blutet das Herz (= mein Herz blutet).

2. Rectionslehre.

I. Rection der Verba.

Die objectiven Verba regieren ein Gegenstandswort in einem der drei abhängigen Casus, zum Theil auch zwei Gegenstandswörter in verschiedenen Casus. Regieren sie den Accusativ, so heißen sie Transitiva und das in diesem Casus regierte Wort das Object oder Zielwort (vgl. S. 52). Das Object des activen Satzes wird bei der Umkehrung ins Passivum zum Subjecte. Z. B. der Landmann pflügt den Acker; der Acker wird von dem Landmann gepflügt. Vgl. S. 52.

Viele transitiven Verba regieren außer dem Object im Accusativ noch ein Folgewort, welches dann entweder im Dativ steht (als Zweckwort oder Terminativ), oder im Genitiv nach folgender allgemeinen Regel:

Ist das Object eine Sache, so tritt ein persönlicher Gegenstand der Beziehung im Dativ hinzu. Ist das Object eine Person, so tritt ein ergänzender Sachbegriff im Genitiv hinzu. Z. B. Der Vater schenkt dieses Buch seinem Sohne. Er versicherte mir seine Freundschaft. — Der Vater beschuldigt seinen Sohn der Trägheit. Er versicherte mich seiner Freundschaft.

Außer den von dem Verbum unmittelbar regierten Folgewörtern kann auch noch mittelst einer Präposition ein Bestimmungszusatz oder Adject hinzugefügt werden. Z. B. Der Vater schenkte dieses Buch seinem Sohne zum Lesen. Der Herr entließ seinen Diener des Dienstes wegen Diebstahls. (Vgl. S. 88. 1).

1. Verba mit dem Accusativ.

Den Accusativ als Object regieren:

1) Alle transitiven oder zielenden persönlichen Verba im Activ, welche daran zu erkennen sind, daß sie ein vollständiges Passivum mit einem bestimmten Subject im Nominativ bilden können (ich werde ꝛc., du wirst ꝛc., er, sie, es wird od. wurde ꝛc.); z. B. bauen, bitten, lieben, loben, tadeln, ehren, kleiden ꝛc. Er bauet ein Haus; ich bitte, liebe, lobe ꝛc. dich; er kleidet die Armen. Im Passiv: das Haus wird gebaut. Du wirst (von mir) gebeten, gelobt ꝛc.

Anmerk. Wenn neben dem persönlichen Gegenstande, auf welchen die Thätigkeit des Subjects einwirkt, auch der Theil oder Ort, welchen dieselbe trifft, in unmittelbare Abhängigkeit von dem Verbum gestellt wird: so steht diese letztere Bestimmung als Object im Accusativ, der persönliche Gegenstand aber im Dativ. Man sagt daher zwar: er schlug mich; ich wasche mich; der Wundarzt verbindet ihn; hingegen: er schlug mir den Rücken; ich wasche mir das Gesicht; der Wundarzt verbindet ihm den Arm — Wird aber die Theiloder Ortsbestimmung mittelst einer Präposition angefügt, so bleibt in der Regel der persönliche Gegenstand als Object im Accusativ stehen; also: er schlug mich auf den Rücken, trat mich auf den Fuß; ich wärme mich an den Händen.

2) Die unpersönlichen Verba, welche einen Vorgang bezeichnen, der den ganzen äußeren und inneren Zustand einer Person ergreift; z. B. es friert, durstet, hungert, juckt, schläfert mich; es gelüstet, verlangt mich nach etwas.

Anmerk. 1. Verba, wie es (oder die Sache) ärgert, dauert, freut, gereut, jammert, kränkt, schmerzt, verdrießt, wundert mich ꝛc sind keine echt unpersönlichen Verba, sondern persönliche Transitiva, deren Subject nur in der Regel eine oft durch es vertretene Sache ist.

2. Die unpersönlichen Verba es regnet, es hagelt, es schneiet werden bisweilen mit einem Accusativ des Stoffes verbunden; z. B. es regnete Blut; es hagelt Steine; es schneiet Blüthen — Das unpersönliche es giebt erfordert immer einen Accusativ; z. B. es giebt einen Schmaus; es giebt viele gute Menschen ꝛc.

3) Die echten Reflexiva oder rückzielenden Verba (vgl. S. 52) nehmen das Personwort im Accusativ zu sich. Z. B. Ich ärgere mich,

befinde mich wohl, beklage mich, besinne, entschließe, entsetze, erhole, erinnere, hüte, räche, scheue, schäme, sehne, weigere, wundere mich 2c.; ich freue mich deines Glückes ob. über dein Glück; er schämt sich seiner Fehler, fürchtet sich vor der Strafe 2c.

4) Die Intransitiva oder ziellosen Verba werden gleichwohl bisweilen, wie zielende, mit einem Accusativ verbunden; z. B. einen Gang ob. Weg gehen; einen Kampf kämpfen; er lebt ein elendes Leben; Thränen weinen; Freude athmen 2c.

5) Einige Verba regieren einen doppelten Accusativ, und zwar sind a) beide Accusative Nennwörter, von denen das eine die Person, das andere die Sache bezeichnet. So bei fragen und lehren (d. i. einen etwas wissen machen): eins muß ich dich noch fragen; er lehrt mich (nicht mir) die Sprache, das Rechnen. — b) Beide Accusative sind Nennwörter, welche den nämlichen Gegenstand bezeichnen, der eine als unmittelbares Zielwort, der andere als Object der Wirkung; so bei heißen, nennen, schelten, schimpfen, taufen (in der Taufe benennen): er hieß oder nannte mich seinen Freund; man schalt, schimpfte ihn einen Narren. — c) Der erste Accusativ ist ein Nennwort, der zweite ein (ungebeugtes) Adjectiv oder Particip, welches demselben als prädicativer Zusatz (s. w. u.) beigelegt wird; z. B. der Kaufmann hat Waaren feil; er ließ das Glas voll; ich fand ihn krank, schlafend 2c. So auch: einen frei, glücklich 2c. machen; einen frei, los lassen; einen Stoff schwarz färben; ein Kind groß ziehen. Ferner: Man nannte ihn groß, pries ihn glücklich 2c. d) Der erste Accusativ ist ein Nennwort, der zweite ein Infinitiv, welcher entweder die Bedeutung eines Substantivs hat (z. B. ich lehre dich schreiben; das nenne ich schlafen!), oder statt des ersten Particips steht (z. B. er hat den Ring am Finger stecken, st. steckend; ich sah ihn fallen; ich fühle mein Herz schlagen), oder mit dem Substantiv zu einem Gesammtbegriffe verbunden gedacht wird, welcher sich in einen abhängigen Substantivsatz verwandeln lässt. So bei machen, heißen (s. befehlen) und lassen (s. zulassen, veranlassen, bewirken); z. B. du machst mich lachen (d. i. — daß ich lache); er hieß mich gehen (d. i. er befahl, daß ich ginge); laß mich gehen (d. i. laß zu, daß ich gehe;) ich ließ ihn kommen (d. i. ich veranlaßte, daß er kam); laß es mich (nicht mir) wissen; laß ihn nichts merken 2c.

Anmerk. 1. Wenn bei heißen (s. befehlen) die befohlene Sache nicht durch den Infinitiv, sondern durch ein Nenn= oder Fürwort ausgedrückt ist, so steht die Person daneben im Dativ. Z. B. wer hat dir das geheißen?
2. Bei lassen hat der Infinitiv häufig passive Bedeutung; z. B. ein Buch drucken lassen; ein Kind taufen lassen; wodurch leicht Zweideutigkeit entstehen kann; z. B. ich lasse ihn suchen, rufen 2c. er ließ mich strafen (vgl. S. 75. Anm. 2). — Außer dem von lassen abhängigen Accusativ, welcher auch fehlen kann (z. B. laß sehen), steht nicht selten ein von dem Infinitiv regierter Dativ; z. B. laß mich ihm folgen; er ließ mir das Geld auszuzahlen. Der Accusativ der Person steht richtig, wo man den Satz auflösen kann: laß zu ob. veranlasse, daß ich etwas thue; der Dativ, wo es heißt: laß zu 2c., daß mir etwas geschehe. Hiernach unterscheide man: Laß mich —, laß mir einen Brief schreiben; er ließ mich —, mir die Uhr taufen; ich ließ ihn —, ihm die Sache erzählen.

2. Verba mit dem Genitiv.

1) Folgende Transitiva regieren neben einem persönlichen Object den Genitiv der Sache (nach S. 92): anklagen, belehren, berauben, beschuldigen, entbinden, entheben, entkleiden, entlassen, entledigen, entsetzen, entwöhnen, überführen, überheben, versichern, verweisen (einen des Landes —), würdigen, zeihen u. m. a. Z. B. Der Herr hat seinen Diener des Diebstahls angeklagt. Belehre mich eines Besseren. Man hat ihn seines Amtes entsetzt. Man überführte ihn der Unwahrheit. Ich versichere Sie meiner Hochachtung. Er würdigt mich seines Vertrauens.

2) Ebenso die **unpersönlichen Transitiva**: es erbarmt, gelüstet, jammert, reuet ob. gereuet mich. Z. B. Es erbarmt mich seines Elends.
Laßt euch nicht gelüsten des Bösen 2c.

3) Folgende **rückzielenden Verba** nehmen neben dem Personwort
im Accusativ einen ergänzenden Sachbegriff im Genitiv zu sich:
sich eines Dinges ob. einer Sache anmaßen, annehmen, bedienen, befleißigen,
begeben, bemächtigen, bescheiden, enthalten, entsinnen, erbarmen, erdreisten, er-
innern, erwehren, freuen, getrösten, rühmen, schämen, untersangen, versehen,
weigern u. a. m.

4) Folgende **Verba regieren, als Intransitiva gebraucht, den
Genitiv**: achten, bedürfen, brauchen, gebrauchen, denken und gedenken, entbehren,
entrathen, ermangeln oder mangeln, erwähnen, genießen, geschweigen, gewohnen,
harren, hüten, lachen, pflegen, schonen, spotten, verfehlen, vergessen, wahren,
wahrnehmen, walten, warten. Z. B. Ich achte dessen nicht. Er bedarf meiner
Hülfe. Ich denke oder gedenke dein oder deiner. Genieße des Guten. Wir
harren deines Winkes. Schone meiner. Spotte nicht des Armen! 2c. — So
auch: leben und sterben, in Redensarten wie: Hungers sterben; ich lebe des
Glaubens 2c.

Anmerk. Die meisten Verba dieser Art werden jedoch gemeiniglich als Transitiva mit dem
Accusativ verbunden (z. B. ich achte das nicht; genieße das Gute; schone mich 2c.);
andere mit Präpositionen, z. B. ich denke an dich; spotte nicht über den Armen! 2c.
So auch manche der obigen Transitiva; z. B. belehre mich über die Sache; laßt Euch nicht
gelüsten nach dem Bösen 2c.

3. Verba mit dem Dativ.

Den Dativ regieren:

1) Alle **Transitiva**, welche neben dem Accusativ der Sache noch
einen persönlichen Gegenstand in unmittelbarer Abhängigkeit erfordern oder zulassen (nach S. 92). Z. B. einem etwas bieten, borgen,
bringen, geben, glauben, gönnen, klagen, leihen, lohnen, melden, nehmen, rathen,
rauben, reichen, sagen, schenken, stehlen, zeigen 2c.; so auch die abgeleiteten
und zusammengesetzten: einem etwas gestehen, gewähren, entreißen, empfehlen, erlassen, erlauben, verbieten, versichern, versprechen; einem etwas ab-
schlagen, anbieten, anzeigen, auftragen, darreichen, mittheilen, nachsehen, vor-
schlagen, zumuthen u. v. a.

2) Einige **Transitiva** erfordern neben dem Accusativ der Sache
eine Rückbeziehung auf das persönliche Subject im Dativ, und
werden dadurch den rückzielenden Verben ähnlich, ohne doch wirkliche
Reflexiva zu sein; z. B. sich (mir) etwas anmaßen, ausbitten, ausbedingen,
einbilden, erbitten, getrauen, vornehmen, vorsetzen, vorstellen; also: ich maße
mir kein Unrecht an; ich stelle mir die Sache vor 2c.

3) Viele **Intransitiva** erfordern eine Beziehung auf einen persönlichen Gegenstand im Dativ; als: einem ahnden ob. ahnen (es ahndet mir), danken, dienen, drohen, fehlen, fluchen, folgen, gleichen, glücken, helfen,
mangeln, nahen, nützen, passen, schaden, scheinen, schmecken, schmeicheln, trauen,
trotzen, weichen, winken, zürnen 2c.; so auch viele abgeleitete und zusammengesetzte, als: einem gebühren, gefallen, gehören, entsagen, erliegen, erscheinen,
mißfallen, mißlingen; einem abrathen, anliegen, auffallen, ausweichen, bei-
stehen, einfallen, entgegenkommen, nachahmen, nachstehen, unterliegen, vorgehen,
widersprechen, zukommen u. a. m.; insbesondere auch manche mit Bei- oder
Nebenwörtern, oder mit Nennwörtern zusammengesetzte oder verbundene
Verba; z. B. einem wohlwollen, genugthun, willfahren, zu Hülfe kommen, zu
Theil werden, von Statten gehen, leid, wohl, wehe thun, Hohn sprechen 2c.

Anmerk. Diese Intransitiva können zwar kein vollständiges Passivum bilden (vgl. S. 52),
wohl aber eine unpersönliche Passivform mit es wird mir ob. mir wird 2c., wenn
sie eine von einer Person ausgehende Thätigkeit bezeichnen. Z. B. Er dankte, drohte,
half, schmeichelte, gehorchte mir 2c.; passivisch: Mir wird ob. wurde (von ihm) gedankt,
gedroht, geholfen 2c. Wenn aber der Verbum einen bloßen Zustand oder eine Beschaffenheit des Subjects bezeichnet, so kann es gar nicht passivisch gebraucht werden; z. B. gleichen,
fehlen, gefallen: er gleicht seinem Vater; das Geld fehlt mir; die Sache gefällt mir 2c.

4) Die unpersönlichen Verba, welche einen dem persönlichen Gegenstande anhaftenden Zustand oder eine vorübergehende Veränderung desselben bezeichnen; als: es ekelt mir davor; es fehlt, gebricht, mangelt mir daran, es grauet oder grauset mir, es liegt mir daran, es schaudert, schwindelt mir, es schimmert mir vor den Augen ꝛc. So auch sein, werden, gehen ob. ergehen in Verbindung mit adverbialen Zusätzen; z. B. es ist mir wohl, oder mir ist wohl; es ward ihr bange; es geht mir gut ꝛc.

Anmerk. Man unterscheide von diesen echt=unpersönlichen Verben die nur scheinbar so gebrauchten, in Wahrheit aber persönlichen Verba, deren Subject in der Regel eine Sache ist und daher häufig durch es vertreten wird, als: es (ob. die Sache) ahndet mir, es beliebt, behagt, bekommt, gebricht, geziemt oder ziemt, glückt, mißfällt, träumt mir u. a. m.

Übungsaufgaben.

Wer einen Zweck erreichen will, der muß sich auch gern die Mittel bedienen, die ihn dazu führen. — Ich hoffte, Ihnen zu meinem Nachbar zu bekommen; aber meine Hoffnung hat mich getäuscht. — Es ist mich noch immer, als ob es mich bloß geträumt hätte, daß Sie mich vor einigen Tagen besuchten. — Ich glaube, dir einen Dienst zu leisten, wenn ich dir auf deine Fehler aufmerksam mache, und du nimmst mir dies übel? — Du nimmst mir doch mit, wenn du deinen Onkel wieder besuchst? — Vergeben Sie mich; ich hatte mir versehen, indem ich Ihnen für meinen Bruder hielt! — Wer Sie kennt, muß Ihnen für unfähig erklären, Andern Unrecht zu thun. — Ich gab mir alle Mühe, Ihnen das zu erklären; aber es gelang mich nicht. — Glauben Sie ja nicht, daß ich mir über Sie aufhalte, wenn mich etwas lächerlich ist. — Es schmerzt mich, daß Sie mich im Verdachte haben, als wenn ich Ihnen dieses Vergnügen nicht gönnte. — Halten Sie mich nicht auf! Halten Sie mir ja das Versprechen, das Sie mir gegeben haben! — Laß mir ja bald einen Brief von dir sehen, und laß mir wenigstens die Hoffnung, dich bald wieder zu sehen! — Wenn du dich zu Bette legst, so halte dich immer die Frage vor: wie hast du den heutigen Tag benutzt? Hast du dir gebessert, oder verschlimmert? Hast du Ursache, dich zu freuen, oder dich zu betrüben? Wohl dem, der sich nichts Böses vorzuwerfen hat, und sich dem Schlaf ruhig in die Arme werfen kann! Wehe aber dem, der sich seine Thorheiten und Fehler schämen muß! Ihn giebt selten die Nacht die gesuchte Erquickung, die den harmlosen Müden belohnt.

(19 Fehler.)

II. Rection der Adjective.

Die Beiwörter, welche zur Ergänzung ihres Begriffes eine unmittelbare Beziehung auf einen Gegenstand erfordern (vgl. S. 47), regieren im Allgemeinen den Genitiv, wenn dieser Gegenstand eine Sache, hingegen den Dativ, wenn derselbe eine Person oder doch gleichsam persönlich gedachte Sache ist. Den Accusativ als Object kann kein Adjectiv regieren.

Bei Adjectiven, welche eine räumliche oder zeitliche Ausdehnung, ein Gewicht oder eine Werthbestimmung ausdrücken, steht zwar die Angabe des Maßes, Gewichtes oder Werthes im Accusativ; z. B. eine Spanne breit, einen Finger dick, einen Fuß hoch; zwölf Jahre und einen Monat alt; einen Centner schwer; keinen Pfennig werth ꝛc. Dieser Accusativ der Erstreckung oder des Maßes (vgl. S. 91) ist aber kein von den Beiwörtern regiertes Object.

1. Den Genitiv regieren: ansichtig, bedürftig, benöthigt, bewußt, eingedenk, fähig, froh, gewahr, gewärtig, gewiß, gewohnt, habhaft, kundig, ledig, leer, los, mächtig, müde, quitt, satt, schuldig, theilhaft, überdrüssig, verdächtig, verlustig, voll, werth, würdig; so wie die mit un — aus ihnen gebildeten: unbedürftig, unbewußt, uneingedenk, unfähig ꝛc.; auch alle Par-

ticipien solcher Verba, welche den Genitiv regieren; z. B. des Trostes beraubt, eines Verbrechens überwiesen, seines Amtes entsetzt, der Rechtswissenschaft beflissen 2c.

Anmerk. Einige dieser Beiwörter verbindet man im gemeinen Leben auch mit dem Accusativ; z. B. ich bin es (st. dessen) los, müde, satt, überdrüssig; er ist den Dank (st. des Dankes) nicht werth 2c. Bei andern kann statt des Genitivs auch eine Präposition mit ihrem Casus stehen; z. B. einer Sache — od. über eine Sache froh sein; eines Dinges ledig, leer, voll sein, oder von einer Sache ledig, voll 2c. sein.

2. Den Dativ regieren: abtrünnig, ähnlich, angehörig, angenehm, anhängig, anständig, anstößig, ärgerlich, bedenklich, begreiflich, behaglich, behülflich, bekannt, bequem, beschwerlich, bewusst, böse, dankbar, deutlich, dienlich, dienstbar, eigen, eigenthümlich, ekelhaft, empfindlich, entbehrlich, erfreulich, erinnerlich, erkenntlich, erklärlich, ersprießlich, erträglich, feil, feind u. feindselig, fern, fremd, fühlbar, furchtbar, fürchterlich, gebührlich, gefährlich, gefällig, gehörig, gehorsam, geläufig, gemäß, gemein, gemeinsam, genehm, geständig, gesund, getreu, gewogen, glaublich, gleich, gleichgültig, gnädig, gram, günstig, gut, heilsam, hinderlich, hold u. abhold, kund, lächerlich, lästig, leicht, leid, lieb, möglich, nachtheilig, nahe, noth, nöthig u. nothwendig, nütz und nützlich, peinlich, rathsam, recht, schädlich, schätzbar, schimpflich, schmeichelhaft, schmerzhaft, schmerzlich, schrecklich, schuldig, schwer, · sicher, tauglich, theuer, treu, tröstlich, überlegen, übrig, unterthan und unterthänig, verächtlich, verantwortlich, verbindlich, verdächtig, verderblich, verdrießlich, verständlich, verwandt, vortheilhaft, wahrscheinlich, werth, wichtig, widerlich, widerwärtig, widrig, willkommen, wunderbar, zugänglich, zugehörig, zuträglich, zweifelhaft. — So auch die mit der Vorsilbe un — gebildeten: unähnlich, unangenehm, unbekannt, undankbar, unlieb, unlieb, unausstehlich, unerträglich, unvergesslich, unwiderstehlich 2c. — Ferner die von Verben, welche den Dativ regieren, gebildeten Participien und zu Beiwörtern gewordenen Participial=Formen, als: angeboren, angelegen, angemessen, ergeben, erwünscht, gelegen, geneigt und abgeneigt, gewachsen, verbunden, verhasst, zugethan u. a. m.

Anmerk. 1. Einige Beiwörter nehmen nur in gewissen Redensarten, mit einem Verbum verbunden, den Dativ zu sich; z. B. es ist od. wird mir — mir ist, od. wird angst, bange, heiß, kalt, schwindlig, übel, warm, weh, wohl 2c.; es steht dir frei; die Zeit währt mir lange 2c.

2. Durch Hinzufügung eines der Nebenwörter des Grades zu, allzu, genug kann jeder Eigenschaftsbegriff in Beziehung auf einen persönlichen Gegenstand im Dativ gesetzt werden. 3. B. Das Kleid ist mir zu lang, zu eng, nicht weit genug; diese Wohnung ist mir groß genug 2c.

Übungsaufgaben.

Dem letzten Könige von Rom, Tarquin dem Stolzen, bot einst ein ihn ganz unbekanntes altes Weib neun Bücher zum Verkauf an, welche, ihrer Aussage gemäß, voll göttlicher Weissagungen waren; er fand sie aber des hohen Preises, welchen sie forderte, nicht werth, und wies die Frau ab. Sie verbrannte darauf vor seinen Augen drei von den neun Büchern und fragte nun den König, ob ihm die noch übrigen sechs Bücher für den vorhin geforderten Preis gefällig seien. Tarquin sagte verächtlich, sie sei wohl ihre Sinne nicht mächtig. Augenblicklich warf sie noch drei Bücher ins Feuer, und verlangte für die übrigen dieselbe Summe. Jetzt ward der König aufmerksam und glaubte, da das Weib ihre Sache so gewiss war, es möchten doch wohl dem Staate heilsame Orakelsprüche darin enthalten sein, und diese wollte er sich nicht verlustig machen. Er bezahlte daher für diese drei Bücher eben so viel, wie zuerst für alle neun gefordert war. Diese Bücher, die jeden Kenner der römischen Geschichte unter dem Namen der sibyllinischen Bücher bekannt sind, wurden an einem dem Staate sehr heiligen Orte, dem Capitolium, ehemaligem Tempel des Jupiter, aufbewahrt. Die vornehmsten Priester, welche man die Kenntniß, Göttersprüche zu deuten, vorzüglich kundig hielt, mussten bei allen Gelegenheiten, die den Staat entweder sehr nachtheilig, oder ersprießlich werden konnten, diese Bücher zu Rathe ziehen. Man kann leicht denken, dass sie nur solche Auslegungen machten, die ihren Vortheil am angemessensten waren. (8 Fehler.)

III. Rection der Substantive.

Die Substantive, so wie andere substantivisch gebrauchte Wörter (Für=, Bei=, Zahlwörter) können ein anderes Nennwort nur im Ge=nitiv unmittelbar regieren (vgl. S. 88). Dieser Genitiv aber hat vier verschiedene Bedeutungen:

1. Der partitive Genitiv (vgl. S. 91) steht 1) bei Substan=tiven, die eine Menge oder Zahl, ein Maß oder Gewicht bezeichnen; z. B. eine Menge reifer Früchte, ein Haufen fröhlicher Kinder, eine Summe Geldes, ein Paar neuer Schuhe, ein Morgen Landes, eine Meile Weges.

Anmerk. In vielen Fällen ist dieser Genitiv äußerlich nicht erkennbar; z. B. ein Pfund Wolle, ein Scheffel Gerste, ein Haufen Bücher, eine Heerde Schafe. Daher unterbleibt die Bezeichnung desselben gemeiniglich auch da, wo sie der Regel nach Statt finden sollte. Man sagt z. B. ein Stück Brod (st. Brodes), ein Trunk Wasser (st. Wassers), eine Kanne Bier, ein Scheffel Roggen re.

2) Bei substantivisch gebrauchten Zahlwörtern, Superlativen oder Comparativen und Fürwörtern, wenn sie einen Theil aus einer Menge oder Masse auszusondern dienen; z. B. einer meiner Brüder, einige unserer Freunde, unser einer, ihrer sieben; die schönste dieser Blumen; die jüngere seiner beiden Schwestern; Jemand oder einer seiner Leute; wer der Männer? welcher seiner Brüder? re.

Anmerk. Dieser Genitiv wird häufig durch die Präposition von umschrieben; z. B. einer von meinen Brüdern, zwei von meinen Bekannten, die schönste von seinen Schwestern.

2. Der Genitiv des Stoffes und der Eigenschaft kommt selten vor; z. B. Stufen Erzes; ein Mann unsres Standes, hohes Muthes re. Gewöhnlich wird er durch von ersetzt; z. B. ein Ring von Gold, ein Mann von Ehre re.

3. Der Genitiv des Ursprungs und Besitzes oder des Urhebers und Besitzers. Beide Begriffe lassen sich nicht scharf trennen und machen zusammen die allgemeinste Bedeutung des vom Substantiv ab=hängigen Genitivs aus; z. B. der Sohn des Königs, die Arbeit des Hand=werkers, die Strahlen der Sonne; das Haus meines Vaters, das Buch des Schülers; der Bruder meines Freundes, die Diener dieses Herrn, der Herr dieser Diener; die Federn der Vögel, die Vögel des Waldes, die Stärke des Löwen, der Fleiß des Schülers re.

Wenn das regierende Substantiv eine Eigenschaft oder Thätig=keit ausdrückt, welche dem im Genitiv stehenden Gegenstande angehört oder zukommt: so steht dieser Gegenstand zu dem regierenden Substantiv in dem Verhältnisse des Subjects zum Prädicate, und man nennt den Genitiv in diesem Falle: Genitiv des Subjects. Vgl. z. B. die Stärke des Löwen: der Löwe ist stark; der Fleiß des Schülers: der Schüler ist fleißig; der Dank des Armen: der Arme dankt; die Ermahnung des Lehrers: der Lehrer ermahnt. — Diesem gerade entgegengesetzt ist:

4. Der Genitiv des Objects, welcher Statt findet, wenn einem Verbal=Substantiv das Gegenstandswort, das bei dem Verbum als Object im Accusativ steht, als ergänzende Bestimmung im Ge=nitiv beigefügt wird. Z. B. eine Stadt erbauen: der Erbauer der Stadt; Kinder erziehen: die Erziehung der Kinder; einen Beruf wählen: die Wahl des Berufs; ein Haus kaufen: der Kauf eines Hauses re.

Anmerk. 1. In der Regel ergiebt sich die Bedeutung des Genitivs bei einem Verbal=Substantiv hinlänglich aus dem Begriffe des Gegenstandswortes. Z. B. Gen. des Subjects: die Ermahnung des Predigers, die Erziehung der Ältern, die Erzählung meines Freundes; Gen. des Objects: die Ermahnung des Sünders, die Erziehung der Kinder, die Erzählung seiner Schicksale. — Wo aber der im Genitiv stehende Gegen=

stand eben so wohl als thätiger, wie als Object der Thätigkeit aufgefasst werden kann, da entsteht ein Doppelsinn, welchen man zu vermeiden suchen muss; z. B. das Lob meines Freundes, der Verlust seines Bruders, der Tadel des Schriftstellers, die Anklage des Ber=räthers u. dgl. mehr.

2. Die Umschreibung des possessiven und des Objects-Genitivs durch von ist nicht zu billigen. Man sage also nicht: die Mutter von dem Mädchen, das Haus von meinem Freunde, die Erzieherinn von diesen Kindern ꝛc.

IV. Rection der Präpositionen.

Die Präpositionen erfordern immer ein Gegenstandswort in einem der drei abhängigen Casus neben sich. Bei den eigentlichen Prä=positionen aber (s. S. 80) hängt der Casus nicht von der Präposition allein ab, sondern ist zugleich durch den vorangehenden Verbalbegriff bedingt, und die Präposition mit ihrem Casus ist als eine in mittel=barer Abhängigkeit von dem Verbum oder auch von einem Bei= oder Nennworte stehende Bestimmung anzusehen (vgl. S. 87 f.). Z. B. Er steigt auf den Baum; er sitzt auf dem Baume; er ist in der Schule, geht in die Schule, kommt aus der Schule; der Aufenthalt in der Stadt, die Reise in die Fremde ꝛc.

Die Präpositionen unterscheiden sich in solche: 1) die den Genitiv regieren; 2) die den Dativ allein; 3) die den Accusativ allein; 4) die bald den Dativ, bald den Accusativ regieren.

1. Präpositionen mit dem Genitiv.

Sie sind sämmtlich Nominal=Präpositionen (s. S. 80) und in folgenden Denkversen enthalten:

> Unweit, mittelst, kraft und während,
> Laut, vermöge, ungeachtet,
> Oberhalb und unterhalb,
> Innerhalb und außerhalb,
> Diesseit, jenseit, halben, wegen,
> Statt, auch längs, zufolge, trotz
> Stehen mit dem Genitiv
> Oder auf die Frage wessen? —
> Doch ist hier nicht zu vergessen,
> Daß bei diesen letzten drei
> Auch der Dativ richtig sei.

Bemerkungen und Beispiele:

Unweit u. unfern: er wohnt unfern des Thores; unweit des Berges steht das Haus.

Außerhalb, inner=, ober=, unterhalb: er wohnt außerhalb —, inner=halb der Stadt; oberhalb und unterhalb des Flusses; — innerhalb auch von der Zeit, sinnv. binnen; z. B. innerhalb eines Jahres.

Diesseit, jenseit: ich wohne diesseit —, er jenseit des Flusses. — Dies=seits, jenseits gebraucht man als Nebenwörter ohne Rection; z. B. der Fluß trennt uns; ich wohne diesseits, er wohnt jenseits.

Längs (nicht zu verwechseln mit dem Nebenworte längst), entlang: längs des Weges, entlang des Gebirges. — Längs kann auch mit dem Dativ stehen: längs dem Ufer; entlang auch einem Accusativ der Erstreckung nachfolgen: den Wald, das Thal entlang.

Während: während des Krieges (nicht: während dem Kriege); während meiner Krankheit.

Statt od. anstatt: anstatt meines Bruders komme ich; statt meiner, statt dessen ꝛc. — Wenn anstatt durch den dazwischentretenden Genitiv getrennt wird, so betrachtet man Statt richtig als Substantiv; z. B. an meines Bruders Statt ꝛc.

Zufolge wird dem Genitiv voran=, dem Dativ aber nachgesetzt; z. B. er that dies zufolge meines Auftrages, oder meinem Auftrage zufolge.

Laut bezeichnet den Erkenntniß- oder Beweisgrund; z. B. laut seiner Aussage, laut des erhaltenen Befehls ꝛc.

Mittelst ob. vermittelst bezeichnen das Mittel oder Werkzeug; z. B. wir kamen mittelst eines Kahnes ans Ufer; man öffnete das Schloß vermittelst eines Dietrichs.

Kraft und vermöge bezeichnen die wirkende Ursache oder den Grund; z. B. kraft ob. vermöge meines Amtes; kraft des erhaltenen Befehles ꝛc.

Halb, halben oder halber, wegen (ehem. von wegen), und um — willen bezeichnen sämmtlich einen Beweggrund. Die ersten drei werden dem regierten Worte immer nachgesetzt; wegen kann sowohl vor, als hinter demselben stehen; um — willen nimmt den Genitiv zwischen sich. Z. B. Ich verzeihe ihm seiner Jugend halben, oder — wegen, oder um seiner Jugend willen; wegen seines Fleißes, oder seines Fleißes wegen; um des Friedens willen. S. auch S. 87. Anm. 2.

Ungeachtet (nicht unerachtet) und trotz drücken das Gegentheil von zufolge, kraft und wegen aus. Vgl. z. B. ungeachtet ob. trotz des Verbotes geschah es; zufolge ob. kraft des Verbotes unterblieb es; — ungeachtet des Regens ging ich aus; wegen des Regens blieb ich zu Hause. — Trotz wird auch mit dem Dativ verbunden: trotz dem Verbote ꝛc.

2. Präpositionen mit dem Dativ.

Die wichtigsten sind in folgenden Denkversen enthalten:
Schreib mit, nach, nächst, nebst, sammt, bei, seit, von, zu, zuwider, Entgegen, binnen, aus stets mit dem Dativ nieder!

* * *

Daphnis an die Quelle.

Nach dir schmacht' ich, zu dir eil' ich, du geliebte Quelle, du!
Aus dir schöpf' ich, bei dir ruh' ich, seh' dem Spiel der Wellen zu;
Mit dir scherz' ich, von dir lern' ich heiter durch das Leben wallen,
Angelacht von Frühlingsblumen und begrüßt von Nachtigallen.

Bemerkungen und Beispiele.

Bei bezeichnet 1) räumliche Nähe im Zustande der Ruhe, z. B. er sitzt, steht ꝛc. bei mir. (Wenn eine Bewegung oder Richtung nach einem Ziele ausgedrückt werden soll, muß zu, an, neben gebraucht werden; z. B. komm zu mir; er setzte sich neben mich); 2) die Zeit eines Vorganges, z. B. bei Tage, bei Nacht; 3) Zusammensein, Gemeinschaft, Besitz ꝛc., z. B. er arbeitet bei einem Meister; bei Gelde, bei Kräften sein; 4) auch das Mittel ob. Werkzeug, z. B. einen bei der Hand nehmen, bei Licht lesen ꝛc.

Nächst und zunächst, z. B. er saß nächst mir ob. mir zunächst.

Gegenüber wird seinem Dativ nachgesetzt und darf nicht getrennt werden; z. B. er stand mir gegenüber, nicht: gegen mir über.

Zu bezeichnet 1) räumlich a) das Befinden an einem Orte, z. B. er wohnt zu Berlin; der Dom zu Köln; b) die Richtung auf ein Ziel, bes. vor Personennamen, z. B. komm zu mir; ich gehe zu meinem Bruder; aber auch: zu Tische, zu Bette gehen; von Haus zu Haus ꝛc.; 2) zeitlich: den Zeitraum ob. Zeitpunkt eines Vorganges auf die Frage wann? z. B. zu Anfang, zu Ende des Jahres; er kommt zu Ostern ꝛc.; 3) mancherlei innerliche Verhältnisse in adverbialen Ausdrücken und uneigentlichen Redensarten, wie: mir ist wohl zu Muthe; zu Fuße reisen; etwas zu Papiere bringen; zu Gelde, zu Schaden ꝛc. kommen; insbesondere: Verbindung, Zusammengehören, z. B. der Garten gehört zu dem Hause; Brod zum Fleische essen; Verhältniß- oder Werthbestimmung, z. B. Eins verhält sich zu dem Andern, wie ꝛc.; ein Brod zu 20 Pfennigen; Richtung, Zweck oder Absicht, Wirkung oder Erfolg eines Thuns; z. B. Neigung, Lust ꝛc. zu etwas haben; zu etwas nützen, dienen; Tuch zu einem Kleide; das Kind wird zum Manne; zu etwas rathen, ermahnen.

7*

Nach bezeichnet 1) die Richtung einer Bewegung auf ein Ziel, oder in eine Gegend (nicht vor Personennamen), z. B. er geht nach der Stadt zu seinem Bruder; ich reise nach Hause, nach Süden zc.; auch mit dem Nebenbegriffe der Absicht, den Gegenstand zu treffen, zu holen zc., z. B. nach Jemand schlagen, nach Wasser gehen, einen nach dem Arzte schicken; ferner die Richtung des Gemüthes auf einen Gegenstand: nach einer Sache begehren, verlangen, streben zc.; 2) das Folgen, Dahinter- oder Späterfein, z. B. Einer nach dem Andern; es geschah nach seinem Tode, nach Mittag zc.; 3) Gemäßheit, Übereinstimmung zc.; z. B. ich handle nach meiner Überzeugung; es schmeckt nach Wein; nach meiner Meinung ob. meiner Meinung nach zc.

Gemäß wird seinem Casus gewöhnlich nachgesetzt, z. B. sich seinem Stande gemäß kleiden.

Entgegen und zuwider stehen immer hinter dem Dativ. Zuwider drückt immer eine feindliche Richtung, Abneigung, Widerstreit aus. Z. B. Der Ostwind ist dem Westwinde entgegen (nicht: zuwider); dem Schiffer aber kann einer oder der andere zuwider sein. Die Arznei ist mir zuwider zc.

Aus bezeichnet 1) räumlich das Woher, wenn der Anfangspunkt der Bewegung im Innern des Gegenstandes liegt; z. B. aus der Stadt kommen, aus dem Bette steigen; auch uneig. sich etwas aus dem Sinne schlagen, einen aus den Augen verlieren zc.; 2) Ursprung, Stoff, z. B. ein Bild aus Holz schnitzen, ein Gefäß aus Thon zc.; 3) den inneren Beweggrund eines Thuns, z. B. er handelt so aus Geiz, aus Übermuth; 4) den Erkenntniß- ob. Beweisgrund, z. B. ich weiß es aus Erfahrung; ich kenne ihn aus seinen Schriften.

Von bezeichnet im Allgemeinen das Woher, den räumlichen oder zeitlichen Anfangspunkt; z. B. vom Hause, vom Felde kommen, von Ort zu Ort; von Ostern bis Pfingsten, von Tage zu Tage; ferner: Trennung, Beraubung, Befreiung, z. B. zehn von hundert abziehen, von Jemand ablassen, abfallen; frei, leer, rein von etwas; Abstammung oder Ursprung, z. B. er stammt von rechtlichen Ältern ab; ein Brief von meinem Bruder; etwas von Jemand empfangen, leihen, lernen zc.; Stoff und Eigenschaft, z. B. der Spiegel ist von Glas gemacht, ein Ring von Gold, ein Mann von Ehre; auch den Ausgangspunkt oder Stoff einer Thätigkeit, z. B. von einem etwas denken, wissen, sagen zc.; und den realen Grund oder die wirkende Ursache; z. B. die Wasser sind von dem Regen ausgetreten; von etwas satt, müde, krank werden; besonders im passiven Satze, z. B. ich bin von ihm erzogen, ermahnt worden; der Baum wurde vom Winde umgerissen.

Seit (nicht zeit oder sint), z. B. seit jenem Tage, seitdem, seit einem Jahre ist er krank.

Binnen s. v. w. innerhalb, jedoch nur in Beziehung auf die Zeit; z. B. binnen acht Tagen zc.

Mit drückt Zusammensein, Gemeinschaft, Gesellschaft, Theilnehmung zc. aus; z. B. der Vater geht mit den Kindern aus; sich mit Jemand freuen; mit einander übereinstimmen; mit Jemand sprechen, streiten zc.; sich mit etwas beschäftigen zc.; daher auch: das Versehen- oder Begabtfein, z. B. ein Baum mit Blüthen und Früchten; den begleitenden Umstand oder die Weise des Thuns, z. B. mit Fleiß arbeiten, etwas mit Freuden thun; auch das Werkzeug oder Mittel der Thätigkeit, z. B. mit der Hand winken, mit einem Messer schneiden, mit Farben malen zc.

Nebst und sammt sind von beschränkterer Bedeutung, als mit, und bezeichnen nur äußerliches Zusammensein oder Zusammenfassen; z. B. hier ist Papier nebst Feder und Tinte; die Mutter nebst oder sammt ihren Kindern zc.

3. Präpositionen mit dem Accusativ.

Sie sind in folgenden Denkversen enthalten:

Bei durch, für, ohne, um, auch sonder, gegen, wider
Schreib stets den Accusativ und nie den Dativ nieder!

* * *

Philemon an seinen Freund.

Durch dich ist die Welt mir schön, ohne dich würd' ich sie hassen;
Für dich leb' ich ganz allein, um dich will ich gern erblassen;
Gegen dich soll kein Verleumder ungestraft sich je vergehn,
Wider dich kein Feind sich waffnen; ich will dir zur Seite stehn.

Bemerkungen und Beispiele.

Durch bezeichnet, außer seiner räumlichen Bedeutung (z. B. durch die Stadt, durch das Thor gehen 2c.), auch die Zeitdauer, z. B. durch das ganze Jahr (ob. das ganze Jahr durch); ferner das Mittel, z. B. durch Geld, durch Glück, durch Freunde und Gönner etwas erlangen; und die wirkende Ursache, z. B. er ist durch angestrengte Arbeit krank geworden, durch einen Feind verdrängt worden 2c.

Um ist 1). räumlich, z. B. um die Stadt gehen; die Gäste saßen um den Tisch; 2) zeitbestimmend, z. B. um Mittag, um zehn Uhr; es bezeichnet 3) Verlust: um eine Sache kommen, einen ums Leben bringen; 4) Wechsel, Tausch, Vergeltung 2c., z. B. einer um den andern; Aug' um Auge, Zahn um Zahn; um Lohn arbeiten; 5) Beziehung auf den Gegenstand des Empfindens, Wollens 2c., z. B. sich um eine Sache bekümmern, um etwas trauern, bitten, streiten 2c.; 6) Ursache ob. Beweggrund, z. B. ich lobe dich um deinen Fleiß; darum s. v. w. deßwegen.

Gegen unterscheidet sich von wider (nicht zu verwechseln mit dem Neben-worte wieder) dadurch, daß jenes überhaupt die Richtung der Lage, Bewegung oder einer Empfindung 2c. nach einem Gegenstande, dieses hingegen nur die feindliche oder widerstrebende Richtung ausdrückt; z. B. das Haus liegt gegen Morgen; freundlich, gnädig 2c. gegen Jemand sein; gegen oder wider Jemand streiten, sich auflehnen 2c. — Gegen dient außerdem zur ungefähren Bestimmung einer Zahl oder Zeit, z. B. es waren gegen hundert Menschen da; er kam gegen Abend; zur Ver-gleichung, z. B. was bist du gegen ihn? und zum Ausdruck des Wechsels oder Tausches, z. B. eine Waare gegen Geld geben.

Anmerk. Das verkürzte gen statt gegen ist dichterisch, außer in: gen Himmel.

Für (zu unterscheiden von vor) bezeichnet 1) die Beziehung auf Jemands Vortheil, Vergnügen, Gebrauch 2c., und überhaupt Angemessenheit, Zweck ob. Bestimmung; z. B. für Jemand bitten, eine Arznei für den Magen, ein Buch für die Jugend; ich fürchte für ihn, für sein Leben; auch s. v. w. in Hinsicht auf, in Ansehung, z. B. für sein Alter ist er noch sehr rüstig; für dieses Jahr, fürs erste, fürs zweite 2c.; 2) Stell-vertretung, Vertauschung (sinnv. statt, anstatt), Vergeltung oder Ersatz; z. B. ich will für dich bezahlen; ein Wort für das andere setzen; Geld für die Waare geben; einen für etwas belohnen, bestrafen 2c.; daher auch eine gleichmäßige Aufeinanderfolge oder Aneinanderreihung, z. B. Mann für Mann, Stück für Stück, Tag für Tag 2c.; ferner die Gleichgeltung oder Gleichstellung eines Begriffes mit einem andern (sinnv. dem Bindeworte als), z. B. ich nahm es für Scherz; er giebt sich für einen Gelehrten aus.

Ohne, immer mit dem Accusativ, z. B. er ging ohne mich fort; ein Baum ohne Früchte 2c.; also nicht: ohnedem, sondern ohnedies. — Sonder (nicht sondern) statt ohne ist alt und dichterisch, z. B. sonder Zweifel, sonder Scheu.

Bis wird gewöhnlich andern Präpositionen vorgesetzt, z. B. bis an die Kniee, bis nach Mitternacht; steht aber vor Ortsnamen und Zeitbenennungen auch selbst als Präposition; z. B. bis Leipzig; bis sechs Uhr, bis diesen Tag 2c.

4. Präpositionen mit dem Dativ und Accusativ.

Sie sind in folgenden Denkversen enthalten:

An, auf, hinter, neben, in,
Über, unter, vor und zwischen
Stehen mit dem Accusativ,
Wenn man fragen kann: wohin?
Mit dem Dativ stehn sie so,
Daß man nur kann fragen: wo?

Sie regieren im Allgemeinen den Dativ, wenn der Verbalbegriff, welchem sie sich anschließen, eine Ruhe, ein Bleiben oder Ver= weilen an einem Orte ausdrückt, wobei man wo? fragen kann; den Accusativ hingegen, wenn in dem Verbum eine Bewegung oder Richtung nach einem Ziele liegt, so daß man wohin? fragt. Z. B.

Mit dem Dat., auf die Frage wo?	Mit dem Acc., auf die Frage wohin?
Das liegt an der Mauer, auf dem Tische, hinter dem Garten, in dem Hause, neben dir, über dem Spie= gel, unter dem Fenster, vor dem Thore, zwischen der Wand und dem Stuhle 2c.	Ich lege das an die Mauer, auf den Tisch, hinter den Garten, in das Haus, neben dich, über den Spie= gel, unter das Fenster, vor das Thor, zwischen die Wand und den Stuhl 2c.

Bei dem Gebrauche dieser Präpositionen in uneigentlicher (nicht= räumlicher) Bedeutung lassen sich die Fragen wo und wohin? nicht immer anwenden. Dann gilt im Allgemeinen die Regel, daß auf und über mit dem Accusativ, an, in, unter, vor und zwischen hin= gegen mit dem Dativ verbunden werden. Z. B. Ich versichere Ihnen die Sache auf mein Wort. Ich freue mich über ihn. Ich zweifle an der Nach= richt. Er that es in meinem Namen. Er fürchtet sich vor mir. Es ist ein großer Unterschied zwischen beiden Brüdern. — Bei hinter und neben kann man jene Fragen immer anwenden.

Bemerkungen und Beispiele über die einzelnen Präpositionen.

An steht 1) mit dem Dativ auf die Frage wo? z. B. das Bild hängt an der Wand; an einem Orte wohnen, leben 2c.; auch zeitbestimmend auf die Frage wann? z. B. am Morgen, am Abend, am folgenden Tage 2c.; und uneigentlich auf die Frage woran? z. B. sich an einer Sache erfreuen, ärgern 2c.; den Vogel erkennt man an den Federn; an einer Sache leiden, Mangel haben 2c.; 2) mit dem Accus. auf die Frage wohin? wohinan? z. B. hänge das Bild an die Wand; an die Thür klopfen; an die Arbeit gehen; zeitlich in Verbindung mit bis: bis an seinen Tod 2c.; und un= eig., wenn es die Richtung des Geistes oder Gemüthes auf einen Gegen= stand ausdrückt, daher immer bei denken, erinnern 2c.; ich denke, erinnere mich an ihn; so auch: an eine Person oder Sache glauben 2c.

Neben 1) mit dem Dativ auf die Frage wo? z. B. er sitzt neben mir; 2) mit dem Accus. auf die Frage wohin? z. B. er setzte sich neben mich.

In 1) mit dem Dativ auf die Frage wo? worin? z. B. der Fisch lebt im Wasser, der Vogel in der Luft; ich gehe in der Stube auf und ab; auch zeitlich (sinnv. innerhalb, binnen), z. B. in meiner Jugend; in einer Stunde muß er kommen; und uneig. einen Zustand, die Weise eines Thuns, den Stoff oder Inhalt bezeichnend, z. B. in Noth, in Gefahr, im Schlafe, in Sorgen sein; etwas im Ernst, im Scherz sagen; in einer Sprache schreiben; hundert Thaler in Golde; 2) mit dem Accus. auf die Frage wohin? wohinein? z. B. ich gehe in die Stube; etwas in die Hand nehmen, in die Erde graben; ins Wasser fallen 2c.; zeitlich in Ver= bindung mit bis: bis in die Nacht arbeiten 2c.; uneig. das Gerathen oder Versetzen in einen Zustand bezeichnend, z. B. in tiefen Schlaf fallen, ins Unglück gerathen, einen in Erstaunen setzen; ferner die Beziehung auf den Stoff einer Thätigkeit, oder auch die dadurch bewirkte Form; z. B. in Gold arbeiten; in Holz, in Stein schneiden; Blumen in einen Strauß bin= den; etwas ins Deutsche übersetzen 2c.

Außer regiert in der Regel den Dativ, sowohl in räumlicher Bedeutung, z. B. außer dem Hause, außer dem Bette sein; als auch auf Zustände angewendet, z. B. außer Gefahr, außer Stande sein ꝛc.; und in der Bedeutung ausgenommen, z. B. Alle waren zugegen außer dir; — den Accuſ. nur, wenn es das Verſetzen oder Gerathen aus einem Zuſtande bezeichnet; z. B. einen außer Stand ſetzen; eine Sache außer allen Zweifel ſetzen.

Auf ſteht 1) mit dem Dativ auf die Frage wo? z. B. ich ſitze auf dem Stuhle; eine Laſt auf dem Rücken tragen; auf dem Lande leben, auf der Straße ſein; auf der Reiſe, auf der Jagd ſein ꝛc.; 2) mit dem Accuſ. auf die Frage wohin? z. B. ich ſetzte mich auf den Stuhl; er fiel auf die Erde; auf die Tafel ſchreiben; auf das Land ziehen, auf die Straße, auf die Jagd gehen; ferner wenn es eine Zeitbeſtimmung enthält, z. B. einen auf einige Tage verlaſſen; auf den Montag komme ich wieder; er bat mich auf den Abend; eine Folge oder Gemäßheit, z. B. er folgt auf mich; ich thue es auf ſeinen Wunſch; die Richtung des Gemüthes oder Geiſtes nach einem Gegenſtande, z. B. auf einen zürnen, böſe ſein; auf einen vertrauen, rechnen, ſich verlaſſen, ſich auf eine Sache beſinnen ꝛc.; die Abſicht, den Zweck, z. B. ſich auf eine Sache vorbereiten; Jemand auf eine Mahlzeit einladen; auch die Weiſe der Thätigkeit: auf dieſe Art, aufs beſte, auf den Hieb fechten ꝛc.

Über 1) mit dem Dativ auf die Frage wo? z. B. der Vogel ſchwebt über dem Dache; das Bild hängt über der Thür; er wohnt über mir; auch wenn es Gleichzeitigkeit ausdrückt, z. B. man ſprach über der Mahlzeit, über Tiſche davon; 2) mit dem Accuſ. auf die Frage wohin? wohinüber? z. B. der Vogel fliegt über das Dach; ein Tuch über den Tiſch breiten; der Fluß ergoß ſich über die Ebene; über den Graben ſpringen ꝛc.; daher auch, wenn es das Überſchreiten eines Maßes, einer Zeit ꝛc. bezeichnet, z. B. er gab über ſein Vermögen; über eine Elle lang; über eine Stunde; heute über acht Tage ꝛc.; und in allen andern uneigentlichen Anwendungen, z. B. über einen herrſchen, ſiegen; über eine Sache nachdenken, urtheilen, ſchreiben, ſtreiten; ſich über etwas freuen, wundern; über einen lachen, ſpotten ꝛc.; er hält ſich über mich auf ꝛc.

Unter bezeichnet nicht bloß a) das Verhältniß eines niederen zu einem darüber befindlichen Dinge, ſondern auch b) das Befinden in der Mitte von mehren Dingen oder die Vermengung mit einer Maſſe. In beiden Bedeutungen ſteht es 1) mit dem Dativ auf die Frage wo? worunter? z. B. a) der Hund liegt unter dem Ofen; wir ſaßen unter dem Baume; etwas unter dem Arme tragen; auch uneigentlich Abhängigkeit, Geringerſein ausdrückend, z. B. der Lehrling ſteht unter dem Meiſter; etwas unter dem Werthe verkaufen; ein Kind unter zehn Jahren; und Gleichzeitigkeit oder das Verhältniß eines Nebenumſtandes, z. B. unter der Predigt plaudern; unter heftigen Schmerzen ſterben; unter der Bedingung ꝛc.; b) er war mitten unter ihnen; ich ſaß unter den Zuſchauern; es ſteht Unkraut unter dem Weizen; uneigentlich: gegenſeitige Beziehung oder Gemeinſchaft, z. B. unter den Streitenden Frieden ſtiften; die unter uns beſtehende Freundſchaft; die Sache bleibt unter uns ꝛc.; 2) mit dem Accuſativ auf die Frage wohin? z. B. a) der Hund legte ſich unter die Bank; wir ſetzten uns unter den Baum; etwas unter den Arm nehmen; unter die Herrſchaft eines Andern gerathen; b) er trat mitten unter ſie; ich ſetzte mich unter die Zuſchauer; Waſſer unter den Wein miſchen; Geld unter die Armen vertheilen ꝛc.

Zwiſchen bedeutet: in der Mitte von zwei Gegenſtänden (verſch. von unter, z. B. ich ſuchte meinen Bruder unter dem Haufen und fand ihn zwiſchen den beiden Herren N.). Es ſteht 1) mit dem Dativ auf die Frage wo? z. B. er ging zwiſchen beiden Freunden; zwiſchen dem Hauſe und dem Garten iſt der Hof; auch zeitlich, z. B. es geſchah zwiſchen Weihnachten und Oſtern; und zur Bezeichnung gegenſeitiger Beziehungen, z. B. es ist ein Unterschied zwischen Beiden; es entstand ein Streit zwischen ihnen; 2) mit dem Accusativ auf die Frage wohin? z. B. er trat zwischen die beiden Freunde 2c.

Vor (zu unterscheiden von für) bezeichnet 1) mit dem Dativ a) ein örtliches Verhältniß auf die Frage wo? z. B. das Buch liegt vor mir; er wohnt vor dem Thore; vor dem Richter erscheinen; b) zeitlich: ein Früher-sein oder =Geschehen (entg. nach), z. B. vor Sonnenaufgang; vor zehn Jahren; er kam vor mir; c) einen Vorzug oder Vorrang, z. B. vor allen Dingen; er hat Vorzüge vor seinem Bruder; d) die Beziehung auf einen Gegenstand, den man vermeidet, abwehrt, fürchtet 2c., z. B. vor einem fliehen, sich verbergen, hüten 2c.; sich vor einem fürchten, scheuen, schämen 2c.; e) die wirkende Ursache eines Vorganges; z. B. vor Furcht zittern, vor Scham erröthen, vor Freude springen 2c.; — 2) mit dem Accusativ steht es nur in räumlicher Bedeutung auf die Frage wohin? z. B. ich lege das Buch vor dich hin; er trat vor den Richter; wir ziehen vor das Thor.

Hinter 1) mit dem Dativ auf die Frage wo? z. B. wer steht hinter mir? Der Hof ist hinter dem Hause; er lief hinter mir her; 2) mit dem Accusativ auf die Frage wohin? z. B. er stellte sich hinter mich; die Pferde hinter den Wagen spannen 2c.

Allgemeine Bemerkungen.

1. In Folge einer Wortversetzung tritt nicht selten hinter eine Präposition ein Casus, der von einem andern Worte des Satzes abhängt. Man verwandle dann die versetzte Wortfolge in die natürliche, um die Rection der Präposition zu erkennen. Z. B. Durch meiner Schwester Fürbitte gelang es mir 2c. Ich bin mit Ihres Sohnes Fleiße zufrieden u. dgl. m.

2. Die Präpositionen können auch vor Adverbia des Ortes und der Zeit gesetzt werden. Z. B. Er warf es von oben herunter. Es ist weit von hier. Er ist auf heute versagt.

3. Wenn eine Präposition sich auf einen ganzen (unverkürzten oder verkürzten) Nebensatz bezieht, den sie in Abhängigkeit zu dem Hauptsatze stellt: so wird sie zum Bindewort und hat keinen Einfluß auf den Casus eines nachfolgenden Wortes, welcher dann allein vom Verbum abhängt. Z. B. Er kam in die Gesellschaft, ohne daß ich ihn eingeladen hatte, oder — ohne eingeladen zu sein. Er ging weg, ohne mir etwas zu sagen. Er lobte mich, statt mich zu tadeln.

Übungsaufgaben.

3. Congruenz und Zusammenordnung der Worte.

Die Congruenz ist der grammatische Ausdruck des Verhältnisses der Einverleibung (Inhärenz; vgl. S. 87). Dieses findet nicht bloß 1) im prädicativen und 2) im attributiven Verhältnisse Statt, sondern auch 3) in dem Verhältnisse der Beziehung (z. B. eines substantivischen Fürwortes auf ein vorangegangenes oder nachfolgendes Nennwort). Verschieden von dem Einverleibungsverhältnisse ist 4) das Verhältniß der Zusammenordnung (vgl. S. 88).

I. Prädicatives Verhältniß.

Im prädicativen Verhältnisse steht 1) das Verbum, 2) das Ad-jectiv, 3) das Substantiv als Prädicat (vgl. S. 87. 2).

I. Das Verbum richtet sich in Hinsicht der Person und Zahl regelmäßig nach seinem Subjecte. Bei einem singularischen Subjecte steht daher das Verbum im Singular; bei einem pluralischen oder mehrfachen Subjecte im Plural. Z. B. Haus und Garten wurden verkauft. Vom Eise befreit sind Strom und Bäche. Der Freund im Glücke und der Freund im Unglücke sind oft einander unähnlich.

Besondere Bestimmungen und Ausnahmen.

1. Nicht bloß die pluralischen Anredewörter Ihr, Sie, sondern auch singularische Titelwörter, wie Eure Majestät, Hoheit, Euer Wohlgeboren 2c., werden mit dem Plural des Verbums verbunden; z. B. Eure Majestät haben geruht 2c. Euer Wohlgeboren sind —, werden 2c.

2. Sammelwörter, wie Menge, Anzahl, Haufen 2c., können, wenn ein Substantiv im Genitiv der Mehrheit ihnen beigefügt ist, mit dem Verbum im Plural verbunden werden. Z. B. Eine Menge Leute versammelten sich; ein ganzer Haufen Soldaten zogen vorüber.

3. Wenn das Subject eines der unbestimmten Fürwörter es, das, dies, das Prädicat aber ein Substantiv ist (f. S. 87. Anm. 2), so congruirt das Verbum mit diesem. Z. B. Es sind Freunde; das waren meine Freunde.

4. Bei zwei oder mehren singularischen Subjecten, welche Sachen oder abstracte Begriffe bezeichnen, steht das Verbum häufig im Singular, besonders wenn sie zu einem Gesammtbegriffe vereinigt gedacht werden. Z. B. Haus und Hof ist verkauft. Groll und Rache sei vergessen.

5. Wenn mehre Subjecte in verschiedener Person mit einander verbunden sind, so steht das Verbum im Plural derjenigen Person, welche nach der Ordnung der drei Personen den Vorrang hat. Z. B. Ich und du haben gleiche Schicksale. Du und dein Bruder seid meine Freunde.

Anmerk. Sind die Personen einander entgegengesetzt oder doch von einander gesondert, so richtet sich das Verbum nach der ihm zunächst stehenden Person. Z. B. Weder ich, noch du kannst ihm helfen. Nicht ich, sondern du gehst dahin.

II. Das prädicative Adjectiv steht regelmäßig in seiner ungebeugten Grundform ohne alle Congruenzzeichen nicht bloß a) als wirkliches Prädicat neben sein, werden, bleiben, scheinen, dünken, heißen (vergl. S. 87. 3); z. B. das Leben ist kurz, die Kunst ist lang; die Gefahr wird drohend; der Kranke bleibt leidend; er scheint gesund 2c.; sondern auch b) als prädicativer Zusatz neben einem inhaltvolleren Verbum, entweder in Beziehung auf das Subject; z. B. mein Freund liegt krank; das Pferd stand still; er ist jung gestorben; oder auf das Object; z. B. er fühlt sich unglücklich; ich fand ihn schreibend; er pries mich glücklich; du machst mir das Herz schwer; er goß den Becher voll; ich habe mich müde gearbeitet. (Vgl. S. 93. c.)

Bemerkungen. 1. Wenn ein Adjectiv oder Particip in gebeugter Form als Prädicat dient, so steht es entweder 1) substantivisch, z. B. er ist ein Fremder; ich bin der Schuldige; wir sind die Flehenden; oder 2) attributivisch, mit Auslassung des in Gedanken zu wiederholenden Subjectes, z. B. dieser Winkel ist ein rechter; der Befehl ist ein schriftlicher; dieser Ring ist ein goldener; ein neues Buch ist nicht immer ein gutes.

2. Die Superlative und Ordnungszahlen können auch als Prädicatswörter nur in gebeugter Form stehen, entweder 1) substantivisch, z. B. er ist der Erste; sie ist die Verständigste; oder 2) attributivisch, z. B. der gerade Weg ist der kürzeste; des Himmels Fügungen sind die besten.

3. Die zueignenden Fürwörter können als Prädicat entweder 1) ungebeugt stehen, wenn das Subject einen bestimmten Gegenstand bezeichnet, z. B. der Mantel ist mein; die Uhr ist dein; der Garten ist unser; oder 2) gebeugt (in den Formen meiner, meine, meines 2c., oder: der, die, das meine oder meinige 2c.: vgl. S. 38), z. B. dieser Mantel ist meiner; jener Garten ist der unsere 2c. Diese gebeugte Form muß nothwendig

gebraucht werden, wenn eines der unbestimmten Fürwörter es, das, dies als Subject steht; z. B. dies ist nicht mein Mantel, sondern es ist deiner oder der deinige. Wem gehören diese Äcker? Es sind unsere ob. die unsrigen.

III. Ein Substantiv oder substantivisches Fürwort als Prädicat muß mit seinem Subjecte dem Casus nach, nicht immer aber auch der Zahl und dem Geschlechte nach übereinstimmen.

1. Der Zahl nach findet in der Regel Übereinstimmung Statt; z. B. der Löwe ist ein Raubthier; der Löwe, Tiger, Wolf 2c. sind Raubthiere. Mein Bruder wird ein Lehrer. Er ist die Güte und Liebe selbst. Es kann jedoch auch ein pluralisches oder mehrfaches Subject durch ein im Singular stehendes Prädicat zu einem einfachen Begriffe zusammengefaßt werden. Z. B. Die beiden Freunde sind ein Herz und eine Seele. Zwölf Stück sind ein Dutzend. Gute Kinder sind die Freude ihrer Ältern.

2. Dem Geschlechte nach muß nur ein das natürliche Geschlecht unterscheidender persönlicher Gattungsname als Prädicat mit einem persönlichen Subjecte übereinstimmen. Z. B. Er ist mein Freund. Sie ist meine Freundinn. Die beiden Frauen sind Freundinnen. — In allen andern Fällen kann das Geschlecht des Prädicats von dem des Subjects verschieden sein. Z. B. Dies Kind ist ein Engel. Die Tochter ist der Liebling ihres Vaters. Die Eiche ist ein Baum. Der König ist die Hoffnung des Landes.

3. Das fragende Fürwort wer, was wird, da es keine Mehrheit hat, auch mit einem pluralischen Subjecte in der Einheitsform verbunden; z. B. wer seid ihr? was sind diese Dinge? — Mit einem Personennamen kann nicht bloß wer, sondern auch was verbunden werden. Jenes verlangt die Nennung oder genauere Bezeichnung der Person als solcher; dieses hingegen fragt nach dem Gattungscharakter oder der Eigenschaft. Z. B. Wer ist der Mann? Wer sind die Männer? versch. Was ist der Mann? . Was sind die Männer? (Antw. Kaufleute u. dgl.)

4. Das unbestimmte Fürwort es oder das wird als Vertreter jedes adjectivischen oder substantivischen Prädicats mit Subjecten jedes Geschlechts und jeder Zahlform verbunden. Z. B. Bist du zufrieden? Ich bin es. Seid ihr Schüler? Wir sind es, oder: das sind wir u. dgl. m.

Anmerk. Das Substantiv kann auch als prädicativer Zusatz stehen. Dies ist der Fall bei den transitiven Verben heißen, nennen, schelten, schimpfen, die außer dem unmittelbaren Objecte ein zweites Substantiv im Accusativ zu sich nehmen (vgl. S. 98. b), welcher bei der Umwandlung in die passive Form als Zusatz zum Subjecte im Nominativ stehen muß. Z. B. Man schilt ihn einen Geizhals. Er wird ein Geizhals gescholten. Er nannte mich seinen Freund. Ich wurde sein Freund genannt.

II. Attributives Verhältniß.

Im attributiven Verhältnisse zu einem Substantiv oder substantivischen Fürworte steht 1) das Adjectiv oder Particip nebst sämmtlichen adjectivischen Formwörtern (Zahlwörter, Pronomina, Artikel); 2) das Substantiv (vergl. S. 88. 2).

I. Alle adjectivischen Wörter congruiren im attributiven Verhältnisse regelmäßig mit ihrem Substantiv, folgen aber unter verschiedenen Bedingungen bald der starken, bald der schwachen, bald der aus beiden gemischten Biegungsform (vgl. S. 45 f.). Insbesondere:

A. Die adjectivischen Formwörter werden dem Substantiv vorangesetzt und stark gebeugt, nur zum Theil mit Abwerfung der Endung in einzelnen Fällen. Der schwachen Biegung sind nur diejenigen fähig, die mit einem vorantretenden, starkbiegenden Bestimmworte in einordnendem Verhältnisse verbunden werden können.

Besondere Bestimmungen. 1. Ausschließlich starkformig sind und zwar a) mit vollständiger Biegung: der, die, das, als

Artikel und Fürwort, die Fürwörter dieser, jener und die unbe=
stimmten Zahlwörter einiger ꝛc., etliche, jeder; b) mit mangel=
hafter Biegung, d. i. mit Abwerfung der Endung im Nom. Sing.
Masc. und im Nom. und Acc. Sing. Neutr.: ein als Artikel und
Zahlwort, kein und die zueignenden Fürwörter mein, dein, sein,
unser ꝛc. (vgl. S. 44) bei unmittelbarer attributiver Verbindung mit
dem Substantiv.

2. Die Pronomina solch und welch und die Zahlwörter manch,
all, viel, wenig werden bald mit vollständiger starker Biegung,
bald mit Abwerfung aller Endungen gebraucht. Insbesondere:

a) Solch und welch werden, unmittelbar vor das Substantiv gestellt,
vollständig stark gebeugt, z. B. solcher Mann, welche Frau ꝛc.; nur vor einem
sächlichen Worte im Nom. und Acc. Sing. stehen sie in der Dichter=
sprache bisweilen ohne Endung, z. B. solch Gefühl, welch Glück! statt welches
Glück ꝛc. — Tritt aber der Artikel ein dahinter, so bleiben sie durch alle
Casus ganz ungebeugt; z. B. solch ein Genuß, solch eines Genusses ꝛc.;
welch eine Freude, welch einer Freude ꝛc., welch ein Glück! — Tritt ein
Adjectiv unmittelbar hinter das Pronomen, so bleibt dieses entweder un=
gebeugt und das Adjectiv übernimmt die starke Biegung, oder das Pronomen
wird vollständig stark, das Adjectiv aber schwach gebeugt; z. B. solch edler
Mann, solch edles Mannes ꝛc., solch edle Männer ꝛc.; welch schöne Nacht,
welch schöner Nacht! welch hohes Glück! ꝛc.; oder: solcher edle Mann, solches
edlen Mannes, solche edlen Männer ꝛc., welches hohe Glück!

b) Manch hat in der Regel die vollständige starke Biegung (vgl. S. 44),
kann aber vor einem Adjectiv im Nom. Sing. aller Geschlechter und im Acc.
Sing. Fem. und Neutr. auch ungebeugt bleiben; z. B. manch tapfrer Held,
manch edle Frau, manch schönes Kind.

c) Über all, viel, wenig s. S. 50.

Über die Zusammenordnung der adjectivischen Formwörter ist
Folgendes zu bemerken:

1. Einige derselben leiden gar kein anderes Bestimmwort, auch nicht
den Artikel, vor sich; so: welcher, einiger ꝛc., etliche, mancher ꝛc.,
kein, auch all in unmittelbarer Verbindung mit dem Substantiv.

2. Folgende lassen ein vorangehendes Bestimmwort nur im Ver=
hältnisse der Beiordnung zu, wobei ihre Biegung unverändert stark
bleibt: a) der, dieser, jener leiden vor sich nur das Zahlwort aller ꝛc.
oder verkürzt all, z. B. aller oder all dieser Wein ꝛc.; b) der Artikel ein
nur die ungebeugten Pronomina solch und welch (s. o. a); c) die zueig=
nenden Fürwörter in attributiver Verbindung mit dem Substantiv nur
dieser, jener und das gebeugte oder ungebeugte all; z. B. dieser mein
Freund, dieses meines Freundes; all mein Vergnügen; bei allem seinem
Reichthum ꝛc.

3. Folgende Formwörter können mit einem vorangehenden Bestimm=
worte im einordnenden Verhältnisse zusammentreten, und werden
dann wie Adjective in gleicher Stellung gebeugt: a) Jeder oder jeg=
licher läßt nur den Artikel ein vor sich zu und folgt dann der gemischten
Adjectiv=Biegung: ein jeder Mann, eines jeden Mannes ꝛc.; b) solcher lei=
det ein und kein vor sich und nimmt dann dieselbe Biegung an, z. B. ein
solches Glück, einem solchen Glücke; kein solcher Verdacht, keines solchen
Verdachtes ꝛc.; c) die Zahlwörter ein, viel, wenig können den Artikel
der, die Pronomina dieser, jener, welcher und die zueignenden mein,
dein ꝛc. vor sich haben und werden dann ganz wie Adjective behandelt (vgl.
S. 49 u. 50).

B. Das attributive Adjectiv oder Particip wird seinem Sub=

Nach bezeichnet 1) die Richtung einer Bewegung auf ein Ziel, oder in eine Gegend (nicht vor Personennamen), z. B. er geht nach der Stadt zu seinem Bruder; ich reise nach Hause, nach Süden 2c.; auch mit dem Nebenbegriffe der Absicht, den Gegenstand zu treffen, zu holen 2c., z. B. nach Jemand schlagen, nach Wasser gehen, einen nach dem Arzte schicken; ferner die Richtung des Gemüthes auf einen Gegenstand: nach einer Sache begehren, verlangen, streben 2c.; 2) das Folgen, Dahinter- oder Spätersein, z. B. Einer nach dem Andern; es geschah nach seinem Tode, nach Mittag 2c.; 3) Gemäßheit, Übereinstimmung 2c.; z. B. ich handle nach meiner Überzeugung; es schmeckt nach Wein; nach meiner Meinung ob. meiner Meinung nach 2c.

Gemäß wird seinem Casus gewöhnlich nachgesetzt, z. B. sich seinem Stande gemäß kleiden.

Entgegen und zuwider stehen immer hinter dem Dativ. Zuwider drückt immer eine feindliche Richtung, Abneigung, Widerstreit aus. Z. B. Der Ostwind ist dem Westwinde entgegen (nicht: zuwider); dem Schiffer aber kann einer oder der andere zuwider sein. Die Arznei ist mir zuwider 2c.

Aus bezeichnet 1) räumlich das Woher, wenn der Anfangspunkt der Bewegung im Innern des Gegenstandes liegt; z. B. aus der Stadt kommen, aus dem Bette steigen; auch uneig. sich etwas aus dem Sinne schlagen, einen aus den Augen verlieren 2c.; 2) Ursprung, Stoff, z. B. ein Bild aus Holz schnitzen, ein Gefäß aus Thon 2c.; 3) den inneren Beweggrund eines Thuns, z. B. er handelt so aus Geiz, aus Übermuth; 4) den Erkenntniß- ob. Beweisgrund, z. B. ich weiß es aus Erfahrung; ich kenne ihn aus seinen Schriften.

Von bezeichnet im Allgemeinen das Woher, den räumlichen oder zeitlichen Anfangspunkt; z. B. vom Hause, vom Felde kommen, von Ort zu Ort; von Ostern bis Pfingsten, von Tage zu Tage; ferner: Trennung, Beraubung, Befreiung, z. B. zehn von hundert abziehen, von Jemand ablassen, abfallen; frei, leer, rein von etwas; Abstammung oder Ursprung, z. B. er stammt von rechtlichen Ältern ab; ein Brief von meinem Bruder; etwas von Jemand empfangen, leihen, lernen 2c.; Stoff und Eigenschaft, z. B. der Spiegel ist von Glas gemacht, ein Ring von Gold, ein Mann von Ehre; auch den Ausgangspunkt oder Stoff einer Thätigkeit, z. B. von einem etwas denken, wissen, sagen 2c.; und den realen Grund oder die wirkende Ursache; z. B. die Wasser sind von dem Regen ausgetreten; von etwas satt, müde, krank werden; besonders im passiven Satze, z. B. ich bin von ihm erzogen, ermahnt worden; der Baum wurde vom Winde umgerissen.

Seit (nicht zeit oder sint), z. B. seit jenem Tage, seitdem, seit einem Jahre ist er krank.

Binnen s. v. w. innerhalb, jedoch nur in Beziehung auf die Zeit; z. B. binnen acht Tagen 2c.

Mit drückt Zusammensein, Gemeinschaft, Gesellschaft, Theilnehmung 2c. aus; z. B. der Vater geht mit den Kindern aus; sich mit Jemand freuen; mit einander übereinstimmen; mit Jemand sprechen, streiten 2c.; sich mit etwas beschäftigen 2c.; daher auch: das Versehen- oder Begabtsein, z. B. ein Baum mit Blüthen und Früchten; den begleitenden Umstand oder die Weise des Thuns, z. B. mit Fleiß arbeiten, etwas mit Freuden thun; auch das Werkzeug oder Mittel der Thätigkeit, z. B. mit der Hand winken, mit einem Messer schneiden, mit Farben malen 2c.

Nebst und sammt sind von beschränkterer Bedeutung, als mit, und bezeichnen nur äußerliches Zusammensein oder Zusammenfassen; z. B. hier ist Papier nebst Feder und Tinte; die Mutter nebst oder sammt ihren Kindern 2c.

8. Präpositionen mit dem Accusativ.

Sie sind in folgenden Denkversen enthalten:

Bei durch, für, ohne, um, auch sonder, gegen, wider
Schreib stets den Accusativ und nie den Dativ nieder!

* * *

Philemon an seinen Freund.

Durch dich ist die Welt mir schön, ohne dich würd' ich sie hassen;
Für dich leb' ich ganz allein, um dich will ich gern erblassen;
Gegen dich soll kein Verleumder ungestraft sich je vergehn,
Wider dich kein Feind sich waffnen; ich will dir zur Seite stehn.

Bemerkungen und Beispiele.

Durch bezeichnet, außer seiner räumlichen Bedeutung (z. B. durch die Stadt, durch das Thor gehen ꝛc.), auch die Zeitdauer, z. B. durch das ganze Jahr (od. das ganze Jahr durch); ferner das Mittel, z. B. durch Geld, durch Glück, durch Freunde und Gönner etwas erlangen; und die wirkende Ursache, z. B. er ist durch angestrengte Arbeit krank geworden, durch einen Feind verdrängt worden ꝛc.

Um ist 1) räumlich, z. B. um die Stadt gehen; die Gäste saßen um den Tisch; 2) zeitbestimmend, z. B. um Mittag, um zehn Uhr; es bezeichnet 3) Verlust: um eine Sache kommen, einen ums Leben bringen; 4) Wechsel, Tausch, Vergeltung ꝛc., z. B. einer um den andern; Aug' um Auge, Zahn um Zahn; um Lohn arbeiten; 5) Beziehung auf den Gegenstand des Empfindens, Wollens ꝛc., z. B. sich um eine Sache bekümmern, um etwas trauern, bitten, streiten ꝛc.; 6) Ursache od. Beweggrund, z. B. ich lobe dich um deinen Fleiß; darum s. v. w. deßwegen.

Gegen unterscheidet sich von wider (nicht zu verwechseln mit dem Nebenworte wieder) dadurch, daß jenes überhaupt die Richtung der Lage, Bewegung oder einer Empfindung ꝛc. nach einem Gegenstande, dieses hingegen nur die feindliche oder widerstrebende Richtung ausdrückt; z. B. das Haus liegt gegen Morgen; freundlich, gnädig ꝛc. gegen Jemand sein; gegen oder wider Jemand streiten, sich auflehnen ꝛc. — Gegen dient außerdem zur ungefähren Bestimmung einer Zahl oder Zeit, z. B. es waren gegen hundert Menschen da; er kam gegen Abend; zur Vergleichung, z. B. was bist du gegen ihn? und zum Ausdruck des Wechsels oder Tausches, z. B. eine Waare gegen Geld geben.

Anmerk. Das verkürzte gen statt gegen ist dichterisch, außer in: gen Himmel.

Für (zu unterscheiden von vor) bezeichnet 1) die Beziehung auf Jemands Vortheil, Vergnügen, Gebrauch ꝛc., und überhaupt Angemessenheit, Zweck od. Bestimmung; z. B. für Jemand bitten, eine Arznei für den Magen, ein Buch für die Jugend; ich fürchte für ihn, für sein Leben; auch s. v. w. in Hinsicht auf, in Ansehung, z. B. für sein Alter ist er noch sehr rüstig; für dieses Jahr, fürs erste, fürs zweite ꝛc.; 2) Stellvertretung, Vertauschung (sinnv. statt, anstatt), Vergeltung oder Ersatz; z. B. ich will für dich bezahlen; ein Wort für das andere setzen; Geld für die Waare geben; einen für etwas belohnen, bestrafen ꝛc.; daher auch eine gleichmäßige Aufeinanderfolge oder Aneinanderreihung, z. B. Mann für Mann, Stück für Stück, Tag für Tag ꝛc.; ferner die Gleichgeltung oder Gleichstellung eines Begriffes mit einem andern (sinnv. dem Bindeworte als), z. B. ich nahm es für Scherz; er giebt sich für einen Gelehrten aus.

Ohne, immer mit dem Accusativ, z. B. er ging ohne mich fort; ein Baum ohne Früchte ꝛc.; also nicht: ohnedem, sondern ohnedies. — Sonder (nicht sondern) statt ohne ist alt und dichterisch, z. B. sonder Zweifel, sonder Scheu.

Bis wird gewöhnlich andern Präpositionen vorgesetzt, z. B. bis an die Kniee, bis nach Mitternacht; steht aber vor Ortsnamen und Zeitbenennungen auch selbst als Präposition; z. B. bis Leipzig; bis sechs Uhr, bis diesen Tag ꝛc.

4. Präpositionen mit dem Dativ und Accusativ.

Sie sind in folgenden Denkversen enthalten:

einem Gegenstandsworte verbundenes Beiwort, Fürwort oder Substantiv gleichwohl in einem solchen Verhältnisse zu demselben steht, daß es dem Congruenzgesetze unterworfen ist. Die wichtigsten Verhältnisse dieser Art, welche theils innerhalb des einfachen Satzes, theils unter zwei getrennten Sätzen oder Gliedern des zusammengesetzten Satzes vorkommen, sind folgende:

1. Ein Adjectiv wird in attributiver Form auf ein Substantiv bezogen, welches nicht unmittelbar mit ihm verbunden ist. Z. B. Der Elephant ist das größte (Thier) aller Landthiere. Die Schweiz ist das gebirgigste unter den Ländern Europas (vgl. Seite 47. 4). Er hat zwei Söhne; der ältere will studiren, der jüngere die Handlung lernen.

2. Das persönliche Fürwort der 3ten Person und das substantivisch gebrauchte hinweisende Fürwort congruiren in Geschlecht und Zahl mit dem Substantiv, auf welches sie zu beziehen sind. Z. B. Das Kind ist krank; es muß gepflegt werden. Die arme Frau ist gestorben, weil es ihr an ärztlicher Hülfe fehlte. Der Vater liebt seinen Sohn; dieser aber ist undankbar gegen ihn. — So auch innerhalb des einfachen Satzes; z. B. die Tugend sie ist kein leerer Schall. Die Sterne die begehrt man nicht 2c.

3. Das beziehende Fürwort, welches den Adjectivsatz (vgl. S. 89. 2) einleitet, muß nach Geschlecht und Zahl mit dem Substantiv oder Pronomen des Hauptsatzes congruiren, auf welches es sich bezieht; der Casus desselben aber wird durch sein Verhältniß zu dem Nebensatze bestimmt. Z. B. Der Mann, welcher mich gestern besuchte, — welchen ich bei dir traf, — welchem ich begegnete, — dessen Bekanntschaft ich machte 2c. Die Frau, deren Schicksale du kennst 2c.

4. Wenn durch einen mit wie oder als eingeleiteten Adverbialsatz ein Gegenstand mit einem andern vergleichend zusammengestellt wird, so muß das Substantiv des Nebensatzes mit dem des Hauptsatzes, auf welches es bezogen ist, dem Casus nach congruiren, falls beide in gleichem grammatischen Verhältnisse zu dem ihnen gemeinsamen Prädicate stehen. Z. B. Ich verehre den würdigen Mann wie einen Vater (=, wie man einen Vater verehrt). Ich liebe ihn wie meinen Bruder (=, wie ich meinen Bruder liebe). Ich liebe ihn wie mein Bruder (ihn liebt). Sie ist größer, als ihre Brüder.

Anmerk. Wenn aber der Vergleichungssatz eine von dem Hauptsatz verschiedene Wendung nimmt, oder in ihm das Prädicat des Hauptsatzes nur theilweise ergänzt wird: so wird der Casus des verglichenen Gegenstandes durch die Satzform des Vergleichungssatzes bestimmt. Z. B. Ich verehre den würdigen Mann, wie ein Vater verehrt wird. Man sah die Jungfrau tapfer fechten, wie ein Mann (ficht).

5. In dem verkürzten Adjectiv= oder Adverbialsatze (vgl. S. 89. Anm.) nimmt das als Prädicat stehende Adjectiv oder Particip keine Congruenzform an und darf daher in der Regel nur als Nominativ auf das Subject des Hauptsatzes bezogen werden. Z. B. Der Tod, gefürchtet oder ungefürchtet, kommt unaufhaltsam. Dieses bei mir denkend, schlief ich ein. Ist aber das Prädicat ein Substantiv, so kann dieses als congruirende Apposition auf ein Substantiv oder Pronomen des Hauptsatzes in jedem Casus bezogen werden. Z. B. Ich verehre euren Vater, den rechtschaffenen Greis. Ich habe dem Herrn N., meinem Freunde, das Buch gegeben. (Vgl. unten den Abschn. von der Satzfügung.)

6. In folgenden Fällen weicht das in Beziehung stehende Wort von der herrschenden Regel der Congruenz ab:

1) Die neutralen Fürwörter es, das, was werden als allgemeine Vertreter des Prädicats auf substantivische Prädicate jedes Geschlechts und

jeder Zahl bezogen. Z. B. Er ist mein Freund nicht; er ist es nicht. Er ist ein Gelehrter; das ist sein Bruder nicht. Sie hält sich für eine Künstlerinn, ohne es zu sein. Was seid ihr? Reisende Kaufleute.

2) Das hinweisende Fürwort, welches den bereits benannten Gegenstand wiederholt andeutet, kann in der sächlichen Form (das, dies) auf ein männliches, weibliches, oder pluralisches Substantiv bezogen werden, wenn dieses das Prädicat des Satzes ausmacht, wie auch wenn mehre Sachnamen zu einem Gesammtbegriff vereinigt werden. Z. B. Der Fremde, den ihr suchet, das bin ich. Die gefährlichsten Feinde — das sind die Schmeichler. Schönheit, Ehre, Reichthum — dies alles ist vergänglich.

3) Wenn Personen mit sächlichen Substantiven, wie Weib, Frauenzimmer zc., besonders mit Verkleinerungswörtern, wie Söhnchen, Mädchen, Fräulein, Fritzchen, Gretchen zc., benannt werden: so gebraucht man ein auf ein solches Substantiv bezogenes Bei- oder Fürwort in der Regel in der männlichen oder weiblichen Form, läßt also im Fortgange der Rede das Sprachgeschlecht dem natürlichen Geschlechte weichen. Z. B. Wie befindet sich Ihr Söhnchen? Ist er noch krank? — Hier ist das Mädchen. Kennst du sie? — Klärchen, die (nicht das) noch gestern bei uns war zc. Kennst du die beiden Fräulein N.? Die ältere heißt Louise, die jüngere Julie, u. dgl. m.

4) Wenn ein Bei-, Zahl- oder Fürwort in der Einheit auf Personennamen verschiedenen Geschlechts zugleich bezogen wird, so gebraucht man dasselbe in der männlichen Geschlechtsform. Z. B. Die Knaben und Mädchen wetteiferten mit einander; jeder wollte der fleißigste sein. Morgen, meine Freunde und Freundinnen, werden wir abreisen. Daß nur Keiner die Zeit verschläft! zc.

Anmerk. Oder man bedient sich in solchem Falle, zur Umgehung des bestimmten Geschlechtsausdrucks, auch wohl der sächlichen Form; also: Jedes, Keines.

IV. Zusammenordnung der Worte.

Es können in dem erweiterten Satze sowohl 1) mehre Bestimmungen eines Begriffs, als auch 2) mehrfache Haupt-Satztheile zusammentreten (s. o. S. 87. IV.).

1) Von mehren zusammentretenden Bestimmungswörtern ist das eine dem andern entweder 1) untergeordnet, im Verhältnisse der Einverleibung, oder der Abhängigkeit (z. B. das ruhig schlafende Kind; ich kenne ihn ganz genau; — ein des Lobes würdiger Schüler; die ihm gebührende Ehre); oder 2) eingeordnet; oder 3) die Bestimmungswörter sind einander beigeordnet. (Vgl. S. 88.)

1) Bei dem Verhältnisse der Einordnung steht die eingeschlossene Bestimmung in der Regel zunächst vor dem zu bestimmenden Worte; die umfassende geht ihr voran. So gehen a) die attributiven Formwörter als umfassende den Adjectiven als eingeschlossenen Bestimmungen voran; z. B. dieser große Mann; welcher schöne Tag; seine beiden jüngsten Schwestern. b) Unter mehren adverbialen Bestimmungen von verschiedener Art und Beziehung wird die Satzbestimmung als umfassende der Nebenbestimmung des Prädicats vorangesetzt; z. B. die Luft ist heute empfindlich kalt; ich bin gestern sehr früh aufgestanden. c) Von zwei abhängigen Bestimmungen, die in verschiedenen Casus von einem Verbum regiert werden, ist die zweite die eingeschlossene. Z. B. Ich habe meinem Bruder die Nachricht mitgetheilt. Man hat den Mann seines Amtes entsetzt.

2) Im Verhältnisse der Beiordnung, welches äußerlich daran zu erkennen ist, daß die zusammentretenden Worte in der Regel durch und verbunden sein können, stehen die Bestimmungen nur dann, wenn nicht bloß ihr grammatisches Verhältniß zu dem Begriffe ganz das nämliche, sondern auch ihre Bedeutung gleichartig ist.

z. B. dieser und jener Mann; meine und deine Geschwister; der erste und
der zweite Schüler; ein schöner, heiterer Tag; glückliche und zufriedene Menschen; er hat seinem Herrn treu und redlich gedient; er arbeitet früh und spät;
er dankte seinen Gönnern und Wohlthätern. (Nicht aber: er war gestern und
gefährlich krank, u. dgl.)

Anmerk. Zwei Präpositionen können beigeordnet und auf ein Gegenstandswort bezogen
werden, wenn sie denselben Casus regieren; z. B. für und wider mich; vor und nach
jener Zeit; nicht aber: um und neben ihm; durch und mit ihm.

2. **Zusammengeordnete Haupt=Satztheile** stehen immer in dem
Verhältnisse der Beiordnung; insbesondere: mehre Subjecte,
z. B. die Felder und Wiesen grünen; er und seine Brüder haben sich verun-
einigt; mehre Prädicate; z. B. die Wiesen grünen und blühen; der Himmel
ist klar und blau; mehre Aussagewörter; z. B. er war, ist und bleibt
mein Freund.

Anmerk. Wo mehre verbundene Prädicate gesondert, als verschiedenartige Eigenschaften
oder einander fortsetzende Thätigkeiten aufzufassen sind, da ist nicht ein erweiterter einfacher,
sondern ein zusammengezogener mehrfacher Satz vorhanden. Z. B. Er ist fleißig,
aber (er ist) unglücklich. Er ging und kam nicht wieder.

3. Über die innern Verhältnisse beigeordneter Worte und die
äußere Form der Beiordnung bemerke man Folgendes.

1) Die Beiordnung ist ihrer Bedeutung nach entweder collectiv,
b. i. einigend, zusammenfassend, oder disjunctiv, b. i. sondernd. Z. B.

collectiv.	disjunctiv.
Er ist mein und dein Vater.	Mein und dein Vater sind Freunde.
gute, lesenswerthe Bücher.	gute und schlechte Bücher.
in Wind und Wetter ausgehen.	bei Regen und Sonnenschein ausgehen.
Man lobt und preis't ihn.	Man lobt und tadelt ihn.

2) Die beigeordneten Satztheile werden entweder vollständig
aufgestellt, oder durch eine Zusammenziehung enger mit einander
verbunden. Diese besteht darin, daß die ihnen gemeinsamen Theile
nur einmal ausgedrückt werden; z. B. ein gemeinsames Grundwort
beigeordneter zusammengesetzter Wörter, als: der Bürger= und der Bauern-
stand, Karten=, Brett= und Würfelspiele; auf= und absteigen; ober= und
unterhalb ꝛc.; oder eine oder mehre gemeinsame Bestimmungen;
z. B. er erzählte viel von seinen Reisen und von seinen sonstigen Abenteuern;
zusammengez.: — von seinen Reisen und seinen sonstigen Abenteuern;
enger: — von seinen Reisen und sonstigen Abenteuern; so auch: gutes Essen
und Trinken; alle meine alten Bücher und Kupferstiche; durch seinen großen
Fleiß und Eifer; er ist des Betruges verdächtig und angeklagt.

Anmerk. Die Zusammenziehung ist aber nur dann zulässig, wenn die beigeordneten Worte
die ihnen gemeinsame Bestimmung auch in derselben grammatischen Form erfordern.
Also nicht: der Ruhm und Ehre; durch seinen großen Fleiß und Thätigkeit; man hat ihn
beständig gelobt und geschmeichelt.

Die vollständige Aufstellung der beigeordneten Glieder eignet sich
mehr für das disjunctive —, die zusammengezogene Form mehr
für das collective Verhältniß. Vgl. z. B. ich gehe zu meinem Freunde
und Nachbarn (eine Person). Ich gehe zu meinem Freunde und zu meinem
Nachbarn (zwei verschiedene Personen). Ich bin sein ältester und vertrautester
Freund. Ich kenne seinen ältesten und seinen jüngsten Bruder.

3) Die beigeordneten Worte werden entweder ohne Bindewort
(asynbetisch) zusammengestellt, oder durch und (synbetisch) verbunden. —
Zwei collectiv beigeordnete attributive Beiwörter stehen häufiger
ohne, als mit und; z. B. ein schöner, heiterer Morgen; mein alter, treuer
Freund. Disjunctiv beigeordnete Adjective erfordern hingegen das und;
z. B. gute und böse Menschen; mein ältester und mein jüngster Freund.
So auch dem Substantiv nachgesetzte Beiwörter; z. B. ein Mädchen

schön und wunderbar. — Zwei beigeordnete Worte jeder andern Art wer=
den regelmäßig durch und verbunden. Z. B. Der Morgen ist schön und
heiter. Er wollte mich und dich besuchen. Ich schätze und verehre ihn zc.
Treten aber mehr als zwei beigeordnete Worte zusammen, so steht
das und in der Regel nur vor dem letzten. Z. B. der Morgen ist schön,
heiter und erfrischend. Er will mich, dich und unsern Freund besuchen. Ich
schätze, verehre und bewundere ihn.

Anmerk. Abweichungen von diesen Bestimmungen gehören vorzugsweise der Dichtersprache an,
wo durch das gänzliche Weglassen des Bindewortes in einer größeren Reihe beigeordneter
Worte das Asyndeton, durch die gehäufte Wiederholung desselben das Polysyndeton,
als zwei entgegengesetzte Redefiguren, entstehen.

Zweiter Abschnitt.

Wortfolge.

Die Ordnung der Worte als Satzglieder weicht im Deutschen von
der logischen (construirenden) Wortfolge, wonach die zu bestimmenden
Begriffe den bestimmenden vorangehen, vielfach ab. Das Eigenthüm=
liche der deutschen Wortfolge besteht besonders darin, daß sie den Haupt=
satz von dem Nebensatze (vgl. S. 89) durch die Wortstellung unter=
scheidet, und daß sie den Satz als ein in sich geschlossenes Ganzes
darzustellen strebt, indem sie das Prädicat an das Ende drängt und die
Satzbestimmungen in der Mitte, zwischen Subject und Prädicat, aufstellt.

Wir unterscheiden 1) die regelmäßige, d. i. die in der gewöhnlichen
prosaischen Rede herrschende, und 2) die durch Wortversetzungen (In=
versionen) entstehende versetzte Wortfolge; in beiden Arten aber
ist die Stellung der Haupt=Satztheile (Subject, Copula oder
überhaupt vom Prädicate getrenntes Aussagewort, Prädicat) und
die der Bestimmungen abgesondert zu betrachten.

1. Regelmäßige Wortfolge.

I. Ordnung der Haupt=Satztheile.

1. Die regelmäßige Wortfolge des Hauptsatzes ist:

1) Im Erkenntnißsatze: Subject, Copula, Prädicat.
Z. B. Der Mensch ist sterblich. Die Sonne ist aufgegangen. Das Kind hat
geschlafen. Dein Freund wird kommen. Der Mensch muß sterben.

2) Im Begehrungssatze (Frage=, Wunsch=, Heischesatz, vgl.
S. 86): Copula, Subject, Prädicat. Z. B. Ist er gesund? Hat das
Kind geschlafen? Wird dein Freund kommen? Wäre er doch gesund! Möchte
dein Freund kommen! Sei (du) fleißig!

2. Die regelmäßige Wortfolge des Nebensatzes ist: Sub=
ject, Prädicat, Copula. Z. B. — daß der Mensch sterblich ist. Als
die Sonne aufgegangen war zc. Wenn das Kind geschlafen hat zc. Weil dein
Freund kommen wird zc.

Wenn Prädicat und Copula in einer Verbalform verschmolzen
sind, so steht diese immer in der Stelle der Copula. Z. B. das Kind
schläft. Schläft das Kind? — Die Wortfolge des nackten Nebensatzes
fällt also in diesem Falle mit der des Hauptsatzes zusammen. Z. B.
Wenn das Kind schläft zc. Weil der Mensch denkt zc.

Anmerk. Bedingende und einräumende Nebensätze können auch mit Weglassung des Fügewortes die Form von Fragesätzen annehmen. Z. B. Statt „Wenn er nicht will" 2c.: Will er nicht, so ist's sein eigner Schaden. Hat er es gleich erfahren, so 2c.

II. Ordnung der Bestimmungen.

Hier ist 1) die Stellung der Bestimmungen zu dem durch sie bestimmten Worte, 2) die Folge mehrer bei einem Worte zusammengestellten Bestimmungen zu betrachten.

1. Die bestimmenden Worte treten im Allgemeinen den durch sie bestimmten Worten voran. Diese Regel erleidet jedoch manche Ausnahmen.

1) Dem Substantiv gehen alle attributiven Bestimmwörter regelmäßig voran (vgl. S. 106. 107 f.). Adverbiale Bestimmungen hingegen und unmittelbar oder mittelbar (durch Präpositionen) abhängige Substantive stehen hinter demselben; z. B. die Hütte hier; die Feuersbrunst von gestern; der Herr des Hauses; die Reise nach Berlin.

Anmerk. 1. Ausnahmsweise wird jedoch der abhängige Genitiv auch vorangestellt. Z. B. Des Hauses Herr; des Jahres letzte Stunde. So besonders bei Eigennamen; z. B. Schiller's Wallenstein, Uhland's Gedichte 2c.
2. Die Adverbia des Grades, der Quantität und der Modalität, namentlich das Adverbium nicht, werden, wenn sie zunächst auf ein Substantiv oder Fürwort sich beziehen, demselben in der Regel vorangestellt. Z. B. Sogar seine Gegner erkennen ihn an. Auch du willst mich verlassen? Nicht sein Unglück, sondern seine Schuld hat ihn gestürzt.

2) Dem Adjectiv und Adverbium werden adverbiale Bestimmungen immer, unmittelbar abhängige Substantive in der Regel vorangestellt. Z. B. sehr groß; ganz voll; besuche mich recht bald; des Rechtes kundig; des Lebens froh; dem Spiel ergeben; meiner Pflicht getreu. — Durch Präpositionen vermittelte Zusätze folgen dem prädicativen Adjectiv gewöhnlich nach; dem attributiven müssen sie vorangehen. Z. B. arm an Gelde; schön von Gesicht; glücklich im Spiele; aber: ein an Gelde armer Mann; mein im Spiele glücklicher Freund.

Anmerk. Das Adverbium genug wird einem Adjectiv oder Adverbium immer nachgesetzt; z. B. Du bist noch jung genug; groß genug; früh genug 2c.

3) Bei dem Verbum ist die Stellung der Bestimmungen verschieden im Hauptsatze, und im Nebensatze.

a) Im Hauptsatze steht jede Bestimmung des Verbums bei einfacher Verbalform ganz am Schlusse des Satzes. Z. B. Er besuchte mich; der Vater liebt den Sohn; das Kind schläft ruhig; ich saß im Garten. Liebt der Vater den Sohn? Schliefe doch das Kind ruhig! — Sind aber Copula (oder Aussagewort) und Prädicat getrennt vorhanden, so steht die Bestimmung unmittelbar vor dem den Satz schließenden Prädicate. Z. B. Er hat mich besucht; der Vater muß den Sohn lieben; das Kind kann ruhig schlafen. Sollte nicht der Vater den Sohn lieben? Möchte das Kind ruhig schlafen!

b) Im Nebensatze steht die Bestimmung immer zunächst vor dem Prädicate, also zwischen Subject und Prädicat. Z. B. Als er mich besuchte; wenn er mich besucht hätte; weil der Vater den Sohn liebt; daß das Kind ruhig schlief; nachdem das Kind ruhig geschlafen hatte 2c.

Anmerk. Die Adjectivsätze weichen von dieser Regel in so fern ab, als das sie einleitende beziehende Fürwort immer an ihre Spitze treten muß, auch wenn es eine Satzbestimmung enthält; z. B. der Sohn, welchen der Vater liebt; ein Freund, dem du trauen kannst; das Buch, in welchem du liesest 2c.

2. Die Stellung mehrer zusammengeordneten Bestimmungen eines Wortes richtet sich im Allgemeinen nach der Regel: Die bedeut= sameren, inhaltvolleren und stärker betonten Bestimmungen folgen den allgemeineren, weniger bezeichnenden und schwächer betonten nach. (Vgl. S. 111. 1.). Z. B. Diese seine drei noch ganz neuen und schönen Häuser sind in dem letzten so verheerenden Kriege in Asche gelegt worden. — Die dem Kranken sehr heilsame Arznei; sein ihm treu ergebener Diener ꝛc. — Ich habe gestern fleißig gearbeitet. Du wohnst hier sehr bequem. Der Arzt hat ihn während seiner Krankheit mit großer Sorgfalt behandelt. Ich habe ihn hier im Garten gesucht. — Man unterscheide hiernach: der dritte böse Tag, und: der böse dritte Tag u. dgl. m. Insbesondere bemerke man:

1) Mehre zu einem Verbum gefügte abhängige Casus werden in der Regel so geordnet, daß der Accusativ (der Sache) dem Dativ (der Person) —, der Genitiv (der Sache) dem Accusativ (der Person) nachfolgt, in jedem Falle also der sachliche Gegenstand dem persön= lichen nachgesetzt wird. Z. B. Ich habe meinem Oheim einen Brief ge= schrieben. Der Vater wird seinem Sohne ein Buch schenken. Er beschuldigt seinen Diener der Untreue. Man hat den Armen aller seiner Habe beraubt. — Präpositionale Zusätze stehen in der Regel hinter den einfachen abhän= meinen Oheim. Er hat

Casus bei einem Ver= ammen, so ist die Stelle der ersteren mannigfaltig wechselnd. Regel tritt jedoch das Adverbium vor die abhängigen Casus, als Satzbestimmung einen äußeren Umstand der Handlung be= es dasselbe der Quali= tät meinem Oh a

der abhängigen Fürwörter richtet sich nach ihrem Tonverhältn zu den mit ihnen zusammengestellten Bestim= mungen, denen sie ihrer schwächeren Betonung wegen in der Regel vorangestellt werden. Z. B. Ich habe ihn deinem Bruder zum Muster auf= gestellt. Ich habe ihm deinen Bruder zum Muster aufgestellt. Ich habe dich gestern gesehen. — Auch wenn mehre Pronomina zusammenkommen, geht das schwächer betonte dem volltönigeren voran. Z. B. Er hat es mir ge= sagt. Hier ist das Geld; gieb es ihm. Sage dies Niemand; aber: Sage ihm dieses ꝛc.

2. Versetzte Wortfolge.

Jede Abweichung von der regelmäßigen oder gewöhnlichen Wort= folge heißt eine Inversion oder Versetzung. Die Versetzungen sind theils willkürliche, d. i. solche, die der Schreibende nach Willkür für rednerische Zwecke anwendet; theils wesentliche oder nothwendige, die für gewisse Satzformen dem Sprachgebrauche gemäß festgesetzt sind. In Ansehung der Satztheile, welche sie betreffen, zerfallen die In= versionen in Haupt=Versetzungen, welche die Haupt=Satztheile —, und Neben=Versetzungen, welche nur Bestimmungen betreffen.

8*

I. Haupt-Versetzungen.

I. Dem Erkenntnißsatze stehen 5 Inversionen seiner regelmäßigen Wortfolge Subject, Copula, Prädicat (die Sonne ist gesunken) zu Gebote:

1. Copula, Subject, Prädicat: Ist die Sonne gesunken; oder
bei einfacher Verbalform: Prädicat, Subject: Sank die Sonne. —
Diese Inversion kann als willkürliche nur angewendet werden, a) wenn
das dem Aussageworte nachgesetzte Subject vor demselben durch es vertreten wird. Z. B. Es sank die Sonne. Es ist ein Schuß gefallen. Es wird
ein Gewitter kommen. — b) Wenn der Erkenntnißsatz die lebhaftere
Form des Begehrungssatzes annimmt. Z. B. Habe ich doch oft schon
Undank erfahren! Weiß ich doch nicht, woran ich bin! — Als nothwendige
aber muß sie eintreten:

1) Wenn irgend eine Bestimmung des Satzes, um besonders
hervorgehoben zu werden, an die Spitze des Satzes gestellt wird.
Z. B. Schon ist die Sonne gesunken. Da sank die Sonne. Bald wird er
wiederkommen. Gestern sprach ich ihn. Ihn sprach ich gestern. Im Garten
habe ich meinen Freund gesehen. Vor eine Stunde ist er angekommen. Dem
Höchsten mußt du trauen. — Daher insbesondere auch nach den fragenden Fürwörtern und Adverbien, welche in objectiven Fragen (vgl.
S. 86. Anm. 2) und Ausrufungen immer an die Spitze des Satzes
treten. Z. B. Wen sucht ihr? Wem hast du das Geld gegeben? Wo ist der
Mann geblieben? Wann wird er zurückkommen? — Ferner nach den meisten
beiordnenden Bindewörtern, welche noch den Charakter von Adverbien haben (ausgenommen: und, oder, sondern, aber, allein, denn, nämlich),
wenn sie den Satz eröffnen. Z. B. Auch habe ich das nicht gesagt. Erst
habe ich ihn besucht; dann hat er meinen Besuch erwiedert. Er hat mich
hintergangen; daher kann ich ihm nicht trauen.

2) Wenn im Satzgefüge ein abhängiger Substantiv-Satz
oder ein Adverbial-Satz seinem Hauptsatze vorangestellt wird, so
erleidet dieser (als Nachsatz) dieselbe Inversion. Z. B. Wer er ist, weiß
ich nicht. Daß ich es gut mit dir meine, kannst du mir glauben. Wenn es
Zeit ist, (so) werde ich erscheinen. Als die Sonne unterging, erreichten wir
unser Nachtlager.

3) Auch ein Hauptsatz, der einem andern im Verhältnisse des
Objects zu ihm stehenden ohne syntaktische Verknüpfung nachgefügt oder
in denselben eingeschaltet wird, erleidet dieselbe Inversion. Z. B. Ich werde
morgen zu dir kommen, sagte er; oder: Ich werde, sagte er, morgen zu dir
kommen. Willst du, fragte er mich, mein Reisegefährte sein?

2. Subject, Prädicat, Copula: Die Sonne gesunken ist. Diese
Wortfolge des Nebensatzes ist als Inversion des Erkenntnißsatzes nur
dem Dichter gestattet. Z. B. Und der König zum drittenmal wieder fraget 2c.
Und keiner den Becher gewinnen will. (Schiller.)

3. Prädicat, Copula, Subject: Gesunken ist die Sonne; eine
sehr geläufige und überall willkürlich anwendbare Inversion, wo der
Prädicatsbegriff hervorgehoben werden soll. Z. B. Groß ist der Herr. Ernst
ist das Leben, heiter ist die Kunst. Schaden kann Jeder; aber nützen kann nur
der Weise und Gute.

Anmerk. Nothwendig ist diese Versetzung, wenn das Subject das unbestimmte Fürwort
es, das Prädicat aber ein persönliches Fürwort ist. Z. B. Er ist es; sie sind es; ich bin
es 2c.

4. **Copula, Prädicat, Subject:** Ist gesunken die Sonne; eine willkürliche, besonders dichterische Nebenform der ersten Inversion: Ist die Sonne gesunken. Z. B. Längst ist gesunken die Sonne. Es war gefallen der Held. Einst wird kommen der Tag 2c.

5. **Prädicat, Subject, Copula:** Gesunken die Sonne ist; eine nur in der kühneren Dichtersprache bisweilen vorkommende Nebenform der zweiten Inversion: Die Sonne gesunken ist.

II. Der **Begehrungssatz** lässt nur folgende 3 Inversionen seiner regelmäßigen Wortfolge Copula, Subject, Prädicat (Ist die Sonne gesunken?) zu:

1. **Copula, Prädicat, Subject:** Ist gesunken die Sonne? Möchte sinken die Sonne! — eine von der regelmäßigen Wortfolge nicht wesentlich abweichende, willkürliche, besonders dichterische Inversion. Z. B. Wird fallen der Held? Hat geschlagen die Stunde des Verderbens? Möge siegen die Unschuld des Unterdrückten!

2. **Subject, Copula, Prädicat:** Die Sonne ist gesunken? und
3. **Prädicat, Copula, Subject:** Gesunken ist die Sonne? — Diese beiden Wortfolgen des Erkenntnißsatzes sind als Inversionen des Begehrungssatzes besonders in folgenden Fällen üblich:

1) Wenn in dem Fragesatze nicht sowohl der ganze Inhalt der Aussage, als vielmehr vorzugsweise das **Subject**, oder das **Prädicat** in Frage gestellt werden soll. Vgl. z. B. Hat er seinem Feinde verziehen? und: Er hat seinem Feinde verziehen? Verziehen hat er seinem Feinde? Du willst mich verlassen? Verlassen willst du mich?

<small>Anmerk. Auch eine Satzbestimmung (namentlich ein abhängiger Casus) kann an die Spitze des Fragesatzes treten, wenn auf ihr der Hauptnachdruck liegen soll. Z. B. Seinem Feinde hat er verziehen? Mich willst du verlassen?</small>

2) Der **Wunschsatz,** in welchem die Präsensform des Conjunctivs steht (vgl. S. 73. 4.), lässt häufig Subject oder Prädicat vorantreten. Z. B. Er komme! Der König lebe! Gott sei dir gnädig! oder: Gnädig sei dir Gott! Er möge glücklich sein! oder: Glücklich möge er sein!

3) In dem **Heischesatze** kann das mit Nachdruck hervorgehobene Subject auch vorangestellt werden. Z. B. Du sprich, und ihr schweiget!

III. Der **Nebensatz** gestattet nur folgende 3 Inversionen seiner regelmäßigen Wortfolge Subject, Prädicat, Copula (daß die Sonne gesunken ist):

1. **Prädicat, Subject, Copula:** (daß) gesunken die Sonne ist. Diese Inversion ist nur in der Dichtersprache als willkürliche zulässig. Z. B. Da gesprochen der König hat 2c. Wenn gekommen die Stunde ist 2c. Nothwendig aber ist sie in den mit wie, so, je beginnenden Nebensätzen, wenn das adjectivische Prädicat sich zunächst an jene Conjunctionen anschließt. Z. B. Wie mächtig du auch bist, du kannst gestürzt werden. Je fleißiger der Schüler ist, desto schneller schreitet er fort.

2. **Subject, Copula, Prädicat:** (daß) die Sonne ist gesunken; und 3. **Prädicat, Copula, Subject:** (daß) gesunken ist die Sonne. Diese Inversionen sind in Prosa zu tadeln, weil sie den Unterschied in der Wortfolge des Hauptsatzes und Nebensatzes aufheben. (Also nicht: Weil du hast an deine Ältern geschrieben 2c. Wenn du wirst unter fremde Menschen kommen 2c.). Bei Dichtern aber kommen sie als willkürliche häufig vor. Z. B. Wenn du willst in Frieden leben 2c. O wohl dem hochbeglückten Haus, wo das ist kleine Gabe! (Goethe.)

II. Neben=Versetzungen.

Unter den Abweichungen der Bestimmungen von ihrer regel=
mäßigen Stellung sind nur diejenigen von wesentlichem Einfluß auf die
Satzform, welche das örtliche Verhältniß einer Satzbestimmung zum
ganzen Satze oder zu einem Haupt=Satztheile betreffen. Sie sind fast
alle nur willkürlich, d. i. rednerischen Zwecken dienend. Die wichtig=
sten sind folgende:

1. Eine Satzbestimmung tritt in den Anfang des Satzes,
um nachdrücklich hervorgehoben zu werden. Diese sehr gewöhnliche In=
version zieht im Erkenntnißsatze die oben (S. 116. 1) angeführte Haupt=
Versetzung nach sich. Z. B. Seine Schuld hat er mir heute bezahlt. Mir
hat er seine Schuld heute bezahlt. Heute hat er mir seine Schuld bezahlt. Die
goldne Kette gieb mir nicht! Die Kette gieb den Rittern 2c. (Goethe.)

2. Eine Satzbestimmung tritt ans Ende des Satzes, statt
vor dem Prädicate zu stehen. Z. B. Ich habe dir bezahlt meine Schuld.
Er hat verziehen seinem Feinde. Hat er verziehen seinem Feinde? Daß er
verziehen hat seinem Feinde. Weil du nicht folgtest meinem Winke. Wir haben
dich gesucht den ganzen Tag. Er ist gefallen in der Schlacht.

3. Eine oder mehre Satzbestimmungen treten im Begehrungs=
satze oder in dem in der Form eines solchen invertirten Erkenntnißsatze
(S. 116. 1) vor das Subject. Z. B. Hat seinen Freund der Mann
verrathen? Heute hat meinen Vater ein Fremder besucht. Es preisen deine
Güte die Vögel über mir. (Jacobi.)

Anmerk. Diese Inversion wird gewöhnlich angewendet, wenn die abhängige Bestimmung ein
tonloses Fürwort, das Subject aber ein Substantiv ist. Z. B. Heute hat mich ein
Fremder besucht. Vor allen Dingen meldet dir dein Bruder, daß 2c.

4. Zwei einander beigeordnete Worte werden durch ein anderes
oder mehre Worte getrennt, zu welchen sie beide in gleicher, oder auch
in gar keiner unmittelbaren Beziehung stehen. Z. B. Edel sei der Mensch,
hülfreich und gut! (Goethe.) Streng herrscht und blind der eiserne Befehl.
(Schiller.) Den Feldherrn sing' ich und die frommen Waffen. (Gries.) Wenn
alle Hüte sich und Helme schmücken 2c. (Schiller.)

5. Ein Substantiv wird von seinem abhängigen Genitiv durch
ein dazwischentretendes Wort getrennt; eine kühne, ausschließlich dich=
terische Inversion. Z. B. Er schlägt die Tafeln auf der ewigen Gesetze. (Haller.)
Es geht die Sonne mir der schönsten Gunst auf einmal unter. (Goethe.) Ver=
gessen ganz mußt' ich den einen Sohn, wenn ich der Nähe mich des andern
freute. (Schiller.)

Man hüte sich, durch Inversionen dunkel oder zweideutig zu werden,
und versetze in Prosa überhaupt nie ohne Grund, da die meisten In=
versionen nur dem Dichter als poetische Freiheit verstattet sind.

Übungsaufgaben.

Dritter Abschnitt.

Satzfügung und Satzfolge.

Die Verbindung zweier Sätze zu einem zusammengesetzten
Satze ist entweder beiordnend und das dadurch entstehende Redeganze
ein Satzverein, oder unterordnend und das Ganze ein aus Haupt=
und Nebensatz bestehendes Satzgefüge (vgl. S. 88 f.). Ein Neben=
satz kann nicht bloß einem Hauptsatze, sondern auch einem andern Neben=
satze untergeordnet sein. Z. B. Er hat mir geschrieben, daß seine Ge=

schäfte bald beendigt sein werden. — Ich erwarte meinen Freund, weil er mir geschrieben hat, daß seine Geschäfte bald beendigt sein werden. In bei= ordnende Verbindung können nur Hauptsätze mit Hauptsätzen, und Nebensätze mit Nebensätzen treten.

1. Beiordnende Satzverbindung (Satzverein).

Beigeordnete Sätze müssen durch ihren Inhalt und die Gleich= mäßigkeit ihrer Beziehung mit einander verwandt sein. Sie werden entweder ohne Verknüpfung neben einander gestellt, oder durch die bei= ordnenden Bindewörter (f. S. 82 f.) mit einander verbunden. Z. B. Wir saßen alle beisammen; ich las, mein ältester Bruder schrieb, meine Schwestern strickten, und mein jüngster Bruder blätterte in einem Bilderbuche. — Er kann nur geringe Fortschritte machen, weil er die Schule unregelmäßig besucht, weil er nicht aufmerksam genug ist, und weil er zu Hause zu sehr zer= streut wird. — Ich bleibe, aber du gehst. — Er ist nicht fleißig; daher lernt er nichts.

> Dreifach ist der Schritt der Zeit:
> Zögernd kommt die Zukunft hergezogen,
> Pfeilschnell ist das Jetzt entflogen,
> Ewig still steht die Vergangenheit. (Schiller.)

Anmerk. Die Bindewörter können im Allgemeinen sowohl Nebensätze, als Haupt= sätze an einander knüpfen; ausgenommen denn und allein, welche nur Hauptsätze an ein= ander fügen.

I. Arten der Satzvereine.

Nach dem logischen Verhältnisse der beigeordneten Sätze ist die Satzverbindung entweder 1) verknüpfend (copulativ), oder 2) ent= gegensetzend (adversativ), oder 3) ursächlich (causal).

1. Verknüpfende oder copulative Satzvereine können aus mehr als zwei einfachen Sätzen bestehen, während der entgegensetzende und der causale Satzverein nothwendig zweigliedrig sind. Das Ver= hältniß des verknüpfenden Satzvereins ist 1) rein copulativ oder an= reihend, ausgedrückt durch: und, auch, sowohl — als auch, nicht nur — sondern auch, weder — noch; 2) fortsetzend (continuativ) und ord= nend (ordinativ), durch: erst, zuerst, dann, ferner, endlich, zuletzt; erstens, zweitens ꝛc.; 3) eintheilend (partitiv), durch: theils — theils, einerseits, — andrerseits ꝛc.; auch: bald — bald. — Zu den verknüpfenden Satz= vereinen sind ferner zu rechnen: 4) die durch ort= oder zeitbestim= mende, und 5) die durch vergleichende, verhaltliche und ein= schränkende Bindewörter beiordnend verbundenen Sätze (vgl. S. 82). Beispiele: Der Mensch ist nicht allein organischer Leib und empfin= dende Seele, sondern er ist auch denkender und wollender Geist. — Erst hat er Schulden gemacht; dann ist er aus dem Lande geflohen, und jetzt ist er ein Landstreicher. — Es fehlte mir theils an Zeit, theils hatte ich auch wenig Lust zu der Arbeit. — Ich war gestern im Schauspiel; dort traf ich meinen Freund. — Er war eben mit seiner Arbeit fertig; da trat ich bei ihm ein. — Das Leben ist nur kurz; um so sorgfältiger muß man es nützen.

2. Entgegensetzende oder adversative Satzvereine. Das Verhältniß ist 1) disjunctiv, wenn beide Sätze sich gegenseitig aus= schließen, was durch entweder — oder ·ausgedrückt wird; 2) auf= hebend, ausgedrückt durch: sondern, vielmehr; 3) beschränkend, durch: aber, allein, doch, jedoch, dennoch, dessenungeachtet, indessen, gleichwohl; 4) schlechthin entgegensetzend, ausgedrückt durch: hingegen, dagegen, weniger bestimmt durch: aber.

Beispiele: Entweder er geht, oder er bleibt. — Es ist nicht genug, zu wollen; sondern man muß auch thun. — Das Kind gab kein Zeichen von Schmerz von sich; es beruhigte sich vielmehr nach und nach. — Ich glaube es wohl; aber ich kann es mir noch nicht deutlich denken. — Verwais'te Väter sind beklagenswerth; allein verwais'te Kinder sind es mehr. — Der Wechsel unterhält, doch nützt er kaum. — Die Jugend ist rasch und vorschnell; das Alter hingegen ist bedächtig und zaudernd.

3. Ursächliche oder causale Satzvereine sind 1) begründend oder causal im engeren Sinne, wenn der zweite Satz den Grund des ersten angiebt, was mittelst des Bindeworts denn geschieht; 2) folgernd oder conclusiv, insbesondere a) dem logischen (Erkenntniß=) Grunde die Folge anfügend durch: also, folglich, mithin, demnach, sonach; b) dem realen Grunde oder der Ursache die Wirkung durch: daher; c) dem moralischen Grunde (Beweggrunde) die That durch: darum, deßwegen, deßhalb, auch: daher; 3) zwecklich oder final, wenn der erste Satz den Zweck oder beabsichtigten Erfolg des in dem zweiten ausgesagten Thuns enthält; dies Verhältniß wird ausgedrückt durch: dazu, zu dem Ende, auch: darum, deßhalb, deßwegen; 4) bedingend oder conditional, welches Verhältniß jedoch nur dann im beiordnenden Satzverein durch denn und sonst ausgedrückt werden kann, wenn eines der beiden Glieder ein verneinender Satz ist.

Beispiele: Ich kann ihm nicht trauen; denn ich kenne ihn nicht. — A. ist früher gestorben, als B.; also kann jener diesen nicht beerbt haben. — Ich habe das ganze Grundstück gekauft; folglich gehört mir auch der Garten. — Es hat seit mehren Tagen anhaltend geregnet; daher sind die Straßen kaum gangbar. — Das Wetter war zu schlecht; darum (oder deßhalb) blieb ich zu Hause. — Wer gefehlt hat, soll sich bessern; zu dem Ende (oder darum) wird er bestraft. — Er wird gewiß kommen, er müßte denn krank sein (d. i. wenn er nicht etwa krank ist). — Er muß krank sein; sonst wäre er gekommen.

Anmerk. Die verknüpfenden Satzvereine können das Bindewort nur dann entbehren, wenn das Verhältniß der Sätze rein copulativ oder anreihend ist. Wenn mehr als zwei Sätze an einander gereiht werden, so steht das und in der Regel nur vor dem letzten (s. die Beispiele S. 119). — Im entgegensetzenden Satzvereine kann sowohl beim aufhebenden, als beim schlechthin entgegensetzenden Verhältnisse das Bindewort fehlen; deßgleichen im causalen Satzvereine eben sowohl das begründende denn, als das folgernde daher, darum ꝛc. Z. B. Es ist nicht genug, zu wollen; man muß auch thun. — Die Leidenschaft flieht, die Liebe muß bleiben. — Ich kann ihm nicht trauen; ich kenne ihn ja nicht. — Ich kenne ihn nicht; ich kann ihm (daher) nicht trauen.

II. Zusammenziehung beigeordneter Sätze.

Wenn mehre beigeordnete Sätze irgend einen Satztheil oder mehre Theile mit einander gemein haben, so können sie dadurch zusammengezogen werden, daß jener gemeinschaftliche Theil nur einmal gesetzt wird. Am häufigsten werden copulative und adversative Satzvereine zusammengezogen; von den causalen sind nur die folgernden und die zwecklichen der Zusammenziehung fähig.

Beispiele: Ich habe ihn diesen Morgen gesprochen und (ich) gehe jetzt wieder zu ihm, (ich) werde aber erst morgen mit ihm abreisen. — Die Sonne, der Mond und die Sterne leuchten (zusammengez. aus: Die Sonne leuchtet, der Mond leuchtet und die Sterne leuchten). — Wir haben zuerst gelesen, dann (haben wir) geschrieben und zuletzt (haben wir) gerechnet. — Der Mensch vergißt leicht überstandene Leiden, aber selten genossene Freuden, weil die Erinnerung an jene unangenehm, an diese angenehm ist. — Aus der Wolke quillt der Segen, strömt der Regen. (Schiller.) — Ich kann ihm wohl verzeihen, er nicht mir; und sein bedarf man, leider meiner nicht. (Goethe.)

Das gemeinschaftliche Wort muß aber in beiden Sätzen die nämliche Bedeutung haben und zu beiden in dem nämlichen gramma=

tischen Verhältnisse stehen; sonst ist die Zusammenziehung nicht statthaft. Also nicht: Die Wasserfahrt unterblieb, weil sie ihm zu viel Kosten und ich mir wenig daraus machte. — Genieße weise das Leben, das du nur einmal lebst und (das) so schnell enteilt.

Wie ein einfacher Satztheil, so kann auch ein ganzer Satz, der zweien beigeordneten gemeinschaftlich und in gleicher Beziehung angehört, ihre Zusammenziehung veranlassen. Z. B. Daß er seine Abreise verzögerte, hat dich gefreut, konnte mir aber nicht willkommen sein. — Nicht aber: Daß er seine Abreise verzögerte, hat dich gefreut, konnte ich aber nicht wünschen.

2. Unterordnende Satzverbindung (Satzgefüge).

Die Unterordnung ist der grammatische Ausdruck einer Abhängig=
keit der Gedanken, und es muß daher jeder untergeordnete Nebensatz einen solchen Gedanken enthalten, dessen Inhalt als eine Bestimmung in und an dem Inhalte des übergeordneten Satzes angesehen werden kann. Fehlerhaft würde es also sein, die Hauptgedanken in Nebensätze einzukleiden und sie so den unwesentlicheren unterzuordnen.

I. Arten der Satzgefüge.

Diese werden durch die Natur des Nebensatzes und dessen Ver=
hältniß zu seinem Hauptsatze begründet. Die Nebensätze stehen als bestimmende und ergänzende Theile des Hauptsatzes zu demselben in ähnlichen Verhältnissen, wie die erweiternden Bestimmungen des ein=
fachen Satzes zu diesem oder dessen Theilen. Hiernach haben wir (S. 89) drei grammatische Arten der Nebensätze unterschieden: Substantiv=,
Adjectiv= und Adverbial=Sätze.

I. Der Substantiv=Satz ist 1. dem Inhalte nach: 1) con=
creter Substantiv=Satz, welcher den Begriff eines Gegenstandes enthält und durch ein fragendes Fürwort oder Nebenwort in Form einer abhängigen objectiven Frage dem Hauptsatze angefügt wird; 2) ab=
stracter Substantiv=Satz, welcher den Begriff einer Thätigkeit, eines Geschehens oder Zustandes enthält und durch das Fügewort daß, oder, wenn er ein Fragesatz ist, durch ob eingeleitet wird.

Beispiele: Sage mir, wer bei dir war; — was du denkst; — wo ich dich finden werde; — wann du kommen wirst. — Gebiete mir, was mensch=
lich ist. — Wer gar zu viel bedenkt, wird wenig leisten. — Ich weiß, daß er bei dir war; — daß du an mich denkst. — Ich weiß nicht, ich zweifle, ich frage 2c., ob er bei dir war; — ob du an mich denkst.

Anmerk. 1. Ein abstracter Substantiv=Satz kann sich nicht bloß dem Verbum, sondern auch einem Substantiv oder Adjectiv des Hauptsatzes unterordnen. Z. B. Der Gedanke, daß Alles vergänglich ist 2c.; der Zweifel, ob wir uns wiedersehen werden 2c.

2. Nicht selten wird auf den Inhalt des Substantiv=Satzes durch das Formwort es in dem vorangehenden Hauptsatze hingedeutet. Z. B. Es ist nicht wahr, daß ich ihn verfolge. — Ich weiß es nicht, wer der Schuldige ist.

3. Das Fügewort daß kann auch wegfallen und der abstracte Substantivsatz in der Wortfolge des Hauptsatzes sich unmittelbar dem übergeordneten Satze anschließen. Z. B. Ich hoffe, er wird mir helfen. Ich weiß es, er war bei dir. — So besonders, wenn der Inhalt des Nebensatzes als etwas bloß Gedachtes, Gewolltes oder Gesagtes aufgestellt wird, wo dann das Verbum im Conjunctiv steht (vgl. S. 72. 1). Z. B. Er glaubt, ich sei krank. Man sagt, er sei abgereist. Er bat mich, ich möge ihn besuchen.

2. Der Form nach, d. i. in Ansehung seines grammatischen Ver=
hältnisses zum Hauptsatze, ist der Substantivsatz: 1) Object=Satz, wenn er die Stelle eines in unmittelbarer oder mittelbarer Abhängig=
keit stehenden Substantivs einnimmt; 2) Subject=Satz, wenn er zu

seinem Hauptsatze in dem Verhältnisse des Subjects, also statt eines Substantivs im Nominativ, steht.

Beispiele. Objectsätze: Ich weiß nicht, wer er ist. — Genieße, was dir Gott beschieden. — Ich will wissen, wo er ist und wann er kommt. — Ich glaube, daß er mich betrügt. — Ich erinnere mich, daß er sie lobte. — Ich weiß nicht, ob er mich kennt. — Subjectsätze: Wer nicht wagt, gewinnt nicht. — Früh übt sich, wer ein Meister werden will. — Was glänzt, ist für den Augenblick geboren. — Daß er kommen wird, ist gewiß. — Es ist zweifelhaft, ob er noch lebt.

Anmerk. Der concrete Substantivsatz kann auch die Stelle eines substantivischen Prädicats einnehmen und dann Prädicat-Satz genannt werden. Z. B. Er möchte werden, was sein Vater ist. — Suche zu sein, was du zu scheinen wünschest.

II. Der Adjectiv-Satz oder Relativ-Satz schließt sich mittelst der beziehenden Für- und Nebenwörter den durch ihn bestimmten substantivischen Worte des Hauptsatzes an. Er wird eingeleitet: 1) durch die Fürwörter welcher oder der, wenn das Gegenstandswort der Beziehung ein Substantiv oder Pronomen ist, welches einen bestimmten Gegenstand bezeichnet; 2) durch wie in Verbindung mit einem persönlichen Fürworte, wenn er die Art oder Beschaffenheit des Gegenstandes bezeichnen soll; 3) durch die relativen Nebenwörter wo, wenn, als, da, wie ꝛc., wenn er sich auf ein Substantiv bezieht, welches einen Ort, eine Zeit, oder eine Weise bezeichnet; 4) durch was oder ein mit wo zusammengesetztes Nebenwort (wovon, wodurch, womit ꝛc.), wenn das Gegenstandswort der Beziehung einen allgemeinen Begriff bezeichnet, der durch ein sächliches Fürwort (wie das, dieses ꝛc.), ein allgemeines Zahlwort (wie eines, etwas, nichts, Alles, Vieles, Manches), oder einen substantivisch gebrauchten Superlativ dargestellt wird.

Beispiele. 1) Ein Baum, welcher keine Früchte trägt, wird umgehauen. — Der Baum dort, der keine Früchte mehr trägt, soll umgehauen werden. — Du sprichst von Zeiten, die vergangen sind. — Ich, der ich es so gut mit dir meine ꝛc. — Er, den ich so lange schon kenne, sollte mich hintergangen haben! (In Beziehung auf ein persönliches Fürwort steht immer der, nicht welcher.) — 2) Es erhob sich ein Sturm, wie ich ihn nie erlebt habe. — Er zeigte eine Rührung, wie jener kleine Dienst sie gar nicht werth war. — 3) Kennst du das Land, wo die Citronen blühn? — Ich erinnere mich gern der Zeit, da wir beisammen waren. — O schöner Tag, wenn endlich der Soldat ins Leben heimkehrt! — Man war im Zweifel über die Art, wie der Krieg geführt werden sollte. — 4) Das war es nicht, was ich dir sagen wollte. — Es ist nur Eines, was uns retten kann. — Nun ist nichts, was dem Vertrauen noch im Wege stände. — Er erzählte mir Vieles, wovon ich nichts wußte. — Das Schönste sucht er auf den Fluren, womit er seine Liebe schmückt. (Schiller.)

Anmerk. Das auf einen persönlichen Gegenstand deutende der (derjenige) fordert das beziehende der (nicht wer) in dem nachfolgenden Relativsatze. Z. B. Weh dem, der fern von Ältern und Geschwistern ein einsam Leben führt! (Goethe.) — Den möcht' ich wissen, der der Treuste mir von Allen ist. (Schiller.) — Geht aber der Relativsatz voran, so muß auch in Beziehung auf das Relativum wer stehen, wenn nicht eine bestimmte einzelne, sondern eine beliebige Person der bezeichneten Art gemeint wird. Z. B. Wer Ohren hat zu hören, der höre! — Wer besitzt, der lerne verlieren. (Schiller.) Bei dieser Stellung nimmt der Adjectivsatz die Natur eines concreten Substantivsatzes an (s. o.).

III. Der Adverbial-Satz wird mittelst eines unterordnenden Fügewortes dem Hauptsatze an- oder eingefügt. Diese Fügewörter drücken die verschiedenen logischen Verhältnisse des Nebensatzes zum Hauptsatze aus (vgl. S. 82 f.). Wir unterscheiden demnach:

1. Ortbestimmende Adverbial-Sätze, durch wo, woher, wohin eingeleitet. Z. B. Ich fand ihn (da), wo ich ihn suchte. — Gehe

(dahin), wohin die Pflicht dich ruft. — Alles wanket, wo der Glaube fehlt. (Schiller.) — Wohin er tritt, glaubt er von Feinden sich umgeben. (Goethe.)

2. **Zeitbestimmende Adverbial=Sätze**, welche dem Inhalte des Hauptsatzes 1) etwas Gleichzeitiges anfügen durch: als, da, wie, während, indem, indeß, wenn, sobald; oder 2) etwas Vorangegangenes durch: nachdem, seitdem, seit; oder 3) etwas Nachfolgendes durch: ehe, bevor. Z. B. Er reis'te ab, als die Sonne aufging; — nachdem die Sonne aufgegangen war; — ehe die Sonne aufging. — Wir freuen uns jedesmal, wenn du kommst. — Wir freuten uns, als du kamst. — Wir freuen uns (nun), da du kommst. — Er las, während ich schrieb. — O nimm der Stunde wahr, eh' sie entschlüpft! (Schiller.) — Wir verließen die Stadt, nachdem wir ihre Merkwürdigkeiten besehen hatten.

3. **Adverbial=Sätze der Qualität, Quantität und In=tensität**; insbesondere:

1) **Vergleichende oder comparative**, eingeleitet durch wie, wel=ches Ähnlichkeit der Beschaffenheit oder Weise, auch völlige Über=einstimmung ausdrückt, und als, welches sowohl Gleichheit (einem so gegenüber), als auch Verschiedenheit dem Maße und Grade nach be=zeichnet und daher immer nach dem Comparativ und nach anders stehen muß. Z. B. Sie gleichen einander, wie ein Ei dem andern gleicht. — Ich handle, wie ich soll. — Er ist krank, wie man sagt. — Er war so hoch gestiegen, als ein Mensch steigen kann. — Sein Glück war größer, als man berechnen konnte. — Es ist in der Welt Vieles anders geworden, als es vor funfzig Jahren war.

Anmerk. Die vergleichenden Nebensätze haben in Folge einer Zusammenziehung mit dem Hauptsatze gewöhnlich elliptische Form. Z. B. Sie blüht wie eine Rose (blüht). Er lief schneller, als ein Pferd (läuft). Er ist eben so wohlthätig, als (er) reich (ist) ꝛc. Vgl. S. 110. 4.

2) **Verhältliche oder proportionale**, durch je nachdem, oder durch je, mit entsprechendem je, desto, um so im Hauptsatze, eingeleitet. Z. B. Du wirst gelobt, je nachdem du es verdienst. — Je weiter man in der Erfahrung fortrückt, desto näher kommt man dem Unerforschlichen. (Goethe.) Vgl. S. 84.

3) **Einschränkende oder restrictive**, durch in wie fern, in so fern, sofern ꝛc. eingeleitet. Z. B. Du hast Recht, in so fern ich dich recht verstehe. — Es sei verziehn, sofern es möglich ist. (Goethe.)

4. **Adverbial=Sätze der Causalität oder Ursächlichkeit**; ins=besondere:

1) **Folgernde oder conclusive**, mit so daß (auch bloß daß), weßhalb, weßwegen, auch deßwegen, daher dem Hauptsatze an=gefügt. Z. B. Es hat schon seit mehren Wochen stark gefroren, so daß (od. daher) alle Gewässer mit Eis bedeckt sind. — Es gefiel mir in der Gesell=schaft nicht, weßhalb ich nach Hause ging.

2) **Begründende oder causale**, mit weil und da (auch nun und indem) eingeleitet. Z. B. Weil er unmäßig lebt, ist er fast beständig krank. — Er läßt mich ruhn, weil er mich unnütz glaubt. (Goethe.) — Da er krank ist, so wird er nicht kommen können. — Da sie dich kennt, hat sie dich leicht entschuldigt. (Goethe.) — Was kann dich ängstigen, nun du mich kennst? (Schiller.) Vgl. S. 84.

Anmerk. Dem weil stehen nicht selten daher, darum, deßwegen ꝛc. als Nebenwörter im Hauptsatze gegenüber. Z. B. Die Ernte ist daher schlecht ausgefallen, weil es zu wenig geregnet hat. — Darum eben, weil ich den Frieden suche, muß ich fallen. (Schiller.)

3) **Zweckliche oder Final=Sätze**, durch damit, auf daß, auch bloß daß dem Hauptsatze angefügt. Z. B. Ich kündige es euch an, damit ihr's wisset. — Du sollst Vater und Mutter ehren, auf daß es dir

wohl gehe und du lange lebest auf Erden. — Sprich deutlicher, daß ich nicht länger sinne. (Goethe.)

4) **Bedingende** oder conditionale, eingeleitet durch **wenn, auch falls, wo** (wo nicht, wo möglich), **wofern.** Z. B. Wenn ich Zeit habe, werde ich dich besuchen. — Er würde gesund sein, wenn er ordentlich lebte. — Ich werde dir helfen, falls es nöthig sein sollte. — Es müßte geschehen, wo möglich, ehe sie dir zuvorkommen. — Gieb mir, wofern es dir gefällt, des Lebens Ruh' und Freuden! (Gellert.)

Anmerk. Der bedingende Nebensatz nimmt nicht selten mit Weglassung des Fügewortes die Form eines Frage= oder auch eines Heischesatzes an. Z. B. Giebt Gott dir Freude, so brauche derselben; schickt er dir Trübsal zu, erschrick nicht, verzage nicht! — Wie stünd's um euch, zög' ich mein Heer zurück? (Schiller.) — Sprich Ja oder Nein, so sind wir schon zufrieden. (Schiller.)

5) **Einräumende** oder concessive, in denen der Begriff der Einräumung sich entweder a) auf den ganzen Inhalt des Nebensatzes erstreckt, oder b) auf einen einzelnen Satztheil beschränkt ist, welcher als wirklich oder möglich zugestanden oder auch der beliebigen Wahl überlassen wird. Im ersteren Falle wird der einräumende Nebensatz durch die bedingenden Fügewörter **wenn** oder **ob** eingeleitet, in der Regel verbunden mit **auch, gleich, schon, zwar, wohl,** und statt ob= wohl auch **wiewohl** gebraucht. Im letzteren Falle hat er die Form einer **indirecten objectiven Frage,** eingeleitet durch ein fragendes Für= oder Nebenwort (auch **so** statt **wie**), gewöhnlich in Verbindung mit **auch.**

Z. B. a) Was er gewollt hat, ist löblich, wenn er auch das Ziel nicht erreicht hat. — Ob er es gleich nicht fordert, wünscht er es doch. — Obwohl ich weiß, daß er vor Nacht nicht kommt, erwarte ich ihn doch beständig. — Wenn mich auch alle meine Freunde verließen, so würde ich doch meinen Grundsätzen treu bleiben. — b) Wer sie auch immer sei, ihr muß geholfen werden. — Was es auch sei, dein Leben sich' ich dir. (Schiller.) — Ich bin Euch ein Dorn im Auge, so klein ich bin. (Goethe.) — Wo er auch sei, ich werde ihn zu finden wissen. — Ich begleite dich, wohin du auch gehen magst.

Anmerk. Die einräumenden Nebensätze der ersteren Art nehmen häufig die Form von Fragesätzen an, wobei das Fügewort **wenn** oder **ob** wegfällt, die bekräftigenden Nebenwörter **auch, gleich, schon** ꝛc. aber in der Regel stehen bleiben. Z. B. Sind auch die alten Bücher nicht zur Hand: sie sind in unsre Herzen eingeschrieben. (Schiller.) — Ist es gleich Nacht, so leuchtet unser Recht. (Ders.).

5) **Modale Adverbial=Sätze** oder **Nebensätze der Weise.** Sie bestimmen die Weise des in dem Hauptsatze ausgesagten Vorganges 1) durch eine damit verbundene Thätigkeit oder einen begleitenden Umstand, eingeleitet durch **indem;** 2) durch Vergleichung mit einem ähnlichen Vorgange oder Zustande, welcher entweder als ein bloßes Gleichniß mit **wie wenn,** oder als eine mögliche oder als wirklich angenommene Voraussetzung mit **als wenn** oder **als ob** eingeleitet wird; 3) durch eine aus dem Prädicate des Hauptsatzes fließende Wirkung oder Folge, eingeleitet durch **daß,** welches einem **so** im Hauptsatze entspricht.

Z. B. 1) Indem er sich auf sie stützte, kam er die Treppe langsam herauf. — 2) Die Wolken flogen vor ihm (dem Winde) her, wie wenn der Wolf die Heerde scheucht. (Bürger.) — Er sieht aus, als ob er krank sei, oder — als wenn er krank wäre. — Er stellt sich so an, als ob er mich kennte. (Auch in Form eines Fragesatzes: — als wäre er krank; — als kennte er mich.) — 3) Sprich so, daß man dich versteht. — Er beträgt sich so, daß man ihn nicht tadeln kann.

II. Verkürzung der Nebensätze.

Der Nebensatz kann mit seinem Hauptsatze durch eine Verkürzung noch enger verschmolzen werden, welche im Allgemeinen darin besteht, daß das aussagende Verbum als solches, das Subject und das einleitende Beziehungs= oder Fügewort wegfallen, und nur das Prädicat, in adjectivische oder substantivische Form gefaßt, mit den ihm angehörenden Bestimmungen beibehalten und dem Hauptsatze untergeordnet wird. (Vgl. S. 89. Anm.)

I. **Verkürzung der Substantivsätze.** Nur die mit daß eingeleiteten abstracten Substantivsätze können verkürzt werden, indem das Fügewort daß und das Subject weggelassen, und die Redeform des Verbums in den Infinitiv mit zu verwandelt wird. Diese Verkürzung ist aber im Allgemeinen nur dann zulässig, wenn das Subject des Substantivsatzes dem übergeordneten Satze nicht fremd, sondern entweder ausdrücklich in demselben vorhanden, oder doch aus dessen Inhalt leicht zu ergänzen ist. Insbesondere:

1. Der **Subjectsatz** kann verkürzt werden: 1) wenn sein Subject auch in dem übergeordneten Satze als abhängige Bestimmung vorkommt; 2) wenn er ohne bestimmtes Subject eine Thätigkeit oder einen Zustand ganz allgemein bezeichnet, so daß in dem vollständigen Nebensatze das Subject nur durch man ausgedrückt werden kann.
Z. B. 1) Es war mir angenehm, daß ich ihn wieder sah; verkürzt: — ihn wiederzusehen. — Es ist dem Menschen nicht gut, daß er allein sei; verk. — allein zu sein. — Es geziemt dem Manne, auch willig das Beschwerliche zu thun. — Nachzuahmen, erniedrigt einen Mann von Kopf. — 2) Es ist nicht gut, allein zu sein (= daß man allein sei). — Es ist Pflicht, den Nothleidenden zu helfen. — Ist's redlich, so zu handeln? — Die beste Art auf seiner Hut zu sein ist, nie Unrecht zu thun. (Pestalozzi.)
Anmerk. Geht der verkürzte Subjectsatz dem Hauptsatze voraus, so kann der Infinitiv auch ohne zu stehen und wird dann zum Subjecte eines einfachen Satzes. Z. B. Den Nothleidenden helfen ist Pflicht. — Seine Fehler bekennen und bereuen ist schon halbe Besserung.

2. Der **Objectsatz** ist der Verkürzung nur dann fähig: 1) wenn sein Subject auch in dem übergeordneten Satze entweder als Subject, oder als abhängige Bestimmung steht, oder doch aus dem Inhalte des Hauptsatzes sich deutlich genug ergiebt, um als Subject des Nebensatzes ergänzt werden zu können. 2) Außerdem aber ist erforderlich, daß das Verbum des übergeordneten Satzes eine Thätigkeit des Begehrungsvermögens oder Willens, nicht aber des Vorstellens, Erkennens, Denkens oder Sagens ausdrücke. Die Verkürzung findet also Statt nach: wünschen, bitten, verlangen, hoffen, fordern, befehlen, ermahnen, behaupten, versichern ꝛc.; aber nicht nach: sehen, bemerken, wissen, sagen ꝛc.
Z. B. Er wünschte, hoffte, behauptet versicherte ꝛc., größer zu sein, als sein Vater; nicht aber: Er sah, wußte, sagte ꝛc. größer zu sein, als ꝛc. Nicht: er meldete mir, mich nächstens zu besuchen; wohl aber: er versprach, mich nächstens zu besuchen. — So auch: Er bat mich, mit ihm zu gehen. — Der Feldherr befahl (seinen Soldaten), die Brücke abzubrechen. — Begnügt Euch doch, ein Mensch zu sein! (Lessing.) — Ich hoffe, ich schmeichle mir, das Werk zu vollbringen.
Anmerk. Der Substantivsatz kann auch dann verkürzt werden, wenn er als Bestandtheil eines Adverbialsatzes mittelst einer dem daß vorangestellten Partikel dem Hauptsatze angefügt wird; jedoch nur, wenn Haupt- und Nebensatz gleiches Subject haben. So insbesondere als

modaler Folgesatz (s. S. 124. 5) nach einem so im Hauptsatze; als vergleichender Adverbialsatz nach als; auch nach statt oder anstatt und ohne. Z. B. Ich bin so glücklich, daß ich ihn kenne; verk. — ihn zu kennen. — Er war so gütig, mir zu helfen. — Es ist besser, Unrecht zu leiden, als Unrecht zu thun. — Er hinderte mich nur, statt mir zu helfen. — Sie leidet viel, ohne zu klagen. — Um zu (bisweilen auch bloß zu) mit dem Infinitiv steht als Verkürzung des mit auf daß (ehem. auch um daß) eingeleiteten Finalsatzes (s. S. 123). Z. B. Er hat sein Möglichstes gethan, um sie zu retten. — Ich komme nicht, (um) zu bleiben, sondern (um) Abschied zu nehmen. (Vgl. S. 74. 2. 1).

II. Die Verkürzung der Adjectiv= und Adverbial=Sätze stimmt der Form nach überein, und unterscheidet sich nur durch die Stellung, indem der Adjectivsatz sich einem Gegenstandsworte, der Adverbialsatz hingegen zunächst dem Verbum anschließt.

1. Ist das Prädicat des zu verkürzenden Nebensatzes ein Substantiv, so bleibt dieses allein mit den ihm angehörenden Bestimmungen stehen, als Apposition oder Erklärungszusatz, dem Casus nach congruirend mit dem zu bestimmenden Gegenstandsworte (vgl. S. 110. 5). Z. B. Statt „Sein Vater, der ein rechtschaffener Mann ist, hat viele Freunde" kann man sagen: „Sein Vater, ein rechtschaffener Mann (oder der rechtschaffene Mann), hat viele Freunde. — Die Thaten Friedrichs, des großen Königs, weichen keiner Heldenthat des Alterthums. — Ihr kennet ihn, den Schöpfer kühner Heere rc. (Schiller.)

Anmerk. Auch ein adjectivisches Prädicat des Relativsatzes kann in Form einer Apposition, mit dem Artikel begleitet, seinem Gegenstandsworte nachgefügt werden. Z. B. Der Greis, der würdigste, dem eine Krone das Haupt belastet rc. (Goethe); d. i. welcher der würdigste ist rc.

2. Ist das Prädicat ein Adjectiv oder zweites Particip, so bleibt dieses allein mit den ihm angehörenden Bestimmungen in ungebeugter Form, ohne alle Congruenzzeichen stehen. Ein verkürzter Nebensatz dieser Art kann daher in der Regel nur auf ein im Nominativ stehendes Gegenstandswort, also auf das Subject oder substantivische Prädicat des Hauptsatzes bezogen werden. (Vgl. S. 110. 5). Z. B. Themistokles, von seinen Freunden verrathen, von seinen Feinden verfolgt, floh nach Asien. — Rohe Horden lagern sich, verwildert im langen Krieg, auf dem verheerten Boden. (Schiller.) — Ich trage leichter mein Schicksal, zufrieden, daß ich nicht Alles verloren habe; oder: Zufrieden, daß ich nicht Alles verloren habe, trage ich rc. — Zu froh über die erhaltene Nachricht, hat er Alles vergessen. — Er schlief, müde von der Reise, sogleich ein. (Aber nicht: Von tausend Wünschen bestürmt, ist ihm die Welt zu enge.)

3. Ist das Prädicat ein Verbum in einfacher Redeform, so tritt bei der Verkürzung an dessen Stelle das erste Particip, gleichfalls in ungebeugter Form ohne Congruenzzeichen, und daher in der Regel auch nur auf das Subject des Hauptsatzes zu beziehen. Z. B. Weil er den Betrug fürchtete, zog er sich zurück; — verk. Den Betrug fürchtend, zog er sich zurück. — Wenn du zögerst, beschleunigst du die Gefahr; verk. Zögernd beschleunigst du die Gefahr. — O wär' ich seinen Saum ergreifend ihm gefolgt! (Goethe). — Und von der Erde langsam sich erhebend trifft mich ihr Auge. (Schiller.) — Sonst war ich selber mit in Feld und Wald, mit meinen Augen ihren Fleiß regierend. (Ders.)

Anmerk. 1. Nur ausnahmsweise kann das ungebeugte Adjectiv oder Particip als verkürzter Adjectivsatz auch einem abhängigen Casus zugesellt werden, wenn es sich demselben so nahe anschließt, daß eine dem Sinne widerstreitende Beziehung auf ein anderes Gegenstandswort nicht möglich ist. Z. B. Dort erblick' ich schöne Hügel, ewig jung und ewig grün. (Schiller.) — Mit zwanzig Jünglingen, gesinnt wie ich, zerbrech' ich seine Veste. (Ders.)

2. Außer den regelmäßigen Verkürzungsformen giebt es noch verschiedene Arten ellip-

tischer Verkürzung der Adjectiv- und Adverbialsätze. Die wichtigste derselben besteht darin, daß das Particip habend (als Hülfsverbum oder selbständiges Transitivum) weggelassen wird und nur das mit ihm verbundene zweite Particip eines andern Verbums mit dem von diesem regierten Objecte, oder auch das von haben selbst abhängende Object mit einer adverbialen Bestimmung stehen bleibt. Z. B. Nachdem er dies gesagt hatte, ging er davon; verk. Dies gesagt (habend), ging er davon. — Sie singt hinaus in die finstere Nacht, das Auge vom Weinen getrübet. (Schiller.) — Er trat herein, den Hut auf dem Kopfe, den Stock in der Hand (habend). — Zu Dionys, dem Tyrannen, schlich Möros, den Dolch im Gewande. (Schiller.) — Die Hand am Schwerte, schauen sie sich drohend an. (Derf.)

III. Stellung der Glieder des Satzgefüges.

Für die Stellung der Nebensätze — sowohl der vollständigen, als der verkürzten — gilt im Allgemeinen (mit Ausnahme der Subjectsätze) folgendes Gesetz: Wenn sie dem Ganzen des Satzes angehören, so folgen sie dem vollendeten übergeordneten Satze; wenn sie aber auf einen einzelnen Satztheil bezogen sind, so werden sie hinter diesem aufgestellt. Z. B. Ich erwartete ihn, weil er mir geschrieben hatte, daß seine Geschäfte bald beendigt sein würden. — In jenem neuen Hause, in welchem ich eine Zeitlang wohnte, habe ich den Mann, den du beschreibst, öfters gesprochen. — Jede von dieser regelmäßigen Satzfolge abweichende Stellung ist als eine Satz-Inversion anzusehen.

Hinsichtlich der Stellung zu seinem übergeordneten Satze ist jeder Nebensatz entweder Hintersatz, oder Vordersatz, oder Zwischensatz (s. S. 89).

Anmerk. Der Zwischensatz ist ein Nebensatz, der die Glieder des übergeordneten Satzes trennt. Man unterscheide davon den Schaltsatz oder die Parenthese. Diese ist ein selbständiger Satz, der in einen andern eingeschoben wird, ohne syntaktisch mit ihm verbunden zu sein. Z. B. Mit großen Augen — er glaubte mich nicht hier zu finden — sah er mich an. — Die Zeit der Jugend (sie ist ja die schönste Zeit im menschlichen Leben) geht schnell vorüber.

Über die Stellung der verschiedenen Arten der Nebensätze insbesondere ist Folgendes zu bemerken.

1. Der Substantivsatz hat 1) als Subjectsatz seine natürliche Stelle vor seinem Hauptsatze, folgt aber demselben auch häufig nach. Z. B. Wer gar zu viel bedenkt, wird wenig leisten. — Daß du kommst, ist mir angenehm. — Aber auch: Es ist mir angenehm, daß du kommst. — Dem Kaiser bleibe, was des Kaisers ist. (Schiller.) — Die Menschen fürchtet nur, wer sie nicht kennt. (Goethe.) — Nothwendig ist diese Stellung, wenn der Hauptsatz ein Fragesatz ist. Z. B. Ist es auch gewiß, was du sagst? Ist's redlich, so zu handeln? — 2) Als Objectsatz steht er a) wenn er von dem Prädicate des Hauptsatzes abhängt, regelmäßig hinter dem vollendeten übergeordneten Satze; durch Inversion aber auch vor demselben; b) als ergänzende Bestimmung einem Nennworte sich anschließend, tritt er möglichst nahe hinter dieses und steht dann häufig als Zwischensatz. Z. B. a) Wir werden bald entdecken, wer sich irrt. — Du siehst es nun, wie treu ich dir gerathen. (Schiller.) — Ich habe erfahren, daß dein Bruder hier ist. — Urtheilen Sie, ob ich verstand. (Schiller.) — Aber auch: Was ich vermocht, hab' ich gethan. (Schiller.) — Wer sie sei, will sie allein dem König offenbaren. (Derf.) — Daß ich mir selbst gehöre, weiß ich nun. (Derf.) — b) Ich habe ihm diesen Fehler, daß er jede unschuldige Handlung mißdeutet, schon oft vorgeworfen. — Auf meine Frage, ob er bald zurückkehren werde, gab mein abreisender Freund keine bestimmte Antwort.

2. Der Adjectivsatz steht regelmäßig unmittelbar hinter dem Gegenstandsworte, auf welches er sich bezieht, und daher, wenn dieses nicht das Schlußwort des Hauptsatzes ist, als Zwischensatz. Z. B. Ich kenne den Mann, von welchem du sprichst. — Ich habe den Mann, von

welchem du sprichst, vor kurzem kennen gelernt. — Die Stätte, die ein guter Mensch betrat, ist eingeweiht. (Goethe.) — Was können wir, ein Volk der Hirten, gegen Albrechts Heere? (Schiller.)

Von dieser Regel darf nur dann abgewichen werden, wenn durch die Trennung des Beziehungssatzes von seinem Gegenstandsworte keine Undeutlichkeit entsteht. Also z. B. nicht: Ich habe den Mann vor mehren Jahren in Berlin gesehen, von welchem du sprichst. — Weihnachtsgeschenke für Kinder, welche in allen guten Buchhandlungen zu haben sind. — Wohl aber: Den möcht' ich wissen, der der Treuste mir von Allen ist. (Schiller.) u. dgl. m. Besonders dann ist die Stellung des Adjectivsatzes als Hinter=satz vorzuziehen, wenn durch den Zwischensatz wenige Worte oder nur ein einzelnes Wort von dem übergeordneten Satze abgerissen werden würde. Also nicht: Ich rief meinen Bruder von dem Spiele, das schon eine Weile gedauert hatte und noch länger dauern sollte, ab; sondern: Ich rief meinen Bruder von dem Spiele ab, das 2c.

3. Der **Adverbialsatz** steht 1) **regelmäßig als Hintersatz.** Z. B. Ich fand meinen Freund nicht, wo ich ihn suchte. — Meine Geschwister waren im Garten beschäftigt, während ich schrieb. — Er konnte nicht kommen, weil er krank war. — Ich habe ihn seit langer Zeit nicht sprechen können, so sehr ich es auch wünschte. — 2) **Seltner als Zwischensatz,** und nur wenn er nicht durch große Länge die kürzeren Theile des Hauptsatzes zu weit auseinander rückt. Z. B. Ich habe meinen Freund, wo ich ihn suchte, nicht gefunden. — Ich habe ihn, so sehr ich es auch wünschte, seit langer Zeit nicht sprechen können. — So besonders der **verkürzte Adverbialsatz.** Z. B. Er fiel, sein Haus betretend, durch seiner Frauen und Ägisthens Tücke. (Goethe.) — Ein jeglicher, gut oder böse, nimmt seinen Lohn mit seiner That hinweg. (Ders.)

Anmerk. Der Adverbialsatz kann in seinen übergeordneten Satz nur an solchen Stellen ein=geschoben werden, wo im einfachen Satze eine Adverbialbestimmung stehen könnte. Also nicht: Er, nachdem er dieß gehört hatte, beschloß 2c. — Ich schrieb ihm, daß, da ich ihm wichtige Nachrichten mitzutheilen habe, er möglich bald kommen möge.

3) **Häufig** steht der **Adverbialsatz als Vordersatz** vor seinem Hauptsatze. Z. B. Wo ich meinen Freund suchte, fand ich ihn nicht. — Während ich schrieb, spielten meine Geschwister. — Als ich hereintrat, kam er mir freundlich entgegen. — Wie im Laub der Vogel spielet, mag sich jeder gütlich thun. (Schiller.) — Durch diese Stellung erhält besonders der **begründende,** **bedingende** und **einräumende** Nebensatz ein größeres Gewicht, als der nachfolgende Hauptsatz, welcher in solchen Satzgefügen **Nachsatz** heißt und gern mit **so** eingeleitet wird. Z. B. Weil du fleißig bist, so wirst du bald weiter kommen. — Weil ohne Tugend keine wahre Glückseligkeit mög=lich ist, so muß der Böse für unglücklich gehalten werden. — Da sie dich kennt, hat sie dich leicht entschuldigt. (Goethe.) — Wenn du Zeit hast, (so) besuche mich. — Wenn euer Gewissen rein ist, so seid ihr frei. (Goethe.) — Ist es gleich Nacht, so leuchtet unser Recht. (Schiller.)

Anmerk. Nach einem als Vordersatz stehenden Nebensatze nimmt der Hauptsatz ver=möge einer nothwendigen Inversion die Wortfolge des Begehrungssatzes an. Z. B. Daß ich das Geld empfangen habe, bescheinige ich hiermit. — Weil er mir so lange nicht geschrieben hat, weiß ich nicht, wie es ihm geht. (Vgl. S. 118, 2.) — Ein Fragesatz darf daher nicht füglich als Nachsatz aufgestellt werden, weil er in dieser Stellung nicht als solcher erkennbar ist. Also nicht: Wenn du ihn besuchst, freut er sich? — sondern: Freut er sich, wenn du ihn besuchst? — Nur nach bedingenden und ein=räumenden Vordersätzen steht der Nachsatz in Folge einer Redefigur bisweilen in der regelmäßigen Wortfolge des Erkenntnißsatzes. Z. B. Wenn ihr's nicht fühlt, — ihr werdet's nicht erjagen. (Goethe.) — O hättest du vom Menschen besser stets gedacht, — du hättest besser auch gehandelt. (Schiller.)

3. Der mehrfach zusammengesetzte Satz und die Periode.

Jedes aus mehr als zwei einfachen Sätzen bestehende geschlossene

Redeganze nennen wir einen mehrfach zusammengesetzten Satz. Die Theile eines solchen Satzes können sowohl im beiordnenden, als im unterordnenden Verhältnisse mit einander verbunden sein; wir haben also mehrfach zusammengesetzte Satzvereine und Satzgefüge zu unterscheiden.

1. Ein Satzverein kann mehrfach zusammengesetzt sein: 1) indem er, als copulativer, aus mehr als zwei einfachen Sätzen besteht (vgl. die Beispiele S. 119); 2) indem einer oder mehre der verbundenen Sätze, oder jeder derselben in sich selbst zusammengesetzt ist. Z. B. Das Leben gleicht einem Buche; Thoren durchblättern es flüchtig; der Weise liest es mit Bedacht, weil er weiß, daß er es nur einmal lesen kann. (Jean Paul.) — Sprich nie etwas Böses von einem Menschen, wenn du es nicht gewiß weißt; und wenn du es gewiß weißt, so frage dich: warum erzähle ich es? (Lavater.) — Wenn ich hasse, so nehme ich mir etwas; wenn ich liebe, so werde ich um das reicher, was ich liebe. (Schiller.)

2. Ein Satzgefüge kann auf sehr mannigfaltige Weise mehrfach zusammengesetzt sein; insbesondere:

1) Es werden einem Satze mehre Nebensätze untergeordnet, welche sich entweder a) verschiedenen Theilen des Hauptsatzes anschließen, oder b) sämmtlich demselben Theile oder dem GesammtInhalte desselben, sei es als Nebensätze verschiedener Art, oder als gleichartige, einander beigeordnete Nebensätze.

Beispiele: a) Ein Volk, dem das geboten wird, ist schrecklich, es räche, oder dulde die Behandlung. (Schiller.) — Das Höchste, wozu der Mensch gelangen kann, ist das Bewußtsein eigner Gesinnungen und Gedanken, das Erkennen seiner selbst, welches ihm die Anleitung giebt, auch fremde Gemüthsarten zu durchschauen. (Goethe.) — b) Wer nicht die Welt in seinen Freunden sieht, verdient nicht, daß die Welt von ihm erfahre. (Goethe.) — Wenn du einmal von einem außerordentlichen Undanke hören solltest, so untersuche ja alle Umstände genau, bevor du einen Menschen mit einem so abscheulichen Schandflecke brandmarken lässest. (Lessing.) — Ich soll erkennen, daß mich Niemand haßt, daß Niemand mich verfolgt. (Goethe.) — In jedes gute Herz ist das edle Gefühl von der Natur gelegt, daß es für sich allein nicht glücklich sein kann, daß er sein Glück in dem Wohle Anderer suchen muß. (Goethe.)

2) Ein Nebensatz eines Satzgefüges ist in sich selbst zusammengesetzt, und zwar a) als Satzverein, oder b) als Satzgefüge, indem ein anderer Nebensatz sich ihm unterordnet, der ihm entweder nachfolgt, oder in ihn eingefügt ist.

Beispiele: a) Nicht was das Vaterland einst war, sondern was es jetzt ist, können wir an ihm achten und lieben. (Herder.) — Gewisse Bücher scheinen geschrieben zu sein, nicht damit man etwas daraus lerne, sondern damit man wisse, daß der Verfasser etwas gewußt habe. (Goethe.) — b) Wer verräth, er verwahre ein Geheimniß, der hat schon dessen Hälfte verrathen. (Jean Paul.) — Man sollte sich nicht schlafen legen, ohne sagen zu können, daß man an dem Tage etwas gelernt hätte. (Lichtenberg.) — Nur die Ungewohnheit etwas Gutes zu genießen ist Ursache, daß viele Menschen am Albernen und Abgeschmackten, wenn es nur neu ist, Vergnügen finden. (Goethe.)

Einem Nebensatze, der von einem andern abhängt, kann wieder ein Nebensatz untergeordnet werden, und so fort in immer weiterer Abstufung. Folgen die so verbundenen Nebensätze einander nach, so nennt man sie angereiht oder verkettet; ist aber ein Nebensatz einem andern eingefügt, der schon selbst als Zwischensatz steht: so nennt man sie einge schachtelt. Z. B. O könnt' ich sagen, wie ich lebhaft fühle, daß ich von euch nur habe, was ich bringe! (Goethe.) — Wir haben Ursache der Natur zu danken, wenn sie uns in einen Stand setzt, wo wir unsere Leidenschaften erst mäßigen lernen, ehe wir zu einer Glückseligkeit gelangen, die wir ohne diese Mäßigung nicht genießen könnten. (Wieland.) — Die geringste Verlegenheit, die aus einem leichten Irrthum, der unerwartet und schadlos gelöset werden kann, entspringt, giebt die Anlage zu lächerlichen Situationen. (Goethe.)

Anmerk. Die Fortsetzung der Unterordnung durch eine zu lange Reihe von (zumal gleichartigen) Gliedern, mögen sie verkettet, oder eingeschachtelt sein, ist tadelnswerth, weil sie sowohl übellautend ist, als das Verständniß erschwert. Z. B. Unendliche Seligkeit ist mein, ihn mit unermüdeten Lippen zu preisen, der den ewig mit unaussprechlichem Glücke lohnt, der das liebte, was schön und gut ist. (Geßner.) — Der, der den, der den 18ten dieses Monats hier gesetzten Warnungspfahl, daß Niemand hier etwas ins Wasser werfen solle, selbst ins Wasser geworfen hat, anzeigt, erhält zehn Thaler Belohnung.

3. Eine eigenthümliche Art mehrfach zusammengesetzter Sätze sind die Perioden. Eine Periode ist ein kunstmäßig gebauter Gliedersatz von größerem Umfange, dessen Theile sich gegenseitig fordern und bedingen und ein in sich geschlossenes, abgerundetes Ganzes bilden. Insbesondere wird für den Bau der Periode Folgendes erfordert:

1) Die Periode muß zweitheilig sein, d. i. aus zwei Hauptgliedern bestehen, welche in Wechselbeziehung zu einander stehen, indem sie, wie Satz und Gegensatz, Frage und Antwort, Erwartung und Befriedigung, einander gegenseitig fordern und ergänzen. — Unter den Arten des beiordnenden Satzvereins kann daher nur der adversative Satzverein eine Periode bilden. Unter den Satzgefügen haben alle diejenigen, welche den Nebensatz als Vordersatz seinem Hauptsatze vorantreten lassen, den der Periode angemessensten Bau. — Es giebt mithin sowohl beiordnende, als vorzüglich unterordnende Perioden. In beiden Gattungen aber unterscheidet man die Haupttheile der Periode durch die Benennungen Vordersatz und Nachsatz.

2) Die Theile einer Periode müssen in sich selbst zusammengesetzte Sätze sein, so daß sie in ihrer Vereinigung ein Satzgebäude von mehr als gewöhnlichem Umfange bilden. Dieser größere Umfang kann theils durch erweiternde Bestimmungswörter oder Nebensätze entstehen; theils aber dadurch, daß der Vordersatz oder der Nachsatz oder beide Haupttheile aus mehren einander beigeordneten Gliedern von gleichmäßigem Bau bestehen. Nach der Gesammtzahl dieser Glieder nennt man die ganze Periode drei-, vier-, fünfgliedrig u. s. f. Enthält aber jeder der beiden Haupttheile nur ein Satzgefüge, so heißt sie zweigliedrig.

3) Die Periode muß als Kunstform zugleich das Schönheitsgefühl durch die Maß- und Tonverhältnisse ihrer Glieder befriedigen. Durch verhältnißmäßige Länge ihrer Glieder erhält sie Ebenmaß, durch den damit verbundenen Wechsel von Hebung und Senkung des Tones Wohllaut. Vorder- und Nachsatz verhalten sich im Ganzen wie Senkung und Hebung zu einander; innerhalb des ersteren aber findet in der Regel ein allmähliches Anschwellen, innerhalb des letzteren bis zum Schlusse der Periode ein allmähliches Sinken des Tones Statt.

Als Arten der Periode unterscheiden wir: beiordnende und unterordnende. Die letzteren aber können einen Substantiv- oder Adjectivsatz, oder einen Adverbialsatz zum Vordersatz haben und in diesem letzteren Falle nach dem logischen Verhältnisse desselben zum Nachsatze als ort- und zeitbestimmende, vergleichende, proportionale, begründende, bedingende, einräumende ꝛc. Perioden unterschieden werden.

Die Periode gehört vorzugsweise der höheren, feierlichen Rede an. Gegenstände des gewöhnlichen Lebens, wissenschaftliche Stoffe ꝛc. lieben eine anspruchlose Darstellung in kürzeren Sätzen. Überall aber macht eine wohlgetroffene Abwechselung kurzer mit längeren Sätzen und Perioden von verschiedener Form den besten Eindruck.

Beispiele musterhafter Perioden.

I. Beiordnend.
Zweigliedrige entgegensetzende Periode.

Die Welt ist so leer, wenn man nur Berge, Flüsse und Städte darin denkt; aber hier und da Jemand zu wissen, der mit uns übereinstimmt, mit dem wir auch stillschweigend fortleben, das macht uns dieses Erdenrund zu einem bewohnten Garten. (Goethe.)

II. Unterordnend.
Dreigliedrige vergleichende Periode.

Wie es den Menschen eher gelungen ist, von den Gesetzen des Weltbaues etwas zu verstehen, als die Gesetze der Witterung einzusehen; wie sie besser gelernt haben, Finsternisse an Sonne und Mond, als Regen und Wind in unserer Atmosphäre vorauszusagen: so haben sie auch über den Gang der großen politischen Angelegenheiten und die Erfolge von Staatshandlungen in Absicht des Schicksals der Völker deutlichere Begriffe, als über den Lauf und den Erfolg der Familien- und persönlichen Begebenheiten. (Garve.)

Viergliedrige bedingende Periode.

Unsterblicher Homer! Wenn es dir vergönnt ist, aus einem andern Elysium, als du hier es ahnetest, auf dein Geschlecht hienieden herabzublicken; wenn du die Völker von Asiens Gefilden bis zu den hercynischen Wäldern zu dem Quell wallfahrten siehst, den dein Wunderstab hervorströmen ließ; wenn es dir vergönnt ist, die ganze Saat der Großen, des Edlen, des Herrlichen zu überschauen, das deine Lieder hervorriefen: Unsterblicher! — wo auch dein hoher Schatten jetzt weilt — bedarf er mehr zu seiner Seligkeit?! — (Heeren.)

Sechsgliedrige einräumende Periode.

Wenn wir auch Alles betrachtet haben, was die Natur uns zeigt; wenn wir auch Alles genossen haben, was sie uns darbietet; wenn wir auch Alles geleistet haben, was in ihrem Gebiete sich thun läßt: unser Durst nach Erkenntniß ist noch lange nicht gestillt, wir sehnen uns nach mehr Wahrheit und Licht; unser Wunsch nach Wohlsein ist noch lange nicht befriedigt, wir schmachten nach einem längeren und höheren Genuß; unserm Triebe nach Vollkommenheit ist noch lange nicht genug geschehen, er kennt ein höchstes Ziel, er strebt nach unendlichem Fortschritt. (Reinhard.)

Musterhaftes Beispiel mannigfaltig verbundener Sätze.
Blick ins Universum, von Engel.

Nicht die Grenzen unserer Sinne sind auch die Grenzen des Weltalls, obgleich aus undenklichen Fernen ein Heer von Sonnen zu uns herüberschimmert. Noch viele Tausende leuchten, unserm Blicke unbemerkbar, im endlosen Äther, und jede Sonne, wie jede sie umkreisende Erde, ist mit empfindenden Wesen, ist mit denkenden Seelen bevölkert. Wo nur Bahnen möglich waren, da rollen Weltkörper, und wo nur Wesen sich glücklich fühlen konnten, da wallen Wesen. Nicht eine Spanne blieb in der ganzen Unermeßlichkeit des Unendlichen, wo der sparsame Schöpfer nicht Leben hinschuf oder dienstbaren Stoff für das Leben; und durch diese ganze zahllose Mannigfaltigkeit von Wesen hindurch herrscht bis zum kleinsten Atom herab unverbrüchliche Ordnung. Ewige Gesetze stimmen Alles von Himmel zu Himmel und von Sonne zu Sonne und von Erde zu Erde in entzückende Harmonie. Unergründlich ist für den unsterblichen Weisen in die Ewigkeit aller Ewigkeiten der Stoff zur Betrachtung, und unerschöpflich der Quell seiner Seligkeiten.

Zwar diese Seligkeiten faßt ein Geist nicht, der, noch gefesselt an einen trägen Gefährten, in seiner Arbeit nicht weiter kann, als der Gefährte mit ausdauert, und sich schon zum Staube zurückgerissen fühlt, wenn er kaum anfing sich zu erheben. Er kann sie nicht fassen nach ihrer ganzen göttlichen Fülle, aber er kennt sie nach ihrer Natur, ihrem Wesen.

Denn welche Freude schafft nicht schon in diesem irdischen Leben die Weisheit! Welche Wonne fühlt nicht schon in diesen sterblichen Gliedern ein Geist, wenn es nun anfängt, in der ungewissen Dämmerung seiner Begriffe zu tagen, und sich immer weiter und weiter der holde Schimmer verbreitet, bis endlich das volle Licht der Erkenntniß aufgehet, das dem entzückten Auge Gegenden zeigt von unendlicher Schönheit! —

Erinnere dich, der du in die Geheimnisse Gottes zu schauen und den Plan seiner Schöpfung zu enthüllen bemüht bist, erinnere dich, als der erste kühne Gedanke in dir aufstieg, und sich freudig alle Kräfte deiner Seele hinzudrängten, ihn zu fassen, zu bilden, zu ordnen; erinnere dich, als nun Alles in herrlicher Übereinstimmung vollendet stand, mit welcher trunkenen Liebe du noch einmal das schöne Werk deiner Seele überschautest, und deine Ähnlichkeit mit dem Unendlichen fühltest, dem du nachdenken konntest! — O ja, auch schon hienieden ist die Weisheit an himmlischen Freuden reich; und wäre sie es nicht, warum sähen wir aus ihrem Schoße so ruhig allen Eitelkeiten der Welt zu? —

———

Vierter Abschnitt.
Zeichensetzung oder Interpunction.

Die Interpunction oder Zeichensetzung besteht in der Anwendung gewisser zwischen die Worte gesetzten Schriftzeichen, welche sowohl ganze Sätze, als auch die Theile oder Glieder eines Satzes von einander trennen und zugleich die Ruhepunkte der hörbaren Rede oder die Redepausen zu bezeichnen dienen. Diese Satzzeichen sind theils Satztheilzeichen, theils zugleich Satztonzeichen, welche auch den Ton andeuten, in dem gewisse Satzarten gesprochen werden.

Außer den Satzzeichen aber bedienen wir uns noch einiger andern Schriftzeichen theils zur Andeutung gewisser Laut- und Wortverhältnisse, theils für rednerische und andere Zwecke. Wir unterscheiden demnach: 1) Lautzeichen, 2) Wortzeichen, 3) Satzzeichen; 4) Zeichen für gewisse der Sprache äußerliche Zwecke.

I. Lautzeichen, welche die Aussprache der Laute und Silben andeuten, sind:

1. Die Tonzeichen: 1) für den Silbenton: der Acutus (´) über der betonten (hochtonigen), der Gravis (`) über der nebentonigen oder tonlosen Silbe (vgl. S. 8).

2) Für den Wort= und Redeton (s. S. 9): im Schreiben das sogenannte Unterstreichen des mit Nachdruck hervorzuhebenden Wortes; im Druck größere, oder gewöhnlicher gesperrte (durchschossene) Buchstaben.

2. Die Quantitäts=Zeichen oder Zeichen für das Zeitmaß der Silben: (¯) für die Länge und (˘) für die Kürze. S. u. die Verslehre.

3. Die Trennungspunkte oder puncta diaereseos (··), welche anzeigen, daß zwei auf einander folgende Vocale nicht in eine Silbe zusammengezogen, sondern getrennt gesprochen werden sollen; z. B. Aëronautik, Aneïde ꝛc.

II. Wortzeichen, welche die Gliederung des Wortes, oder auch gewisse Veränderungen der regelmäßigen, vollständigen Wortgestalt be= zeichnen, sind:

1. Das Binde= und Theilungszeichen (=), über dessen Ge= brauch s. S. 18 und 26.

2. Der Apostroph, auch Auslassungszeichen oder Oberstrich genannt ('), steht 1) an der Stelle eines in der Aussprache des gemeinen Lebens, oder auch des Wohllautes und des Versmaßes wegen ausgelassenen e oder i; z. B. wie man's treibt, so geht's; ich sterb' und laff' euch meinen Segen; heil'ger Gott; auch: ihr laßt, er reißt (vgl. S. 17); nicht aber: an's, durch's, in's ꝛc., sondern: ans, durchs, ins ꝛc., denn hier ist kein bloßer Vocal ausgefallen; — 2) in dem Genitiv der Geschlechts= oder Familiennamen, vor der Endung s (vgl. S. 35), wie auch in den von solchen Namen abgeleiteten Adjectiven, z. B. das Schulze'sche oder Schulz'sche Haus ꝛc.

3. Das Abkürzungszeichen, ein Punkt (.); s. S. 19.

III. Satzzeichen, und zwar reine Satztheilzeichen sind: Punkt, Komma, Semikolon und Kolon; zugleich Satztonzeichen: Frage= und Ausrufungszeichen. Außerdem gehören hierher: der Gedankenstrich, die Parenthesen= und die Anführungszeichen.

Die vier wichtigsten Satztheilzeichen unterscheiden sich im Allgemeinen folgendermaßen. Der Punkt beschließt und trennt selbständige Sätze; die drei andern sondern nur die Theile oder Glieder eines Satzes: das Komma sowohl die Theile des erweiterten einfachen, als des zusammen= gesetzten Satzes; Semikolon und Kolon nur die größeren Glieder zusammengesetzter Sätze, und zwar jenes, wenn sie in beiordnender, dieses, wenn sie in unterordnender Verbindung stehen. Der Punkt drückt die längste, das Komma die kürzeste Pause aus; Semikolon und Kolon halten zwischen beiden die Mitte.

Nähere Bestimmungen über den Gebrauch der einzelnen Zeichen:

1. Der Punkt (Schlußpunkt) oder das Punctum (.) wird zu Ende eines jeden vollständigen Satzes gesetzt, wenn derselbe nicht ein directer Frage=, Wunsch= oder Heischesatz ist; auch nach elliptischen Sätzen und einzelnen, für sich stehenden Worten, z. B. Überschriften, unter= schriebenen Namen u. dgl. Z. B. Welcher Mensch ist vollkommen? Niemand. — So auch: Vorrede. Erster Theil ꝛc.

2. Das Komma oder der Beistrich (,) steht: 1) im erweiterten einfachen Satze zwischen beigeordneten Satztheilen jeder Art,

wenn sie nicht durch und verknüpft sind. Z. B. Weisheit, Tugend, Frömmigkeit und Geduld belohnen durch sich selbst. — Das Feuer leuchtet, wärmt, schmelzt und zerstört. — Ein aufmerksamer, fleißiger Schüler ꝛc.

Anmerk. 1. Stehen zwei zu einem Begriffe gefügte Bestimmungen im Verhältnisse der Einordnung (vgl. S. 108 u. 111), so dürfen sie nicht durch ein Komma getrennt werden. Hiernach ist zu unterscheiden: ein großer, gelehrter Mann, und: ein großer gelehrter Mann.

2. Vor oder muß, wenn es als disjunctives Bindewort zwei entgegengesetzte Begriffe zusammenstellt, immer ein Komma stehen. Z. B. Ist er todt, oder lebendig? Wenn es aber nur die beliebige Wahl zwischen zwei Dingen, Fällen oder Benennungen bezeichnet: so darf kein Komma stehen. Z. B. Ich reise morgen oder übermorgen ab. Wir empfinden oder fühlen ꝛc.

2) Im zusammengesetzten Satze und zwar a) in beiordnenden Satzvereinen jeder Art trennt das Komma die verbundenen Sätze, wenn sie von geringem Umfange und an sich selbst einfach sind. So im copulativen Satzvereine. Z. B. Ich werde morgen abreisen, und ihr sollt mir in einigen Tagen nachkommen.

Anmerk. Ist aber der Satzverein zusammengezogen, indem die verbundenen Sätze ein gemeinschaftliches Subject haben: so fällt das Komma vor und weg. Z. B. Ich werde morgen abreisen und in acht Tagen zurückkehren. — Wir haben zuerst gelesen und dann geschrieben. Ferner im adversativen Satzvereine. Z. B. Er muß entweder bald kommen, oder er kommt gar nicht. — Er wollte sich nicht beruhigen lassen, sondern wurde nur immer ängstlicher. — Bei dem beschränkenden oder schlechthin entgegensetzenden Verhältnisse, wie auch in causalen Satzvereinen (vgl. S. 120) genügt das Komma in der Regel nur dann, wenn die Satzglieder durch Zusammenziehung enger verknüpft sind. Z. B. Ich möchte gern eine Reise machen, habe aber keine Zeit. — Die Jugend ist rasch, das Alter hingegen bedächtig. — Ich bin gestern gar nicht ausgegangen, also auch nicht in deinem Hause gewesen.

b) Im Satzgefüge werden Nebensätze jeder Art, gleichviel ob vollständig, oder verkürzt, oder elliptisch, von ihrem Hauptsatze durch das Komma gesondert, mag nun der Nebensatz als Hintersatz, oder als Vorder=, oder als Zwischensatz stehen. S. die zahlreichen Beispiele S. 121 ff. — Steht der Nebensatz als Zwischensatz, so wird er in zwei Kommata eingeschlossen. Z. B. Ich habe den Mann, von welchem du sprichst, vor kurzem kennen gelernt. — Kein Mensch kann sich, wenn er auch noch so reich und mächtig ist, vor allen Unfällen des Lebens sichern. — Otto von Guericke, ein Magdeburger, hat 1654 die Luftpumpe erfunden.

Auch ein Hauptsatz wird, wenn er als Zwischensatz in einen andern eingefügt ist, von diesem durch Kommata abgesondert. Z. B. Ins Innere der Natur, sagt von Haller, dringt kein erschaffner Geist. — So auch eingeschaltete Anreden. Z. B. Ich habe von Ihnen, mein theurer Freund, lange nichts vernommen.

3. Das Semikolon oder der Strichpunkt (;) trennt die beigeordneten Glieder eines Satzvereines, wenn sie von größerem Umfange und größerer Selbständigkeit sind; daher besonders bei vollständiger Aufstellung der beigeordneten Sätze, aber auch im Fall einer Zusammenziehung, wenn der erste Satz schon an sich selbst zusammengesetzt ist und daher schon ein Komma oder mehre enthält. Z. B. Reiche und Arme leben neben einander; jene haben dadurch Gelegenheit, diesen Gutes zu thun; diese erwerben durch ihrer Hände Arbeit so viel, als zur Befriedigung ihrer Bedürfnisse nöthig ist. — Lange Überlegungen zeigen ge-

wöhnlich, daß man den Punkt nicht im Auge hat, von dem die Rede ist; übereilte Handlungen, daß man ihn gar nicht kennt. (Goethe.) — Ich wäre gern mitgereis't; allein Geschäfte gehen dem Vergnügen vor. — Es ist süß, sich zu rächen; aber noch weit süßer, zu verzeihen. — Des echten Künstlers Lehre schließt den Sinn auf; denn wo die Worte fehlen, spricht die That. (Goethe.) — Ich bin gestern gar nicht ausgegangen; also kann ich auch nicht in deinem Hause gewesen sein.

4. Das **Kolon** oder der **Doppelpunkt** (:) wird gebraucht, 1) um die Glieder eines Satzgefüges, dessen Nebensatz als Vordersatz steht, zu trennen, wenn der Vordersatz von größerem Umfange ist und besonders schon ein oder mehre Kommata enthält. Z. B. Weil er klug sich zu bescheiden weiß, nichts wirklich mehr zu gelten: läßt man ihn scheinen, was er mag. (Schiller.) — Sage mir, mit wem du umgehst: so sage ich dir, wer du bist; weiß ich, womit du dich beschäftigst: so weiß ich, was aus dir werden kann. (Goethe.) (S. auch die unterordnenden Perioden S. 131.) — 2) Wenn Jemands gesprochene oder geschriebene Worte nach einer vorangestellten ausdrücklichen Ankündigung wörtlich und geradezu angeführt werden. Z. B. Mein Freund sagte: Ich kann dir nicht helfen. — v. Haller sagt: Ins Innere der Natur dringt kein erschaffner Geist. — 3) Auch bei Anführungen anderer Art, Begriffsbestimmungen, Aufzählungen einzelner Gegenstände ꝛc. steht nach den ankündigenden Worten das Kolon. Z. B. Sprechen heißt: Gedanken in gegliederten Lauten äußern. — Die wichtigsten Hausthiere sind: der Hund, die Katze, das Pferd u. s. w.

5. Das **Fragezeichen** (?) steht nach jeder ausdrücklichen directen Frage, auf welche eine Antwort erwartet wird oder erfolgen kann. Z. B. Hast du mich verstanden? — Wer ist da? — Wie befinden Sie sich? — Warum kommt er nicht?

Anmerk. 1. Nach einer indirect als Nebensatz aufgestellten Frage darf kein Fragezeichen stehen. Z. B. Ich frage dich, ob du mich verstanden hast. — Er fragte mich, wie ich mich befinde.

2. Wenn mit dem Schlusse der Frage der Satz geschlossen ist, so vertritt das Fragezeichen zugleich die Stelle des Schlußpunktes. Schließt sich aber noch ein übergeordnetes Satzglied an, so hat es nur die satztheilende Kraft eines Kommas. Z. B. Er fragte mich: Wer hat dir das gesagt? Mein Bruder, antwortete ich. — Wer hat dir das gesagt? fragte er mich. — Was soll ich thun? waren seine Worte.

3. Wenn einem Fragesatze ein oder mehre an sich nicht fragende Nebensätze nachfolgen, so setzt man das Fragezeichen erst zu Ende des ganzen Satzgefüges. Z. B. Wer ist der Mann, den Sie gestern führten?

6. Das **Ausrufungszeichen** (!) steht nach Sätzen, Satzgliedern oder bloßen Worten, die als Ausdruck einer Empfindung oder eines Begehrens im Tone der Leidenschaft oder lebhaften Gemüthsbewegung zu sprechen sind, und hat, wenn es den Satz schließt, zugleich die Bedeutung des Schlußpunktes; außerdem nur die satztheilende Kraft eines Kommas oder Semikolons. Es steht insbesondere: 1) nach einzelnen Empfindungslauten, wie: ach! weh! pfui! ꝛc. Erstreckt sich aber der Ton der Empfindung auf den ganzen Satz, so wird das (!) zu Ende desselben, und nach dem Empfindungslaute entweder ein Komma, oder gar kein Zeichen gesetzt. Z. B. Ach, welch ein Schmerz! rief er. — O wie gern wollt' ich es vergessen! — 2) Nach Anrufen oder lebhaften Anreden. Z. B. Mein theurer Freund! seh' ich dich endlich wieder! — Großer Gott! was soll aus mir werden! (Nicht aber nach ganz leidenschaftslosen Anreden in Briefen ꝛc., besonders wenn sie im Zusammenhange der Rede eingeschaltet werden. Z. B. Wenn Sie, werthester Freund, das erhaltene Buch gelesen haben ꝛc.) — 3) Nach Wunsch- und Heischesätzen, seien sie vollständig, oder elliptisch.

z. B. Lang lebe der König! — Heil dir! — Möge er glücklich sein! — Wenn er doch noch lebte! — Geh! — Hört mich an! — Herein! — Vorwärts! — 4) Nach vollständigen oder elliptischen Sätzen jeder Art, welche in der Form des Erkenntnißsatzes oder der Frage eine lebhafte Empfindung, z. B. Bewunderung, Erstaunen, Freude, Schmerz, Unwillen 2c., ausdrücken. z. B. O wunderschön ist Gottes Erde! — Das ist herrlich! — Abscheulich! — Wie glänzt die Sonne! — Was hast du gethan! — Was für ein Anblick! 2c.

Anmerk. Wenn dem Begehrungs- oder Empfindungssatze sich ein abhängiger Nebensatz anschließt, so steht das (!) erst zu Ende des ganzen Satzgefüges. z. B. Verhüte Gott, daß wir den Ruhm beflecken! (Schiller.) — O, wohl dem hochbeglückten Haus, wo das ist kleine Gabe! (Goethe.)

7. Der Gedankenstrich (—) bezeichnet überhaupt ein Abbrechen in der Rede oder eine das gewöhnliche Maß überschreitende Pause. Er steht insbesondere: 1) am Schlusse eines inhaltvollen Satzes, um den Leser zum Verweilen und längeren Nachdenken über das Gesagte anzuregen; 2) zwischen zwei selbständigen Sätzen, wenn mit dem zweiten eine neue Gedankenreihe beginnt oder auf einen neuen Gegenstand übergegangen wird; daher insbesondere zwischen vollständigen Sätzen, die ohne inneren Zusammenhang als Beispiele für eine Regel u. dgl. nach einander aufgestellt werden; auch in einem Gespräche, um den Wechsel der sprechenden Personen anzudeuten. z. B. Werden Sie mitreisen? fragte er. Nein, antwortete ich. — Was hält Sie ab? — Meine Geschäfte 2c. — 3) Innerhalb eines Satzes zur Andeutung einer Pause oder Unterbrechung der Rede, um die Erwartung auf das Folgende zu spannen, oder aus andern Gründen. z. B. Des Menschen höchstes Ziel ist — Mensch zu sein. 4) Wenn man in der Rede unterbrochen wird, oder auch selbst vorsätzlich abbricht, ohne den angefangenen Satz zu vollenden. z. B. Mir ist bange, daß — doch ich will kein Unglücksprophet sein. Als Zeichen der abgebrochenen Rede werden auch wohl mehre kürzere Querstriche (———) oder Punkte (....) neben einander gesetzt. z. B. Warte! warte! ich will dich ———. 5) Statt der Einschlußzeichen (s. u.) vor und nach einem Schaltsatze. :

8. Die Parenthesen- oder Einschlußzeichen () oder [], auch Klammern genannt, dienen 1) zur Scheidung eines Schaltsatzes (s. S. 127 Anm.) von den Gliedern des Satzes, in welchen er eingeschoben ist; 2) zur Einschließung eines erklärenden Zusatzes, einer Begriffsbestimmung, erläuternden Übersetzung 2c. eines Wortes. z. B. Die Anthropologie (Menschenkunde) ist eine sehr wichtige Wissenschaft.

9. Die Anführungszeichen („—") dienen dazu, eine wörtlich angeführte Rede oder Schriftstelle als solche zu bezeichnen und auszuscheiden. z. B. Cronegk sagt: „Das Herz macht unsern Werth, nicht Purpur oder Kronen." Oder: „Das Herz", sagt Cronegk, „macht unsern Werth, nicht Purpur oder Kronen."

IV. Zeichen für verschiedene äußerliche Zwecke sind:

1. Das Paragraphenzeichen (§) unterscheidet, mit Hinzufügung von Ziffern, die Abschnitte eines wissenschaftlichen Vortrages.

2. Das Anmerkungszeichen *) oder †) weiset auf die mit demselben Zeichen versehenen Bemerkungen unter dem Texte hin.

3. Das Ergänzungszeichen (2c. oder etc., d. i. et cetera) bedeutet so viel wie u. s. w., d. i. und so weiter.

4. Das Fortweisungszeichen (f. ff.) zeigt an, daß zu einer angeführten Zahl noch die nächstfolgende oder mehre folgende hinzuzufügen sind; besonders bei Hinweisung auf die Seite eines Buches und bei Jahreszahlen; z. B. der siebenjährige Krieg (1756 ff.)

5. Das Gleichheitszeichen (=) wird nicht bloß in mathematischen, sondern bisweilen auch in andern wissenschaftlichen Schriften gebraucht, namentlich um die etymologische oder begriffliche Gleichheit zweier Wörter oder Sätze anzudeuten. Z. B. Frühlings Anfang = Anfang des Frühlings.

6. Das Wiederholungszeichen (:,:) dient in Gesangbüchern um anzudeuten, daß eine Verszeile zweimal gesungen werden soll.

Übungsaufgaben
zur richtigen Setzung der fehlenden Zeichen.

Zur Arbeit nicht zum Müßiggang sind wir bestimmt auf Erden — Ich bitte gütigst Platz zu nehmen — Ich habe das Geld nicht aber den Brief erhalten — Daß ich diese Summe von Ihnen geborgt habe gestehe ich nicht ohne Ursache fordern Sie die Bezahlung —

Der Grönländer ist ein armer Mensch Fleisch ißt er nicht aber Fische Früchte fehlen ihm zwei Monate sieht er die Sonne nicht so muß er im Finstern liegen ehe er das Tageslicht wieder sieht haben wir schon schöne Tage durch Nordlichter wird ihm geholfen

Es schrieb ein Mann an eine Wand
Zehn Finger hab ich an jeder Hand
Fünf und zwanzig an Händen und Füßen
Wers richtig lesen will wird Zeichen setzen müssen.

Vierter Theil.
Verslehre oder Metrik.

Die Sprache ist auch das Darstellungsmittel für die Poesie oder Dichtkunst.

Die Sprache des Umgangs und der Wissenschaften nennt man Prosa. Das Hauptgesetz der Prosa ist Richtigkeit und Deutlichkeit in Ausdruck, Anordnung und Verbindung der Worte nach den Gesetzen des Denkens. Die Poesie dagegen hat, wie jede Kunst, die Schönheit zum Hauptgesetze. Schönheit aber wird nur erreicht durch Übereinstimmung des Inhalts mit der Form. Die Form der Poesie (die Sprache) muß daher auch schön, d. h. kunstmäßig gebildet sein, um dem Inhalte zu entsprechen. Diese kunstmäßige Regelung der Sprache wird am vollständigsten erreicht durch den Rhythmus oder Verstact. Rhythmus ist jede nach einem gewissen Zeitmaß abgetheilte Bewegung oder die Darstellung des Zeitflusses durch geregelte sinnliche Zeichen. — In der Sprache besteht der Rhythmus in einem ebenmäßigen Verhältnisse der Sprach-Elemente (Silben) nach ihrer Ausdehnung in der Zeit (Zeitdauer) und nach dem Grade ihres Tones.

Da dieser Rhythmus an bestimmte Regeln gebunden ist, so nennt man die poetische Rede oder Schreibart die gebundene, die prosaische dagegen die ungebundene Rede oder Schreibart.

Der vollkommene Rhythmus erfordert: 1) Silbenmaß, d. i. eine bestimmte Unterscheidung der Silben nach ihrer zeitlichen Dauer, als Längen und Kürzen, welche man ihre Quantität oder ihr Zeitmaß nennt; 2) Silbenton oder rhythmischen Accent, d. i. eine verschiedene Betonung der Silben oder Zeittheile. Den betonten Zeittheil nennt man die Arsis oder rhythmische Hebung, den tonlosen die Thesis oder rhythmische Senkung. — Dieser rhythmische Accent stimmt im Deutschen meistens mit dem gewöhnlichen Silbenton (s. S. 8) überein.

Eine Reihe von Längen und Kürzen nennt man, ohne Rücksicht auf die durch Hebung und Senkung bewirkte tactartige Gliederung, ein Metrum oder Versmaß. Erst wenn die durch ein Tonverhältniß der Zeittheile bewirkte tactähnlich gegliederte Bewegung hinzukommt, entsteht Rhythmus.

Diejenige Wissenschaft, welche die Grundsätze der Poesie oder Dichtkunst sowohl nach ihrem geistigen Wesen und Begriff, als auch nach ihrer äußern Form umfaßt, nennt man Poetik oder Dichtlehre.

Metrik, Verslehre oder Lehre vom Versbau ist derjenige Theil der Poetik, welcher bloß die Form der Dichtkunst in Bezug auf die Sprache zum Gegenstande hat und also im Allgemeinen die Gesetze aufstellt, nach denen die Sprache zum Versbau angewendet wird. — Die Metrik enthält und betrachtet als ihre Theile: 1) den Inbegriff der Regeln zur richtigen Bestimmung des Maßes (der Länge und Kürze) der Silben, welchen man die Prosodie oder Silbenmessung nennt; 2) die Glieder der Verse (Versfüße); 3) den Vers selbst und die Versarten; und 4) den Reim.

1. Prosodie oder Silbenmessung.

Der prosodische Werth oder das Maß (die Länge oder Kürze) der Silben beruht in der griechischen und lateinischen Sprache bloß auf ihrem Lautgehalt. — In den neueren Sprachen, außer der deutschen, hat der überwiegende Accent fast jede Spur von wahrem Silbenmaße verwischt.

Die deutsche Sprache steht zwischen den alten und den übrigen neueren Sprachen in der Mitte. Sie hat sowohl Silbenton, als Silbenmaß; aber sie unterscheidet sich dadurch von den alten Sprachen, daß der Ton in der Regel mit der Länge zusammentrifft und das Maß der Silben nicht durch körperliches Abwägen der Laute, sondern durch die größere oder geringere Bedeutsamkeit der Silben bestimmt wird. Alles Hauptsächliche wird durch lange Silben, alles Nebensächliche durch kurze Silben bezeichnet. —

Der Hauptton fällt in jedem Worte auf die Stammsilbe. Nach der Bedeutsamkeit der Silben richtet sich also die Betonung (s. S. 8 f.) und nach dieser, der Hauptsache nach, das Zeitmaß, so daß jede Silbe eines mehrsilbigen Wortes, welche den Hauptton hat, zugleich dem Maße nach lang sein muß.

Anmerk. Hieraus darf man aber nicht schließen, daß umgekehrt jede Silbe, die den Hauptton nicht hat, kurz sein müsse.

Alle Silben unserer Sprache sind entweder lang (zweizeitig –), oder kurz (einzeitig ◡), oder mittelzeitig (zwischen Länge und Kürze schwankend ◡). — Silben und Wörter, die ihrer Natur nach nie anders, als lang, oder nie anders, als kurz sein können, nennen wir Urlängen und Urkürzen. Von Natur mittelzeitige Silben und Wörter nennen wir, wenn sie durch ihre Stellung lang werden: Afterlängen; wenn

ſie kurz werden: Afterkürzen. — Die Kürze wird als eine Zeit be=
trachtet, die Länge als zwei Zeiten; z. B. Wonnegeſang = Hochzeitstag.

Grundregeln der deutſchen Proſodie ſind folgende:

1. Alle hochtonigen Silben ſind lang, als Urlängen.
2. Alle tonloſen Silben ſind kurz, als Urkürzen.
3. Die nebentonigen Silben ſind theils nothwendig
lang, theils mittelzeitig.

Hieraus ergiebt ſich folgende Regel: In allen einfachen zweiſilbigen
Wörtern iſt immer eine Silbe lang, die andere kurz; z. B. leben,
ohne, über, oder, genug. Es giebt kein zweiſilbiges Wort,
das aus zwei kurzen Silben beſteht.

Eben ſo wenig giebt es einfache zweiſilbige Wörter mit zwei
Längen; wohl aber zuſammengeſetzte, z. B. Weltmeer, Kirchhof.

Anmerk. Man hüte ſich, die tonſenkige Länge für eine Kürze zu halten.

Für die einſilbigen Wörter aber, ſo wie für alle nebentonigen
Silben bedürfen wir noch näherer Beſtimmungen.

1. Lang oder zweizeitig (als Urlängen) ſind im Allgemeinen
alle Stammſilben und von ſolchen gebildete Grundſilben, insbeſondere:

1) Alle einſilbigen Stammwörter, welche Hauptbegriffe be=
zeichnen, alſo Nennwörter: Mann, Frau, Kind, Tag; Bei= und Neben=
wörter: hoch, tief, lang, hell; und Verba in allen einſilbigen Formen,
z. B. ſtehn, geht, ging, fällt, ſtand.

2) Alle hoch= und nebentonigen Stammſilben in mehrſilbigen Wör=
tern, ſeien ſie einfach, zuſammengeſetzt, oder abgeleitet; z. B. Wohlthat,
hellgelb, Kirchhofsmauer, beſingen, entſagen, ermuthigen, lieben,
liebreich, belieben.

3) Alle mit Verben trennbar vereinigten einſilbigen Ver=
hältniß= und Nebenwörter, als: ab, an, auf, aus, bei, dar, durch,
ein, hin, her, fort, los ꝛc.; z. B. abbanken, anfangen, aufſtehen ꝛc.

2. Kurz oder einzeitig (als Urkürzen) ſind im Allgemeinen
alle Nebenſilben vor oder nach der Stammſilbe, wenn ſie tonlos ſind,
insbeſondere:

1) Einige einſilbigen Wörter, welche Nebenbegriffe ausdrücken,
namentlich: der Artikel der, die, das; der Artikel ein; die unbeſtimmten
Perſonwörter es, man; die Conjunction ſo im Nachſatze und zu vor dem
Infinitiv.

2) Alle Biegungsſilben der Declination, Conjugation und Compa=
ration, z. B. des Mannes, die Kinder, ſchönere, redet, redete, geredet.
Ebenſo auch die tonloſen End= und Ableitungsſilben: chen, be, e, el,
eln, em, en, end, er, ern, ig, ſel, the, tel, ter, zig, ßig, als: Bäum=
chen, Zierde, Ferne, Himmel, tadeln, Athem, golden, Tugend ꝛc.

3) Die Vorſilben, deren Vocal ein e iſt, als: be, emp, er, ent
(nicht aber ant), ge, ver, zer, wie auch die einſilbigen Partikeln um, durch,
voll in untrennbaren Zuſammenſetzungen; z. B. beſtehen, empfanger, umſegeln,
durchkreuzen ꝛc.

3. Mittelzeitige Silben und Wörter, welche durch ihre Stellung

zwischen lange und kurze Silben ihre Bestimmung bald als Afterlängen, bald als Afterkürzen erhalten, sind:

　　1) Alle einsilbigen Fürwörter, als: ich, du, er, sie, wir, der, die, das 2c.; auch das einsilbige kein.

　　2) Die einsilbigen Formen der Hülfs-Verba, als: bin, bist, ist, sei, war, hat, hast, wird, wirst.

　　3) Die einsilbigen Verhältnißwörter, z. B. an, bei, in, von 2c. (wenn sie nämlich nicht als Nebenwörter stehen, wo sie stets lang sind).

　　4) Einige einsilbigen Nebenwörter, wenn sie nicht zugleich Adjective sind, als: wo, nicht, ja, seit, ob, noch, auch, dann, wann 2c.

　　5) Einsilbige Bindewörter, z. B. als, da, daß, denn, und 2c.

　　6) Die einsilbigen Empfindungslaute, z. B. ach, ei!

　　7) Die nebentonigen Endsilben: bar, haft, eit, heit, icht, isch, inn, keit, lei, lein, lich, ling, niß, sal, sam, schaft, thum, uth, ung, z. B. wunderbar, glaubhaft 2c.

　　Anmerk. Die Vorsilbe un ist vor Rennwörtern, Bei- und Nebenwörtern betont und mithin lang, z. B. Unsinn, unschuldig, ungefähr; vor Participien und vor Beiwörtern auf bar, lich und sam, wenn sie von Verben abstammen, mittelzeitig: unbelohnt, unerschrocken 2c.
　　Die Vor- und Nachsilbe all ist gleichfalls mittelzeitig, z. B. allmächtig, überall; ebenso die Vorsilbe ur, wenn sie nicht hochtonig ist; z. B. ursprünglich.
　　Die Vorsilbe miß ist mittelzeitig, wenn sie mit einem Verbum untrennbar verbunden und daher nebentonig ist, z. B. mißfallen, mißlingen; lang in trennbaren Verben, wo sie den Hauptton hat, z. B. mißtönen, mißarten (vergl. S. 57), und in Renn- und Beiwörtern, z. B. das Mißfallen, mißtrauisch.
　　Die Vorsilbe erz ist mittelzeitig in Erzdieb, Erzschelm; lang in Erzvater, Erzengel u. a.

Länge, oder Kürze einer Mittelzeit hängt von ihrer Verbindung mit andern prosodischen Silben ab. Hierüber gilt folgende Hauptregel:

　　Will man eine Mittelzeit kurz gebrauchen, so stelle man sie zwischen Silben, denen sie an Werthe nachsteht; will man eine Mittelzeit lang gebrauchen, so stelle man sie zwischen Silben, welche ihr an Werthe nachstehen.

　　Hiernach kann also: 1) eine Mittelzeit, zwischen zwei Urlängen gestellt, kurz werden; z. B. hör mich an, singt im Wald, still und bang, furchtbar braus't 2c.

　　2) Eine Mittelzeit, zwischen zwei Urkürzen gestellt, kann lang werden; z. B. eilte durch den Wald; rede wie geschah's? wunderbare Welt, Hindernisse, Alterthümer, sündigt unbewußt 2c.

　　Außerdem merke man noch folgende Regeln:

　　3) Zwischen eine Urlänge und eine Urkürze gestellt, können die meisten Mittelzeiten kurz werden; z. B. Herrscher ist Gott; wer kühn sich erhebt; komm in den Wald; schwül wär die Luft 2c.

　　4) Jede Mittelzeit wird lang, wenn ihr zwei Urkürzen folgen oder vorausgehen; z. B. hat es geblitzt; wie die Vergänglichkeit; einsames Gebüsch; zwanzigerlei, Bändigerinn 2c.

Übungsaufgaben

zur Bezeichnung der Längen (–) und Kürzen (◡), oder zur Probe, ob man nach dem Zeitmaß richtig (orthometrisch) lesen kann.

Lieber Gott, der du Alles, was lebt, mit Freud' und Erquickung
Sättigest, höre den Dank, den beine Kinder bir stammeln!

Wir sind Staub. O beschirme, wenn's frommt in dem Leben der Prüfung,
Uns vor Trübsal und Gram, wie vor üppigem Stolz und Leichtsinn!
Gieb uns tägliches Brod, und unseres, bis wir, den eiteln
Sorgen entrückt, als Bewährte zu deiner Herrlichkeit eingehn!　　　(Voß.)

*

Schau den blühenden Baum mit Stamme, mit Ästen und Blättern!
　　Schön ist das Ganze; — warum? — alle Theile sind schön.
Jegliches Blatt ist ein Bäumchen, für sich betrachtet; auch so sei
　　Jeglicher Vers ein Gesang in dem vollendeten Lied!　　(Baggesen.)

*

Eines Marmors Schwere mit großer Gewalt forthebend,
Angestemmt, arbeitet' er stark mit Händen und Füßen,
Ihn von der Au aufwälzend zur Berghöh'. Glaubt' er ihn aber
Schon auf den Gipfel zu drehn, da mit einmal stürzte die Last um;
Hurtig mit Donnergepolter entrollte der tückische Marmor.
　　　　　　　　　　　　　　　　　　　　　(Voß nach Homer.)

*

　　Reizvoll klinget des Ruhms lockender Silberton
　　In das schlagende Herz, und die Unsterblichkeit
　　　　Ist ein großer Gedanken,
　　　　　　Ist des Schweißes der Edeln werth!
　　Aber süßer ist noch, schöner und reizender,
　　In den Armen des Freunds wissen, ein Freund zu sein,
　　　　So das Leben genießen,
　　　　　　Nicht unwürdig der Ewigkeit.　　　(Klopstock.)

2. Von den Versfüßen.

Versfüße (pedes) oder rhythmische Tacte nennt man die Glieder, in welche ein Vers zerfällt. Die Eintheilung eines Vers= maßes (metrum) in solche Glieder ist nöthig, um den Rhythmus oder Verstact desselben zu bestimmen (vgl. S. 138).

Die Versfüße bestehen entweder aus ungleichen Zeittheilen: Längen und Kürzen; oder aus gleichen Zeittheilen: bloßen Längen, oder bloßen Kürzen. — Diese Zeittheile müssen aber durch ein Ton= verhältniß mit einander verbunden sein. In jedem Versfuße muß ein Theil die rhythmische Hebung (Arsis), ein Theil die Senkung (Thesis) haben (vgl. S. 137 f.). Erstere trifft am natürlichsten die Längen, letztere die Kürzen.

Jede Zusammenstellung ungleicher Zeittheile zu einem Versfuße muß daher entweder im Tone sinken, wenn die Länge vorangeht und

die Kürze folgt (z. B. schuldig, Frieden); oder sich heben, wenn die Kürze

vorangeht, und die Länge folgt (z. B. Gewalt, gesund). Die Versfüße der ersten Art nennen wir fallende, die der zweiten steigende.

Versfüße, die aus gleichen Zeittheilen (z. B. zwei Längen, oder zwei Kürzen) bestehen, lassen beide Bewegungen zu: die fallende

(z. B. Hochmuth), oder die steigende (z. B. lobsingt).

In Versfüßen, die mehr als zwei Zeittheile enthalten, können beide rhythmischen Bewegungen vereinigt sein. Diese sind dann ent= weder steigend=fallende (z. B. Gedanken), oder fallend=steigende (z. B. Wandersmann).

Es giebt zwei=, drei=, vier= und mehrtheilige (oder =silbige) Versfüße. Sie haben alle griechische Namen und können auch mit

Dichternamen benannt werden, welche ihr Maß und ihre rhythmische Bewegung aussprechen.

I. Zweitheilige Füße:

1) ‒‒ Spondēus (der Gleichschritt), Klopstock: Allmacht, aufstehn, steh auf, schau hin.
2) ‒◡ Trochäus oder Choreus (der Wälzer, Faller), Hölty: Menschen, Tugend.
3) ◡‒ Jambus (der Springer, Schleuderer), von Kleist: Geduld, vergnügt, empor.
4) ◡◡ Pyrrhichius (der Läufer, Tänzer) fehlt der deutschen Sprache in einem zweisilbigen Worte (vgl. S. 139), findet sich aber in mehrsilbigen Wörtern neben einer Länge, z. B. freund | lĭchĕ.

II. Dreitheilige Füße:

1) ‒◡◡ Daktylus (der Fingerschlag), Ossian: Könige, mächtiger, heiligen.
2) ◡◡‒ Anapäst (der Aufspringer), der Homer: der Verlust, ich entfloh, Majestät.
3) ‒◡‒ Amphimācer oder Creticus (der Starkfußer), Sonnenberg: Augenblick, Angesicht, gehet heim, ganz entzückt.
4) ◡‒◡ Amphibrāchys oder Skolius (der Schwachfußer), von Schiller: Geliebte, erfinden, er eilte.
5) ◡‒‒ Bacchius (der Aufstürmer), von Stolberg: Gebirgsland, er geht schnell, das Schlachtfeld.
6) ‒‒◡ Antibacchius oder Palimbacchius (der Schwerfall), Grillparzer: Sturmwinde, laut donnern.
7) ‒‒‒ Molossus (der Schwertritt), Klopstock-Voß: Schauspielhaus, weit hallt's fort.
8) ◡◡◡ Tribrāchys (der Schnellläufer) findet sich nur in getheilten Wörtern, z. B. freund | lĭchĕrĕ.

III. Viertheilige Füße:

1) ‒‒‒‒ Dispondēus (der Doppelgleichschritt), Klopstock-Klopstock: Seesturmunglück.
2) ‒◡◡‒ Choriambus (Choreus und Jambus) (der Aufsprung, Schaukler), Ossian-Voß: Jubelgesang, wonneberauscht.
3) ◡‒‒◡ Antispast (der Gegenzug), von Kleist-Hölty: Triumphlieder, das Meer tobte.
4) ◡‒◡‒ Dijambus (Doppel-Jambus, Doppelspringer), von Hagedorn: Gesundheitstrank, die Freude stärkt.
5) ‒◡‒◡ Ditrochäus oder Dichorēus (Doppel-Trochäus, Doppelfaller), Rosegarten: Klagestimme, schweig' und glaube.
6) ‒◡◡◡ Jonicus a majori, der sinkende Jonicus (der Nachschläger), Voß-Ossian: Ehrwürdiger, Krieg wüthete.
7) ◡◡‒‒ Jonicus a minori, der steigende Jonicus (der Vorschläger), der Homer-Voß: Meteorstein, die Gebirgsluft.

Vier Epitrite (Dreischläge), aus drei Längen und einer Kürze bestehend und nach dem Standorte der Kürze benannt:

8) ◡‒‒‒ erster Epitrit oder Dreischlag (Jamb. und Spond.), von-Kleist-Klopstock: Geduldprüfstein, der Vollmondschein.
9) ‒◡‒‒ zweiter Epitrit (Troch. und Spond.), Hölty-Klopstock: Sonnenaufgang, holde Tonkunst.
10) ‒‒◡‒ dritter Epitrit (Spond. und Jamb.), Klopstock-von Kleist: Volksfreudenfest, Abschiedsgesang.
11) ‒‒‒◡ vierter Epitrit (Spond. und Troch.), Klopstock-Hölty: Kriegsheerstraßen, Epheuranke.

Vier Päonen (Tänzer), aus drei Kürzen und einer Länge bestehend und nach dem Standorte der Länge benannt:

12) ‒◡◡◡ erster Päon oder Tänzer, Virgilius: eiligere, freundlichere, sättigender.

13) ◡‒◡◡ zweiter Päon, von Alxinger: Gewaltiger, vertheidigen.

14) ◡◡‒◡ dritter Päon, Zachariä: Alabaster, der Besieger, es begab sich.

15) ◡◡◡‒ vierter Päon: Religion, der General, flüch | tigerer Tanz.

16) ◡◡◡◡ Proceleusmaticus (der Roller, Doppelläufer) kann im Deutschen nur durch zerschnittene Wörter gebildet werden; z. B. gü | tigeres Ge | schick, freu | digeres Ge | fühl.

Versfüße von mehr als vier Silben anzunehmen, ist im Deutschen überflüssig.

Jeder Versfuß (mit Ausnahme des Pyrrhichius, Tribrachys und Proceleusmaticus) lässt sich, wie obige Beispiele beweisen, durch ein Wort darstellen, oder auch durch mehre dem Sinn und Tone nach genau verbundene Wörter (z. B. Artikel und Nennwort, Fürwort und Verbum), welche zusammen ein Tonwort bilden, wenn sie gleich grammatisch mehre Wörter ausmachen. Ein so dargestellter Versfuß wird dann ein Wortfuß genannt. Solche Wortfüße sind z. B. heiter (Trochäus); Verlust, der Tag, er sprach (Jamben); Verhängniß, er sprach es (Amphibrachen); das Gefühl, er versank (Anapästen) ꝛc.

Der Rhythmus aber verlangt nicht, daß jeder Versfuß durch einen Wortfuß vollständig ausgefüllt werde. Es ist vielmehr ein Erforderniß des Verses, daß von Zeit zu Zeit ein Wortfuß innerhalb eines Versfußes endet, so daß beide sich gegenseitig durchschneiden; vergl. z. B. theurer | Vater! und: komm Sie | lieber! — In folgendem Verse weichen die Versfüße von den Wortfüßen gänzlich ab:

Eintheilung nach Versfüßen (Scandiren, Scansion):

Liebe, ver | webt in das | Herz, ver | tilgt nicht das | strengste Ver | hängniß; nach Wortfüßen:

Liebe, | verwebt | in das Herz, | vertilgt nicht | das strengste | Verhängniß.

*   *

Übungsaufgaben

zum Wiederholen und genaueren Behalten der Benennung und Bezeichnung der verschiedenen Versfüße.

Vater, Himmel, das Licht, genug, Verdienst, Fasttag, Menschen, Vorzeit, halt still, hinauf, Häuser, himmlisch, Kenntniß, Kenntnisse, Anblick, Waldstrom, greift an, billigen, die Natur, das Geschäft, ordentlich, Mißverstand, Lobgesang, es zerreißt, Trauertag, unterdrückt, verwüstet, das Wasser, das Schlachtfeld, Gemüthsart, Anbetung, das Schiff sank, Einwohner, Eigensinn, umwenden, besonders, Unglücksgrund, Dampf stieg auf, Augenblick, Volkslehrbuch, heilig ist Gott, Habsucht wacht auf, der Sturm brau'ste, sie sang Lieder, empor sehen, sie sah ihm nach, er bleibt zurück, Kriegswuth hört auf, Augenblicke, Seelenleiden, sanft rieselnder, buntfarbige, der Gemeinsinn, der Gesang tönt, das Weihnachtsfest, die Luftschifffahrt, Volksfreudenfest, Rauch steigt empor, Feldgeschrei scholl, Herr des Weltalls, welcher Anblick, Volkslustgaukler, Sturmwindsbrausen, der Besieger, der Beglückte, du besuchst

ihn, vergangene, das Lieblichste, befestigen, mächtigere, reizenderes, die Betrüb=
niß, die Genesung, der General, muthigere.

3. Von dem Verse und den Versarten.

Ein Vers ist eine durch Worte dargestellte Reihe rhythmisch ge=
ordneter Zeittheile, die ein Ganzes bilden. — Mehre schön geordneten
Verse, die zusammen ein rhythmisches Ganzes ausmachen und in der=
selben Anzahl und Ordnung in einem Gedichte mehrmals wiederkehren,
nennt man eine Strophe. — Der Vers zerfällt in rhythmische Glieder
oder Versfüße. Mit diesen dürfen die Wortfüße, durch welche ein
Vers gebildet wird, nicht durchgängig übereinstimmen (s. oben).

Aber auch unter sich müssen die Wortfüße mannigfaltig sein.

Wo ein Wortfuß innerhalb eines Versfußes endet, ent=
steht ein Einschnitt (eine Incision oder Cäsur). Viele dieser Ein=
schnitte sind unwesentlich; doch haben die meisten längeren Verse einen
Einschnitt (in der Regel um die Mitte des Verses), welcher ihrem
Rhythmus wesentlich und unentbehrlich ist. Dieser heißt vorzugsweise
die Cäsur, oder genauer rhythmische Cäsur, dagegen man jene unwesent=
lichen Einschnitte auch podische (d. i. Fuß=) Cäsuren nennt. Z. B.

Klar aus Dämmerung stieg / am goldenen Himmel der Maitag,
Liebliche Wärm' ankündend, / und leuchtete sanft in die Fenster,
Daß ihr scheibiger Glanz / mit wankendem Schatten des Pfirsichs
Glomm an der Wand und hellte / des Alkovs grüne Gardinen. (Voß.)
Anmerk. Man nennt die Cäsur männlich, wenn sie nach der Länge,
   weiblich, wenn sie nach der Kürze fällt.

Endigt ein Wortfuß mit einem Versfuße zugleich, so
entsteht ein Vers=Abschnitt, der von dem Einschnitte wesentlich ver=
schieden ist. Auch diese Vers=Abschnitte sind größtentheils unwesentlich.
Doch giebt es auch Versarten, zu deren Rhythmus ein solcher Vers=
Abschnitt (gewöhnlich in der Mitte des Verses) nothwendig gehört, wo=
durch denn der Vers in zwei Halbverse (Hemistichien) zerfällt; z. B.

Erhebe dich, mein Geist, ‖ und laß die niedre Welt

  Den Thoren, die der Wahn ‖ in strengen Fesseln hält! (v. Cronegk.)

Hell tönt Vogelgesang ‖ unten im wäldigen Thal.

Jeder Vers muß mit einem ganzen Worte, jede Strophe, wo
möglich, mit vollständigem Sinn=Abschnitte schließen.

Geht ein Vers auf eine lange Silbe aus, so hat er ein männ=
liches Ende; geht er auf eine Kürze aus, welcher eine betonte Länge
vorangeht, so hat er ein weibliches Ende; z. B.

  Rosen auf den Weg gestreut

    Und des Harms vergessen! u. s. w.

Die Versfüße, aus denen ein Vers besteht, sind entweder gleich=
artig, oder ungleichartig. Im ersteren Falle nennen wir denselben
einfach, im letzteren vermischt.

Nach der Anzahl der Füße nennt man einen Vers zwei=, drei=,
vier=, fünf=, sechsfüßig u. s. f.; nach der Anzahl der Verse heißt eine
Strophe zweizeilig (Distichon), drei=, vier= bis acht= und mehrzeilig.

A. **Einfache Versarten.** 1) **Trochäische Verse** (_‿). Die Anzahl der Versfüße in Versen dieser Gattung geht nicht leicht über fünf hinaus. Der Trochäus kann zuweilen mit dem sinkenden Spondēus, nicht aber mit einem Pyrrhichius vertauscht werden; z. B.

Stärke | mich durch | deine | Todes | wunden,

Gottmensch, | wenn die | selig | sie der | Stunden ꝛc.

Der gebräuchlichste Vers der trochäischen Gattung ist der vierfüßige, bald männlich, bald weiblich endende; z. B.

Ach! wie | lang' is's, | daß ich | walle

Suchend | durch der | Erde | Flur ꝛc. (Schiller.)

2) **Jambische Verse** (‿_) finden sich im Deutschen zwei- bis sechsfüßig. Der Jambus darf hier und da mit dem steigenden Spondēus (‿́_) vertauscht werden. Auch der Anapäst statt des Jambus kann zuweilen gute Wirkung thun, nicht aber der schwache Pyrrhichius; z. B.

Denn blin | der Miß | verständ | nisse | Gewalt

Drängt oft | den Be | sten aus | dem rech | ten Glei | se.

Außer solchen fünffüßigen jambischen Versen, welche im Deutschen gewöhnlich für den Dialog des Trauerspiels angewendet werden, sind noch zu bemerken:

Vierfüßige, z. B.

O wun | derschön | ist Got | tes Er | de

Und werth, | darauf | vergnügt | zu sein u. s. w. (Hölty.)

Sechsfüßige (bei den Römern Senare, bei den Griechen Trimeter genannt) waren die Verse des dramatischen Dialogs bei den Alten. Man theilt diese Verse so ab, daß je zwei Jamben als ein Versglied zusammengenommen werden; z. B.

Das Recht des Herrschers / üb' ich aus zum letzten Mal,
Dem Grab zu übergeben / diesen theuern Leib ꝛc. (Schiller.)

Ganz verschieden hiervon sind die gereimten sechsfüßigen Jamben, welche Alexandriner genannt werden. Sie zerfallen durch einen Vers-Abschnitt nach dem dritten Fuße in zwei Hälften, und es folgen gewöhnlich zwei mit weiblicher und zwei mit männlicher Endung abwechselnd auf einander; z. B.

Die Abendglocke ruft ‖ den müden Tag zu Grabe;
Matt blökend kehrt das Vieh ‖ in langsam schwerem Trabe
Heim von der Au; es sucht ‖ der Landmann seine Thür
Und überläßt die Welt ‖ der Dunkelheit und mir. (Gotter.)

3) **Daktylische Verse** (_‿‿) findet man zwei- bis sechsfüßig. An die Stelle des Daktylus kann mitunter der sinkende Spondēus gesetzt werden; neuere Dichter erlauben sich auch den Trochäus. Unvermischt sind die Daktylen z. B. in folgenden vierfüßigen Versen, wo nur der letzte Fuß abwechselnd in einen Trochäus und in eine bloße Länge abgekürzt ist, weil der Daktylus zum Schlusse eines Verses nicht taugt.

Seht, wie die | Tage sich | sonnig ver | klären!
Blau ist der | Himmel und | grünend das | Laub.
Klag' ist ein Mißton im Chore der Sphären;
Trägt denn die Schöpfung ein Trauergewand? ꝛc. (Salis.)

Der wichtigste unter allen daktylischen Versen ist der heroische Hexameter (das eigenthümliche Versmaß der Griechen für das Epos oder erzählende Gedicht). Er ist sechsfüßig (daher Hexameter); der letzte Fuß aber wird in einen Trochäus oder Spondeus abgekürzt. Jeder Daktylus erlaubt die Vertauschung mit einem Spondeus; nur der fünfte Fuß bleibt in der Regel ein Daktylus. Die deutschen Dichter haben auch Trochäen statt der Daktylen zugelassen. Der Hexameter hat mithin folgende Gestalt:

Mannigfaltiger Wechsel der Daktylen mit Spondeen und strenge Beobachtung der wesentlichen Cäsur ist Hauptgesetz für den Bau dieses Verses. Die rhythmische Cäsur desselben fällt in der Regel in den dritten Fuß, entweder nach der Länge (männliche Cäsur), oder nach der ersten Kürze (weibliche Cäsur); also entweder:

oder:

3. B. Mancherlei Freude verlieh mir / der Herr und mancherlei Trübsal
Im abwechselnden Leben, / und Dank ihm sagt' ich für Beides.
Gern nun will ich das Haupt, / dies grauende, hin zu den Vätern
Legen ins Grab; denn glücklich, / getrennt auch, bleibt mir die Tochter ꝛc.
(Voß.)

Der Mangel einer solchen Haupt=Cäsur in der Mitte des Verses kann nur durch zwei männliche ersetzt werden, deren eine in den zwei=ten, die andere in den vierten Fuß fällt:

3. B. Wende dich weg, / wehmüthiger Blick, / von der Angst des Erdulders!
Weit hallt's nach, / voll Entsetzens nach / in die Klüfte Gehenna's.
(Klopstock.)

Alle anderen Einschnitte und Vers-Abschnitte können am rechten Orte ge=fühlt werden und Eindruck machen; sie sind aber dem Rhythmus des Hexa=meters nicht wesentlich und reichen nicht hin, ihn gut zu machen, wenn die rhythmische Haupt-Cäsur fehlt.

Der Gebrauch der Trochäen statt der Spondeen im Hexameter muß mög=lichst eingeschränkt werden. Vorzüglich ununterbrochen hinter einander gebraucht, lähmen sie den Vers; z. B.

Alle | Völker | loben | Gottes | herrlichen | Namen.

Öftere Wiederkehr eines und desselben Wortfußes im Hexameter, besonders der Amphibrachen, schadet seiner Mannigfaltigkeit; z. B.

Räuber verwüsten die Erde und tragen die heiligen Namen.

Zu den daktylischen Versen gehört auch der sogenannte elegische Pentameter. Dieser Vers zerfällt durch einen Vers=Abschnitt in zwei Hälften (Hemistichien), deren jede aus 2½ Füßen besteht. Die zwei ganzen Füße sind in jeder Hälfte Daktylen (—⏑⏑), der halbe Fuß ist eine Länge. Für die Daktylen des ersten Hemistichiums können auch

Spondeen (oder Trochäen) gebraucht, die Daktylen des letzteren müssen aber rein gehalten werden. Mit dem Vers-Abschnitte muß ein Ton-wort enden und beim Scandiren eine Pause gemacht werden. Der Bau des Pentameters liegt in folgender Bezeichnung:

$$\breve{\cup}\,\vert\,\breve{\cup}\bar{\cup}\,\vert\,\bar{\cup}\,\Vert\,\bar{\cup}\breve{\cup}\,\vert\,\bar{\cup}\breve{\cup}\,\vert\,\bar{\cup}$$

Dieser Vers wird nie allein, sondern nur in Verbindung mit dem Hexameter gebraucht, mit dem vereinigt er die kleinste Strophe, das elegische Distichon, bildet; z. B.

Im Hexameter steigt des Springquells flüssige Säule,

Im Pen | tameter | dräuf || fällt sie wie | lodisch her | ab.

*

Glücklicher Säugling! dir ist ein unendlicher Raum noch die Wiege;

Werde | Mann, und dir | wird || eng die un | endliche | Welt. (Schiller.)

4) Anapästische Verse ($\breve{\cup}\breve{\cup}\_$) finden sich im Deutschen selten rein, meistens mit Jamben untermischt. Eigentlich aber erlaubt der Anapäst nur die Vertauschung mit dem steigenden Spondeus ($\_\_$); z. B.

Und es wallet und siedet und brauset und zischt,
Wie wenn Wasser mit Feuer sich mengt;
Bis zum Himmel spritzet der dampfende Gischt,
Und Fluth auf Fluth sich ohn' Ende drängt 2c. (Schiller.)

Ganz verdunkelt wird aber der anapästische Rhythmus, wenn man den Vers durchgängig mit einem Jambus anfangen läßt, durch welche Behandlung Amphibrachen entstehen; z. B.

Ich will euch erzählen ein Mährchen gar schnurrig:
Es war mal ein Kaiser, der Kaiser war kurrig 2c. (Bürger.)

B. Vermischte Versarten (die aus ungleichartigen Füßen be-stehen) werden besonders in der lyrischen (d. i. Gesang-)Poesie angewendet und dann gewöhnlich zu Strophen verbunden.

Zu den vorzüglichsten und üblichsten lyrischen Versarten der Alten gehören: die sapphische, die alcäische und die asklepiadische Strophe.

1) Die sapphische Strophe ist vierzeilig. Die drei ersten Verse sind einander gleich und enthalten jeder 5 Füße. Ihr Rhythmus ist trochäisch. Nur der dritte Fuß ist immer ein Daktylus, und der zweite Trochäus wird gern mit einem fallenden Spondeus vertauscht. Auch statt des letzten Trochäus kann ein Spondeus stehen; denn die letzte Silbe in allen Versen der alten Rhythmik ist gleichgültig (anceps). Der erste und zweite Fuß, und der dritte und vierte werden zu Doppelfüßen verbunden. Eine männliche Cäsur nach der Länge des dritten Fußes trägt zur Schönheit dieser Verse wesentlich bei. — Der vierte Vers besteht aus einem Daktylus und einem Trochäus (oder Spondeus) und ist mithin ein Hexameter-Ausgang, den man auch den adonischen Vers nennt. — Das Schema dieser Strophe ist also:

Vers 1. 2. 3. $\bar{\cup}\breve{\cup}\bar{\cup}\,\vert\,\bar{\cup}\,\vert\,\bar{\cup}\breve{\cup}\breve{\cup}\,\vert\,\bar{\cup}\breve{\cup}$
         4. $\bar{\cup}\breve{\cup}\breve{\cup}\,\vert\,\bar{\cup}\breve{\cup}$

Beispiele.

Nicht zu schamhaft säum', / an dem Sonnenfenster
Aufzublühn, jungfräuliches Sina-Röslein!
Deines Hochroths harrt / und des Balsamduftes
    Unsere Herrinn.

Lightning Source UK Ltd.
Milton Keynes UK
UKHW010738131218
333917UK00009B/762/P